中野剛志
佐藤健志
施光恒
柴山桂太

新自由主義と脱成長をもうやめる

東洋経済新報社

プロローグ

新自由主義と脱成長をもうやめる

本書は、東洋経済新報社が主催する「令和の新教養」研究会における議論や、同研究会のメンバーによる論考をまとめたものである。

「令和の新教養」研究会は、平成から令和へと改元された２０１９年5月に発足し、年に数回のペースで、その時々の重要なトピックをテーマに議論を行ってきた。その主なメンバーは、中野剛志（評論家）、佐藤健志（評論家・作家）、施光恒（九州大学大学院教授）、柴山桂太（京都大学大学院准教授）であるが、ゲストスピーカーが登場する場合もある。なお、同研究会は、メンバーを多少入れ替えて、現在も継続している。

この研究会の名称を「令和の新教養」としたのには、もちろん理由がある。

改元は、日本人に、いやがおうでも時代の変化を意識させることになるが、改元に影響されてか否か、２０１９年当時のわれわれには、日本のみならず世界は、新たな時代へと転換していっているのではないかという予感が強くあった。研究会の名称にあえて「令和」という言葉を入れたのは、新元号が新たな時代への予感を象徴するであろうからだ。

一般に「新たな時代への予感」と言った場合、その新たな時代は今よりも明るい未来を指すことが多い。しかし、残念ながら、われわれの場合は、必ずしもそうではなかった。むしろ、日本、そして世界は、長期に及ぶ混乱や終わりの見えない変動の時代へと突入していくであろうと懸念していたのである。

この令和元年時に抱いた新たな時代への「悪い」予感は、不幸にも、当たっていたことがすぐに判明した。

２０２０年初に新型コロナウイルス感染症のパンデミックが発生するという、世界を揺るがす大事件が起きた。このパンデミックは、２０２３年3月までの世界の累積感染者数が７・５億人以上、累積死亡者数は６８０万人以上という被害をもたらした。

２０２０年のアメリカ大統領選、とりわけ翌年1月6日に発生した連邦議会議事堂襲撃事件は、アメリカの国内政治の混乱と社会の分裂を印象づけた。アメリカで内戦が勃発してもおかしくないという研究まであるほどである。

２０２２年2月には、ロシアがウクライナに侵攻し、戦争が勃発し、現在も続いている。このロシア・ウクライナ戦争は、エネルギーや食料の価格高騰を引き起こし、１９７０年代以来、40年ぶりと言われるインフレーションが発生した。２０２３年10月には、イスラム組織ハマスがイスラエルに大規模な攻撃を加えたことで、ガザ地区において紛争が勃発し、中東は火薬庫と化しつつある。東アジアにおいても、中国の台頭は米中関係の軍事的・経済的緊張を高め、また中国による台湾侵攻の可能性が現実味を帯びるようになってしまった。

そして、この間、気候変動問題の深刻化は誰の目にも明らかとなり、世界各地において、大規模な洪水、渇水、山火事、極端な熱波・寒波などが頻発するようになっている。

今日の世界が直面しているこのような危機的状況について、歴史家のアダム・トゥーズは「ポリクライシス」(複合危機)と呼んでいる。

この「ポリクライシス」という表現自体は、トゥーズが生み出したものではなく、フランスの哲学者エドガール・モランが１９９０年代に最初に使ったとされている。２０１６年に、ジャン・クロード・ユンケル欧州委員会委員長(当時)も言及しているようである。

現在の世界情勢が、単なるクライシスではなく、「ポリ(複合)・クライシス」とされるのは、危機が同時多発的に発生しているのみならず、それらが重層的に連鎖して、危機を増幅させているからである。

過去30年間のグローバリゼーションによって、世界が密接に連結したために、一つの危機が世界中に波及しやすくなってしまった。一つの危機が生まれると、それが他の危機の引き金を引き、さらに危機の相互作用が起きて、個々の危機を足し合わせたものをはるかに凌駕する全体的な危機が発生する。しかも、危機の原因を一つに絞ることはできない。危機だけではなく、その原因も複合的なのである。

このポリクライシスに対処するためには、そのための第一歩として、危機の連鎖反応を引き起こす全体的な構造を解釈し、危機の複合的な原因を理解しなければならない。しかし、そのために必要な知識や思想は、これまた全体的で複合的なものでなければならないだろう。そういう全体的で複合的な知識や思想の蓄積のことを「教養」と言うのであろう。

したがって、アレクシ・ド・トクヴィルが建国間もないアメリカを観察して言った「新しい世界には、新しい政治学が必要である」という言葉になぞらえて言えば、新しいポリクライシスの時代には、新しい教養が必要である。だから、本研究会の名称は、「令和の新教養」となったのである。

「令和の新教養」という表現には、われわれの意図がもう一つ込められている。

それは、「令和」の前の「平成」がどういう時代であったかということと関係している。

平成は、１９８９年という、ベルリンの壁が崩れ、東西冷戦が終結するという歴史的な転換点に始まった。偶然とは言え、不思議なものである。

平成も、人々に新たな時代への予感をもたらしたが、それは、間違いなく、明るい未来の予感であった。

世界はグローバル化し、自由、民主主義、人権といった普遍的な価値観が国境を越えて共有されるようになる。平成の30年間、そのような未来が政治指導者の口から繰り返し語られてきた。

だが、平成が終わって、実際には、どうなったのか、令和の今となっては、言うまでもないだろう。

三島由紀夫は昭和45年に自決したが、その死の数カ月前に、「このまま行ったら日本はなくなって、その代わりに、無機的な、からっぽな、ニュートラルな、中間色の、富裕な、抜け目がない、或る経済大国が極東の一角に残るのであろう」と書いていたという。ところが、その後の日本は、平成の30年間を経て、三島の不吉な予言すら凌駕した。経済大国ですらなくなったのである。

しかし、平成という時代、日本人は危機感もなく、惰眠をむさぼっていたわけではなかった。

その反対に、「このまま行ったら日本は没落する」という危機感と強迫観念に駆られて、政治、行政、地方自治、経済構造、税財政、金融、社会保障、道路交通、教育、農業など、ありとあらゆる分野において、果敢に改革を断行してきたのである。

それは、小さな政府、民間主導、自由競争、規制緩和、民営化、自由化、グローバル化などを標榜する「新自由主義」というイデオロギーに基づく急進的な改革であった。その新自由主義的な改革には、もちろん経済成長をもたらすことが期待されていた。

ところが、実際には、平成の30年間、日本経済はほとんど成長しなかった。

近年、「脱成長」社会を目指せなどという議論が人気を博しているが、今さら、目指すも何も、平成の30年間は「脱成長」社会そのものだったのである。そして、その「脱成長」社会を実現したのは、皮肉なことに、「成長」を目指して推進された新自由主義に基づく構造改革であった。

平成の構造改革が成し遂げたのは、「脱成長」社会だけではない。格差の拡大、自殺率の増加、雇用の不安定化、賃金の低迷、少子化、地方の衰退、科学研究水準の低下など、平成になる前まではさほど意識されていなかった問題までもが起きるようになったのである。しかも、平成の30年の間、これらの問題が次々と顕在化していったにもかかわらず、それを是正することはできなかった。むしろ、悪化していったのである。平成の時代は、「失われた30年」と呼ばれるようになった。

改革を断行しなかったことではなく、改革を断行したことが問題だったのである。これは、実に恐ろしいことではないだろうか。

要するに、多くの日本人が共有する思想や世界観といったものの何かが、根本的に間違っていたのである。そうでもなければ、このような恐るべき事態にはなるはずがない。

だとするならば、令和の時代を担っていこうとする日本人にとって最優先に必要なことは、平成の時代の日本人が当然のように抱いていた思想や世界観を懐疑し、そして批判することであろう。

「令和の新教養」には、平成という時代へのアンチテーゼという意味も込められているのである。

本書に収められた「令和の新教養」研究会の議論や論考は、その時々の最新の事象や事件をテーマにしたものである。そのため、いずれも、結末が見えていなかったり、あるいは、詳細な情報が必ずしも明らかになっていなかったりする中で行われている。２０２０年に新型コロナウイルス感染症のパンデミックをテーマにした座談会や、２０２２年にロシアがウクライナ侵攻を開始して間もなく行われた座談会などが、その典型である。したがって、当然のことながら、判断が誤っていたり、予測が外れていたりする部分も含まれているであろう。そして、さらに当然のことではあるが、研究会のメンバーの間で見解が一致しない部分もある。

しかし、ポリクライシスという複雑で不確実性がきわめて高く、予測がほぼ不可能な世界を生きていこうとするならば、われわれは誰しも、その時々において入手可能な情報に頼って、問題の背景やその行く末を想像しながら、議論を行い、その都度、状況を判断し、行動を決断しなければならない。そのような場合において、いわゆる「教養」というものが、どれだけ役に立つ（あるいは、役に立たない）ものなのか。本書に収められた座談会の記録や論考は、それを明らかにするであろう。

中野剛志（著者を代表して）

2024年1月

研究会（第Ⅰ期）メンバー

撮影：尾形文繁

写真：佐藤健志

中野剛志（なかの たけし）

評論家。１９７１年、神奈川県生まれ。元・京都大学大学院工学研究科准教授。専門は政治経済思想。１９９６年、東京大学教養学部（国際関係論）卒業後、通商産業省（現・経済産業省）に入省。２０００年よりエディンバラ大学大学院に留学し、政治思想を専攻。２００１年に同大学院より優等修士号、２００５年に博士号を取得。２００３年、論文"Theorising Economic Nationalism"（Nations and Nationalism）でNations and Nationalism Prizeを受賞。著書に山本七平賞奨励賞を受賞した『日本思想史新論』（ちくま新書）、『ＴＰＰ亡国論』（集英社新書）、『国力論』（以文社）、『富国と強兵――地政経済学序説』（東洋経済新報社）、『変異する資本主義』（ダイヤモンド社）などがある。

佐藤健志（さとう けんじ）

評論家・作家。１９６６年、東京都生まれ。東京大学教養学部卒業。１９８９年、戯曲『ブロークン・ジャパニーズ』で文化庁舞台芸術創作奨励特別賞を受賞。長編小説『チングー・韓国の友人』（新潮社）を経て、１９９０年代以後、作劇術の観点から時代や社会を分析する独自の評論活動を展開。『感染の令和　またはあらかじめ失われた日本へ』『平和主義は貧困への道　または対米従属の爽快な末路』（以上、ＫＫベストセラーズ）、『新訳　フランス革命の省察』（ＰＨＰ文庫）など著書・訳書多数。２０１９年からは、経営科学出版でオンライン講座を制作。現在までに『痛快！　戦後ニッポンの正体』全3巻、『佐藤健志のニッポン崩壊の研究』全3巻、『佐藤健志の２０２５ニッポン終焉』全3巻が配信されている。２０２１~２０２２年には、オンライン読書会『READ INTO GOLD~黄金の知的体験』も同社により開催された。

施 光恒（せ てるひさ）

政治学者、九州大学大学院比較社会文化研究院教授。1971年、福岡県生まれ。英国シェフィールド大学大学院政治学研究科哲学修士（M.Phil.）課程修了。優等修士号取得。慶應義塾大学大学院法学研究科後期博士課程修了。博士号（法学）取得。著書に『リベラリズムの再生』（慶應義塾大学出版会）、『英語化は愚民化――日本の国力が地に落ちる』（集英社新書）、『本当に日本人は流されやすいのか』（角川新書）、共編著に『ナショナリズムの政治学』（ナカニシヤ出版）などがある。

写真：施 光恒

柴山桂太（しばやま けいた）

京都大学大学院人間・環境学研究科准教授。専門は経済思想。1974年、東京都生まれ。主な著書にグローバル化の終焉を予見した『静かなる大恐慌』（集英社新書）、エマニュエル・トッドらとの共著『グローバリズムが世界を滅ぼす』（文春新書）など多数。

撮影：佐藤雄治

contents

I

成長と分配の好循環は可能か

Ⅱ 自由の旗手 アメリカの行く末

Ⅱ

III コロナ禍以後の国家と世界

Ⅲ

I

成長と分配の好循環は可能か

01

「脱成長」論が実は「経済成長」を導いてしまう逆説
――新自由主義は経済成長にブレーキをかけていた

中野剛志×佐藤健志×施 光恒×柴山桂太×ゲスト：古川雄嗣

2021年10月、内閣総理大臣に選出された岸田文雄氏。自民党総裁選から総理選出後にかけて、これまでの新自由主義的路線を転換し、「新しい資本主義」の実現を訴えていたが、その雲行きが怪しくなるような言動や政策も打ち出している。はたして岸田首相に「新しい資本主義」実現は可能なのだろうか。（編集部）

▼岸田総理に戸惑うマスコミ

中野　岸田政権は発足当初の世間の支持率が大して高くないとか、地味で退屈なように言われています。しかし私は、退屈どころかとても面白いのではないかと考えています。

総裁選のときに小泉純一郎政権以来の新自由主義を転換すると初めて言ってのけた。実際にやるかどうかという問題はあるのかもしれないですけど、言うだけでも大きかったと思いますし、今回、所信表明演説で「改革」という言葉を一回も使わなかったというのも画期的。小泉改革以来の新自由主義の方針を20年ぶりに転換するといったら大きな改革のはずなのに、「改革」という言葉を一回も使わない。改革というのは新自由主義的なことをやることと同義というふうに、いつのまにか日本ではなっていて、それを意識してか、「改革」という言葉を使わなかった。あるテレビ番組で、「改革」という言葉を一度も使わなかったことについて問われた首相は、「『改革』という言葉には市場原理主義、弱肉強食など何か冷たいイメージがついていると感じている」「私の所信表明演説には、（『改革』の語はなくても）冷たい改革ではなく、血の通った改革をしっかりやろうということを盛り込んだつもりだ」とおっしゃっていた。ならば、「改革」って言えばいいんですけれど、言わなかった。やっぱり政治家の勘というものは鋭くて、「改革」っていう言葉が何を連想するかということまで考えたんでしょうね。

以上をイントロとして、先生方に政権が代わったということ、あるいは岸田政権周りで何か思うと

写真：古川雄嗣

古川雄嗣（ふるかわ ゆうじ）

北海道教育大学旭川校准教授。１９７８年、三重県生まれ。京都大学文学部および教育学部卒業。同大学大学院教育学研究科博士後期課程修了。博士（教育学）。専門は、教育哲学、道徳教育。著書に『偶然と運命――九鬼周造の倫理学』『看護学生と考える教育学――「生きる意味」の援助のために』（以上、ナカニシヤ出版）、『大人の道徳――西洋近代思想を問い直す』（東洋経済新報社）、共編に『反「大学改革」論――若手からの問題提起』（ナカニシヤ出版）、共著に『道徳教育はいかにあるべきか――歴史・理論・実践』（ミネルヴァ書房）などがある。

ころがあれば存分に語ってください。特に柴山さんとか施さんとか、私とかって、もう社会人になったときから新自由主義が嫌いで(笑)。

柴山　ずっと批判を続けているので、だんだん言うこともなくなってきたような。

中野　そうそう。新自由主義批判で20年やってきたので、ここで新自由主義を転換されるとやることがなくなってしまうのではないか(笑)。自分たちが脂が乗り切って活躍するようなときを、新自由主義で全部台無しにされた。頭にきているんですよね。人生を取り返したいという三人でありますけれども。まあ、冗談はともかく、施さん、いかがですか？

▼自己目的化した改革路線

施　私も、この岸田新政権というのはだいぶ新しいところが多いといいますか、新自由主義からの転換というのをはっきり言ったというところでは、本当にここ25年なかったことだと思います。そういう意味ですごく注目しております。「改革」という言葉も、もうさすがに嫌になっている人が多いんだと思うんですね。まさに改革疲れみたいなことを言っている人が多いですよね。「改革、いい加減にしろよ」みたいな感じで。

今回、岸田さんは「改革」を一回も使わなかったですし、総裁選の候補の一人だった高市早苗氏は、スローガンが「改革から投資へ」だったんですね。改革ではなくて、もうちょっと実のある成長路線に持っていきましょうというような話でした。改革がかなり悪い意味で使われるようになってきた。

中野　悪い意味、古い意味。「改革」それ自体が改革すべきものってなっちゃうっていう、何を言ってるんだかよくわかんない状態になってきた。

施　もう「改革」という言葉を使うのはやめようという流れが少なくとも一部で出てきた。中野さんは以前、「平成という時代は改革とともに葬ろう」みたいな話をしてましたよね。それが結構実現してきているのではないかと。

中野　そうですね。3年あまりでもうそうなった。改元って、人心を一新する効果が大きいんですね。

施　本当にそう思います。改革というのを何のためにやっているのかわからなくなってきたんだと思うんですよね。まだ小泉さんの頃っていうのは、将来のために改革をするのだという趣旨のことを言っていました。最近はそういう目標にもほとんど触れなくなってしまった。普通だったら改革というのは将来、自分たち自身、もしくは子どもや孫の世代で楽をするためにするものですよね。ところが最近では、改革を何のためにやるのかわからず、ただ「改革、改革」と連呼するだけになっています。河野太郎氏は今でも「改革」という言葉をたびたび使いますが。

　ちょっとマゾヒスティックな悪い意味で、日本人の好きな「修行」みたいに、もうどこまで自分は耐えられるだろうかという我慢比べ自体が目的になってきているように思います。例えば、東京都が高校生向けに英語の合宿みたいなのを企画していたときに、その場所が、「グローバル人材育成道場」という名称だったんですね。グローバル化も改革も、日本人にとっては修行だったのではないでしょうか。だけれども、もうさすがにそれにも疲れてきたのでしょう。

　１９９０年代後半以来、約25年間ずっと同じ路線でやってきても経済がいっこうに良くならない。さすがに方向転換しましょうという雰囲気になってきています。政治家の一部も動き始めました。ただ、マスコミはまだ戸惑っていますね。
『日本経済新聞』などは、完全に構造改革路線の報道しかしてきていない世代が現場の主流になっています。ですから、構造改革を批判する政治家が出てきたことにうまく対応できていません。「構造改革を後退させるのか」「だから株価が下がり始めている」といった論調でしか記事を書けない。まあ、そんな感じですので、岸田政権には私も大いに期待しておりますが、日経をはじめマスコミは結構、岸田政権が「新自由主義からの脱却」という意味での「新しい資本主義」路線を明確にすれば、それを叩いていくと思います。

　早速、日経など「改革」一辺倒のマスコミが批判的コメントを出したからか、金融所得課税は成長してからだという具合に、岸田さんはすでに少しトーンダウンを見せています。

▼構造改革以前の日本に戻せるか

柴山　日本で「改革」を促す言説は、大きく四つの言葉で彩られてきたと思うんです。一つ目が「自己責任」。いい仕事に就けないのも高い報酬をもらえないのも自分の責任であって、社会の責任にしたり、政府の責任にしたりするのは間違っている。公助とか共助の前に、まず自助だ、という考え方ですね。二つ目が行政の「無駄を省く」。公務員の非正規化とか、民主党の事業仕分け、いわゆる大阪都構想の二重行政解消などで、盛んに言われました。三つ目が「開かれた」社会や国家の実現。貿易を自由化する、対内直接投資を増やす、外国人観光客や労働者を受け入れるなど、国境移動に関わる障害をなくしていこう、と。四つ目が「トップダウン」です。これまでの政策決定のあり方だと大きな路線変更はできないので、意思決定機能を官邸に集約してトップダウン型の政治主導にしなければならない、と。平成の改革論は、この四つの言葉が入れ替わり立ち替わり出てきたという印象があります。

今になって岸田首相をはじめ、自民党の中枢でなぜ改革論が下火になってきたかというと、一つには、もうかなりの程度達成された、ということもあると思うんです。

中野 全部、変わってしまった。

柴山 古い仕組みはだいぶ変わったし、マスコミ世論もその方向で動いているので、殊更言う必要がなくなってしまった。もちろん、まだまだ改革が足りないという人はいますが。もう一つは、アメリカの影響でしょう。トランプが保護主義を唱えたり、バイデンが大きな政府の復活を言い始めているので、日本でも風向きが変わってきた。ただ、いったん方向付けられた世論は簡単には変わらないので、この四つを違う政治言語に置き換えていくことが、これからの課題です。

そこで気になるのは、「新しい資本主義」という言葉です。いったい「新しい」とは何を指すのか。「古い」ものがすべて良かったなどと言うつもりはありませんが、新自由主義改革の失敗を踏まえるなら、むしろ改革以前の「古い」仕組みの中に、失ってはならない大事なものがあった。そう構えるのが、保守政党たる自民党が打ち出すべき道ではないか、と思うんですが、それだと世論には受け入れられないでしょうね。

中野 確かに。「成長と分配」の分配を力点に置くといった、そういう一昔前の、構造改革前の日本の資本主義のいいところを取り戻そうとか、そういう議論って、これまでも何度かそういう主張をする人がいました。ですが、その度に、「じゃあ、昔に戻ればいいのか」といった類いの反論が来て、「いやいや、昔に戻るわけじゃないんですよ」「じゃあ、考え方に大きな違いはありませんね。昔に戻らず、先に進みましょう」みたいな、そういうやり取りになって、結局、新自由主義路線が続くといった不毛な議論が繰り返されてきました。しかし、「昔に戻るのか」って言いますが、昔のほうがパフォーマンスが良かったのに、なんでそういう議論をするのかよくわからない。もちろん、改革以前の資本主義にもいろいろ問題はありますが、ですが、単純に昔に戻したって、改革後よりはましなのですよ。最低限、改革前の世界のパフォーマンスのほうが良かった、改革は失敗したということをなんで認めないのでしょうか。

柴山　失って初めて気づくものがあるので、そこを言語化していくのがこれからの課題なのでしょう。

中野　もしかしたら、全部ぶっ壊しちゃったから、もう古いのを戻そうと思っても、古いのも全部なくなっちゃったからか。古いものを守ろうと思っても、もう守るべきものがない。だから、新しく古いものを作りますということかも。確かにそう考えると、支持率がいい感じの低さなんですよね。低すぎず、高すぎず、いい感じのところなんですよ。世論なんていうのは、いい加減なもんだと思うこともありますけれど、意外と侮れないところも(笑)。

▼「改革神話」の歴史的背景

佐藤　「新しく古いものを作る」とは、19世紀後半におけるシオニズム運動の指導者の一人だったテオドール・ヘルツルみたいですね。ヘルツルは1902年、ユダヤ人が新たに国を建設するという小説を書いたのですが、タイトルが『古き処女地』(Altneuland)なんです。新自由主義が「従来の社会システムに対するホロコースト」だったとすれば、わが国にも「古い日本を新たにつくる」ぐらいの覚悟が必要かも知れません。

最近のわが国に「改革疲れ」が見られることについては、施さんと完全に同意見です。２０２０年から２０２１年にかけて、『佐藤健志のニッポン崩壊の研究』(経営科学出版)という全３巻のオンライン講座を制作したのですが、第2巻『自滅的改革が支持されるメカニズム』(https://pages.keieikagakupub.com/satoh2_99800/)では、新自由主義的な改革が、幾多の弊害にもかかわらず、なぜ長期にわたって望ましいと見なされてきたのかというテーマを、神話の研究を踏まえて論じました。

神話とは、われわれの無意識に深く根ざしたものです。そして語られるのは、世界を変えようとする英雄の行動。つまり神話を知れば、社会改革に対してわれわれが(しばしば無自覚のうちに)抱いているイメージや願望がつかめる。「政治の真実は、政治屋たちのものではなく詩人たちのもの」とは、アメリカの社会哲学者ノーマン・O・ブラウンの名言ですが、さしずめ「社会改革の真実は、改革論者のものではなく神話のもの」。

ここで非常に参考になるのが、アメリカの神話研究者ジョセフ・キャンベルの古典的名著『千の顔をもつ英雄』(１９４９年)です。世界各国の神話に共通したパターンがあると論じた本で、映画監督ジョージ・ルーカスが『スター・ウォーズ』の構想を練る際、大いに参考にしたことでも知られますが、同書のキーコンセプトの一つに「アトーンメント」(贖罪と統合)というものがある。

あらゆる改革はコストを伴います。だから、それを正当化しうるだけの理想、ないし大義名分が欠かせない。改革の旗手、すなわち英雄は、自分の個人的なエゴを捨てて、当の大義名分と一体化しなければならないわけです。これが達成されて初めて、改革で負担や犠牲を強いられる人々に対する贖罪、アトーンメントが可能になる。言い換えれば、改革の正当性が社会規模で認められるのです。

キャンベルは「アトーンメント」(atonement)の言葉自体に、このような贖罪と統合の二面性がこめられていると論じます。この単語を綴りに従って分解すると「アット・ワン・メント」(at-one-ment)、つまり「一つになること」という意味に取れる。自分を捨て、自分を超えるものと一つになった者だけが、他者への犠牲を正当化できるわけです。

贖罪《アトーンメント》とは統合《アトーンメント》である、これは単なる言葉遊びではなくて、辞書を引いてみると語源的にもそうなっているんですね。このようなアトーンメントの境地に至れるかどうかが、神話における英雄の行動の成否を決めるというのがキャンベルの結論です。そして神話が、社会変革に関するわれわれの無意識的なビジョンの表れだとすれば、改革が受け入れられるかどうかも、アトーンメントがなされるかどうかによって決まることになる。

上記の点を踏まえて、新自由主義型グローバリズムに基づいた平成の改革を振り返ってみましょう。すると、まず浮かび上がってくるのは「昭和後半期の成功を超えて、さらなる成長と繁栄をつかむには、改革を断行する以外にない」という強い思い込みの存在です。現に小泉は「改革なくして成長なし」と断言した。この思い込みが社会的に共有されたから、構造改革がどんどん進んだのです。

ということは、アトーンメント、贖罪と統合もからんでいるに違いない。要するに平成の日本人は、アメリカへのアトーンメントを目指したわけです。さらなる成長や繁栄を阻害しているのは、時代遅れの慣習や既得権益なんだから、これらをぶち壊して罪滅ぼしをする。そのうえで、日本社会の構造をもっとアメリカ的なものに変えてゆき、一体化、ないし統合を果たそうという次第。

論より証拠、昭和の終わり、または平成の初めの年である１９８９年に何が始まったか。日米構造協議です。「協議」と言うと、お互いに立場をすり合わせるような感じですが、これはまったくデタラメな訳で、英語名称は「Structural Impediments Initiative」、構造的障壁撤廃折衝。要するに、日本が一方的に自国のあり方を変えてゆくことが大前提なんですよ。それによって、今まで市場から不当に締め出していたアメリカに詫びを入れる。まさにアトーンメントです。

日本人は「アメリカ化（＝新自由主義の徹底）によるさらなる成長と繁栄の達成」という神話を信じたのです。ところが、この神話に従って20年ほど改革をやっても、結局、成果があがらない。こうして２０１０年代に何が起きたか。

ここで話は「何のために改革をしているのかわからないまま、とにかく改革を叫ぶ」という施さんの主張ときれいにつながります。要するに、「アメリカにアトーンして改革していけばそれでうまく行く」という概念自体に対して、みんなでアトーンメントを始めたんですよ。ひらたく言ってしまえば、結果が出てなくても「いや、結果は出ている」と嘘をつくようになった。幻想に詫びを入れて一体化し、そのことで精神のバランスを保ったと形容することもできるでしょう。

「改革神話へのアトーンメント」が功を奏したか、安倍内閣は憲政史上最長の在任期間を記録します。とはいえ、現実にうまく行っていないのですから、そこにはおのずから限界がある。こうして２０２０年代初め、30年近くにわたって信じられてきた神話がついに崩壊した。疲れるのも当たり前の話です。

つけ加えれば、岸田総理が「改革」という言葉を使わず、新自由主義からの転換を説くに至ったのには、コロナ禍も大きく影響しているでしょう。平成の改革は、基本のスタンスが「攻め」でした。昭和の間、成し遂げてきたものの上に立って、さらに大きな成果を勝ち取ろうという話なんですから。農業改革でも「攻めの農業」とか言われましたし、人材は決まって「世界に羽ばたく」ことになっていた。でもコロナは、治療法や予防法が確立されるまで、どうしたって守りに入らざるをえない。

中野　「攻めのコロナ対策」って、確かに言いませんね。

佐藤　まあ、「攻めの自粛」などと言った人もいたようですが、さすがにこれは説得力がなかった。となれば、改革を言うはずがないんです。その点で、確かに画期的な変化が起きている。ここまでは、まったく賛成です。

とはいえ、ならば岸田内閣にどれくらい期待できるか。これは正直、疑わしい。すでに２０１２年の段階で、「瑞穂の国の資本主義」を唱えた自民党総裁がいました。むろん、安倍晋三さんです。

ここで謳われたのは、行きすぎた市場原理の是正であり、日本ならではの共同体精神や、ナショナリズムの重視でした。岸田さんの「新しい資本主義」と、あまり変わりません。ところが総理の座にカムバックしたあと、安倍さんは何をやったか。

まずはＴＰＰ（環太平洋パートナーシップ）参加です。２０１２年暮れの総選挙で、自民党は「ＴＰＰ断固反対、ブレない」というポスターまでつくったにもかかわらず、国家百年の計だ、ラストチャンスなんだと言って、みごとにブレました。そのあとも、新自由主義型グローバリズムに沿った改革路線の政策を進めます。

政治は結果です。ブレようと結果が出せれば、それはそれで評価できる。けれども安倍内閣は、経済で結果を出せたか。なるほど株価は上がりましたが、一人当たりGDPの国際ランキングは下落一途。今やアメリカやシンガポールの6割程度にすぎません。

国民の平均年収も伸びておらず、18歳未満の子どもの貧困率はG7で最悪。つまり格差は拡大しています。民主党政権時代よりも経済的に苦しくなったという人が多いはずなのです。

しかも問題は、単にアベノミクスが結果を出せなかったことではない。行きすぎた新自由主義を否定して、構造改革にも待ったをかけますという趣旨の主張をしていたはずの総理が、新自由主義と構造改革をいっそう推進したことにある。

ナショナリズムと積極財政に基づいた日本経済の活性化、および社会の再生というのは、本来なら2010年代に安倍内閣がやるはずだった。だが、憲政史上最長の任期を維持するほど支持されながら、実際にやったことは正反対だった。なぜそんなことになったのか？

これについて、まともな総括を私は聞いたことがありません。岸田総理にしても、アベノミクスをどこまで評価するのかという点すら、あまりハッキリさせていないはずです。そんな状態で、新自由主義からの脱却ができるなどとは信じがたい。

2021年の総裁選では、プライマリーバランス黒字化目標の凍結論も出ました。普通に考えれば、これは積極的な財政出動への転換を意味します。しかるにこちらについては、一時的にとか、緊急時のみとかいう留保がつく。

長期にわたる財政出動の必要性は、欧米では今やコンセンサスとなってきています。欧州中央銀行（ＥＣＢ）の理事会メンバーで、オランダ中央銀行総裁でもあるクラース・クノットなど、２０２１年６月の時点で「（財政政策は）非常時に発動するかどうかというものではない」と言い切りました。この傾向が将来にわたって維持されるかどうかには疑問の余地もありますが、日本の状況と比較して、相当なギャップがあるのも否定できない。

これについては、オンライン読書会『READ INTO GOLD〜黄金の知的体験』（経営科学出版、２０２１〜２０２２年）で、中野さんの著書『変異する資本主義』（ダイヤモンド社、２０２１年）を題材に詳しく論じました。アーカイブ動画が配信されていますので（https://pages.keieikagakupub.com/satobc2-v3/）、そちらもぜひご覧頂きたいのですが、はたしてわが国が新自由主義から脱却できるのか、こうなるといよいよ心もとなくなってくる。岸田総理にしても、大胆な財政出動を説きつつ、財政再建の旗を降ろしたわけではありません。

一方、新自由主義的な改革路線からの転換ということを考える際に、無視できないのは新自由主義が出てきた歴史的背景です。これは中野さんのほうが詳しいと思いますが、新自由主義というのは、自由主義型の経済システムにおいて20世紀前半に生じた二つの大きな変化を否定しようとする動きと規定できる。

二つの変化とは何か。一番目は政府の積極的な需要創出による経済の牽引。これはインフラ整備を含みます。二番目は、同じく政府による所得の再分配の推進と社会保障の充実。

最初の変化のきっかけをつくったのは、むろん世界恐慌です。あのアメリカで、ニューディールなどという、社会主義的な性格を持った政策が推進されたくらいです。続いて二番目の変化をもたらすきっかけとなるのが第二次大戦。総力戦は社会を平等にするという見本のような例ですね。

こうして第二次大戦後、「(政府の管理下に)埋め込まれた自由主義」とも評されたブレトンウッズ体制に行き着く。くだんの路線に対するアンチテーゼとして、１９７０年代後半あたりから台頭してきたのが新自由主義となります。わが国でもこの時期より、「新保守」と呼ばれた知識人たちが、新自由主義的な路線を提唱し始めるのですが、面白いことに、いわゆる「出羽守《ではのかみ》」の要素が意外に薄い。

日本において、政治や経済に関する新しい風潮が出てくるときには、たいがい「欧米ではこれがトレンドなんだ、乗り遅れてはいけない」という論調が支配的になります。「欧米では」「欧米では」と言い立てるので、「ではの守」と呼ばれるわけですが、新自由主義の場合はどうも違う。

わが国で最初に新自由主義的な路線を志向する姿勢を見せたのは大平正芳内閣です。消費税導入を初めて唱えた総理も大平さん。しかるに大平内閣は、１９７８年に発足しています。アメリカのレーガン政権はおろか、イギリスのサッチャー政権よりも早い。

のみならず、日本における初期の新自由主義推進論には、ある興味深い特徴が見られました。ずばり敗戦直後の占領改革批判。アメリカ化を目指していながら妙に反米的なのですが、別に不思議なことではありません。

日中戦争を契機として総力戦体制に入るまで、わが国の社会システムは新自由主義的でした。社会的格差は大きく、税制は間接税中心。だからこそ、直接国税の納税額に基づいて選挙権を制限することができたのです。社会保障は乏しいけれど、その代わり税負担も軽い。国民の側からすると、ローコスト、ローベネフィットの社会ですね。

それを日中戦争が変える。あれだけ大きな国に攻め込んでゆくとなると、社会保障でバックアップしなければならなくなるのです。現に厚生労働省の前身である厚生省の設立が決まったのは１９３８年1月11日。日中戦争の引き金となった盧溝橋事件（１９３７年7月7日）の約半年後です。しかも同じ1月11日に開かれた御前会議では、「支那事変処理根本方針」が決定されている。

厚生省は健康保険や年金も担当していましたから、これらもつまり戦争がらみ。要するに日本は、もともと新自由主義型だったシステムを、総力戦体制によって大きな政府型に転換したのです。

この傾向を促進するのが占領改革。日本の軍国主義を根絶するのが目的のはずなのに、総力戦体制を受け継ぐとは何事かという感じですが、占領改革推進の主力となったＧＨＱ民政局には、ニューディーラーが集まっていたのです。おまけに「日本が侵略戦争に走ったのは、財閥、つまり独占資本が、軍と結託したせいだ」といった認識を持っていますから、大きな政府のもとで平等化を進めるのは、平和主義を根づかせるうえでも望ましいことになる。

わが国における新自由主義礼賛の根底には、占領改革批判、戦後批判が潜んでいます。これは欧米の新自由主義には見られない特徴です。その意味で平成の改革路線は、アメリカにアトーンメントしつつ、ずっと否定してきた戦前の日本にもアトーンメントを試みたものと解釈できる。

これについて注意しておかないと、新自由主義からの脱却を唱えても袋小路が待っている。新自由主義から転換しますといったって、どんなシステムに転換するんだ、戦時中や戦後初期に戻りたいのかというわけです。ちなみに１９７０年代後半の新保守は、高度成長期の福祉国家路線についても、国民を甘やかしてダメにするものだと批判しました。

上記の歴史的背景を考えると、この国で新自由主義を脱却するというのは、そうそう簡単なことではない。「欧米では今や新自由主義脱却がトレンドなんだから」では片付かないのです。日本に限らず、歴史的な経緯を無視した路線転換は失敗して当たり前と言わねばならない。

よって、歴史観や国家観の根本を見直す覚悟がないかぎり、岸田内閣も「新自由主義からの脱却を唱えて新自由主義を推進する」結果に終わるだろうというのが結論です。

中野　確かに、アメリカのバイデン政権は顕著ですけど、もうとっくに新自由主義をやめているので、「アメリカでは〜」って、本当は来そうなもんですけど、来ないんですよね。そうすると、日本の新自由主義ってね、戦後と言っていいのか、日本人のどっかの心象に非常に合っているところがあって、だからこんなに長いこと続いたっていう感じがあって、これはそう簡単に抜けないんだろうなという気もする。日本人の固有の何かがあるんだろうなと思っておりますね。

古川　私は今回の岸田さんの話を聞いて、まずはごく素朴に「自民党の中にもこんなまともなことを言う人がいたのか」という感想をもちました。これはおそらく、多くの普通の大衆の感覚に近いのではないかと思います。というのは、野党やリベラル派がこの間ずっと批判してきたのは、自民党の新自由主義の政策によって、格差が馬鹿みたいに開いて、中下層の人たちの生活がボロボロになってしまったということでした。それがコロナによって、いよいよ極限に達してきたところで、もはやリベラル派だけではなく、保守派でさえも、さすがにこれではもうダメだろうというふうになってきた。コロナ禍を生き残れない中小企業はもともと体力がないんだから潰れてしまえばいいんだとか、そんなことまで言われると、さすがにそれはおかしいじゃないかということに、ようやく気づいてきたわけです。

野党はそこに目を付けて、「俺こそが真の保守だ」などと言い出した人もいますよね。あれなんかは明らかに、さすがにもう自民党には失望してついていけないという従来の保守支持層を取り込もうとする戦略だと思います。ところが、そこに岸田さんが出てきて、「新自由主義から脱却する」と宣言した。野党としては「やられた」と思っていることでしょう。自民党自身にそう言われてしまったら、野党はもう何も言うことがなくなってしまいますからね。そういうふうに、今回の岸田さんの発言は、「岸田さんなら自民党をもう一度なんとかしてくれるかもしれない」という期待を抱かせて、保守支持層を自民党につなぎとめる効果が大きかったと思います。

中野　それはおっしゃるとおりで。野党はたぶん肩透かしを食らってるんじゃないかっていう感じがします。

▼なぜ菅義偉政権の大学改革を引き継ぐのか

古川　ただ、私が心配しているのは、極端に言えばそういう単なる選挙戦略として、パフォーマンスで「新自由主義から脱却する」と言っているだけなのか、それとも本当に改革をやめるつもりがあるのか、そこがまだ見えないことです。例えば、私が関心のある教育政策や大学政策に関して言うと、岸田さんが掲げている理念の中に「科学技術立国」というのがあって、そこに「十兆円規模の大学ファンドを年度内に設立する」ということが書かれています。これは何の話かというと、菅（義偉）さんがやめる直前に出した、いわゆる「稼げる大学」構想（現・国際卓越研究大学制度）のことです。大学に産業界などの外部人材を中心とする意思決定機関をつくって、そこからトップダウンで大学の経営を変えていく。国際的な競争力が見込める研究をしていると国が認めた大学にのみ、重点的にお金を落とす。大学には毎年きちんと利益をあげて成長することを求める。こういうふうな「大学改革」の構想です。

　先ほど柴山さんが「改革」の四つのキーワードを挙げてくださいましたが、90年代から始まった一連の「大学改革」もまさにそうで、「大学は自助努力で成長せよ」「無駄を削って経営をスリム化せよ」「グローバルな開かれた大学にせよ」「トップダウンのガバナンス改革をせよ」というのが、この約30年間、さんざん連呼されてきたスローガンでした。「稼げる大学」構想というのは、いわばその総決算のようなもので、だいたい「稼げる大学」なんていう下品なネーミングそのものに、新自由主義的な改革の意図があまりにも露骨に表れているわけです。ところが岸田さんは、菅さんが掲げたこの「稼げる大学」構想を、そのまま引き継ぐと言っているんです。そうなると、「いやいや、改革やめるんじゃなかったんですか？」という話になりますよね。

　確かに岸田さんが所信表明で「改革」という言葉を意図的に使わなかったことは大きな意味のあることですが、さりとて「改革をやめる」とまでは言っていません。もちろんいきなりそんなことは言えないでしょうけれど、本当はやめるつもりだけれど、ひとまずそこまでは言わなかっただけなのか、それとも本当のところはやめるつもりはないのか、どちらなのかなと、私はちょっと疑っています。

中野　多かれ少なかれ、みなさんのニュアンスであったのが、そう簡単に改革をやめるとか、そう簡単に新自由主義からは離れられないだろうなということですね。実際、離れていないし。ある意味、新自由主義から離れるというのは、ものすごい大変だと思う。どうしてそんなに新自由主義っていうのは、なんていうか、スティッキー（粘着質）なのか。靴の裏に貼りついたガムみたいな感じ。どうして、そんなに取れないんだと。コリン・クラウチの本に、「なんで新自由主義はそんなに死なないんだ」っていうようなタイトルの本がありましたけど、何かがあるんでしょう。

私は、安倍政権のときに「瑞穂の国の資本主義」だどうのと言って、実際には新自由主義になったという話になぞらえて言うと、実はアメリカのオバマ政権もそうだったんですよ。選挙中のオバマ候補は、ＮＡＦＴＡ（北米自由貿易協定）を見直すとかですね、グローバリゼーションで労働者が苦しんだから直さなきゃいけないとか、結構まともなことを言ってたんです。しかもリーマンショックもあったので、これでケインズ主義が復活だと、リベラル派の経済学者はみんな喜んだ。ところが、オバマ政権含め、どこもたった1年ぐらいしか財政出動をやらなくて、結局、格差はオバマ政権時にもっと拡大しちゃったんですよ。安倍政権も、「やる」と言って、実際にはやらなかった。それだけ新自由主義は強かった。

ただ今回、もう一回新自由主義から離れようと日米でしているのは、一つは、佐藤さんがおっしゃったように、コロナが原因です。これはもう明らかで、さっき日中戦争で大きな政府になるとかニューディール的なことをやるって話がありましたけど、コロナって実際戦争みたいなものです。厚生省は日中戦争中にできたってお話が出ましたけど、これは日本に限った現象ではありません。イギリスでもどこでも、もともと国民の医療とか福祉っていうのは、強い兵隊さんをつくるためにやったのが起源。だから、今もワクチンナショナリズムとかワクチン戦争なんて言われているように、もともと医療厚生、公衆衛生っていうのは、非常にナショナリスティックなもので、そして、大きな政府になりがちなものです。

安倍政権やオバマ政権のときと違うのは、やっぱり中国の存在の大きさです。中国の脅威に対し、岸田政権は、ハト派といわれているにもかかわらず、経済安全保障というのを前面に出したし、それ以前にバイデン政権もそうなんですよ。トランプ政権は中国と喧嘩していて、バイデン政権になったら変わるかと思いきや、全然変わらない。やっぱり、強力な外部の敵が現れると、国民は団結しなきゃいけないし、市場に任せて勝てるわけがないし、しかも、中国は市場原理主義とまったく逆の方向で経済的に攻めてきているので、これに対抗しようとしたら、政府は当然でかくするしかないのです。

コロナと中国という、いささか外部的な圧力で新自由主義を封じ込めるような現象が起きています。だから、もしかしたら新自由主義に疲れたというよりは、残念ながらコロナと中国という外圧のおかげというところもあるかなと思います。そうすると、コロナはワクチンで収まると新自由主義が戻るとか、アメリカと中国が妥協すると新自由主義が戻るとか、その可能性はなきにしもあらずかなっていうのがあります。

10年前は変われなかったけれど、今回変わりかけているかにみえる、もう一つの理由は、やっぱり世代の問題ってあるんじゃないんですかね。たぶん世代交代が進んでいるというようなところがある。だから、いま岸田政権を批判して「改革」という言葉がないとか「改革は後退した」とか、「これは新社会主義だ」って騒いでいる人たちって、全員おっさんですよ。普通、「改革が必要だ」と言うのは、経験が浅くて元気な若者のはずですが、今や、そういう思慮の浅い改革論者は、全員、私と同世代か私より上。思い切った改革とか規制緩和とか、トップダウンでとか、そういう話が思ったより若者にウケていない。そういうこともあるんじゃないのかなということは、考えますね。

　そういう外圧とか世代交代とか、いろんな要因で変わっているからこそ、岸田政権は本当にわかってるんだかわかってないんだかっていうような、あいまいなところがあるっていうところかなという気もしますね。当然いろんな勢力に配慮しなきゃいけないので、「改革はやめます」とは大きな声では言えないので、「改革」と言わないだけにとどめたとか。そういったところはあるんでしょう。

　あともう一つ言えるのは、例えば大恐慌時代、フランクリン・ルーズベルトはニューディールと称して積極財政をやりましたけども、大統領選のときは「財政健全化」って叫んでいたらしい。要するに、歴史上、理論的にわかっていたり理性で判断して世の中を良い方向に変えたりというような例ばかりではないわけです。本人が知らずして偉大なことをやるっていうことはある（笑）。例えば過去30年で言うと、小渕恵三政権のときが、私から言わせれば経済政策として一番正しいことをやったんですけれども、小渕恵三さん自体は、ケインズの理論をちゃんと理解してとかそういうことではなくて、多分直感的にとか雰囲気でとかで、積極財政に踏み切ったんですね。だってご自身が「平成の借金王」っておっしゃっていたわけで、「政府の借金なんか、問題ではないのだ」と経済理論的なことを言うんじゃなくて、「借金をします」と開き直っただけなので、わかっていたとは思えない（笑）。でも、結果的に正しいことをやった。逆に改革派といわれて世の中をダメにした人たちは、かなり意識的に「こうすれば世の中良くなる」っていうビジョンを持ち、そしていろいろな経済理論やら成長戦略やらで重武装したうえで、日本を壊し、成長できない国にしていった。あいまいであったり、何を考えているのかよくわかんなかったり、リーダーシップをとっているように見えないような政治家のほうがむしろ偉大なことを成し遂げ、世間から期待されてリーダーシップをとって先頭に立った政治家が思いっきり間違ったことをやるというようなことは、往々にしてある。ですから、こう言っては岸田総理には大変失礼ですけれども、私は岸田総理は偉大なことをやる可能性はあるんじゃないのかなって期待しております(笑)。

▼「聞く力」がもたらす「わかりにくさ」

佐藤　福田恆存さんが『近代の宿命』(東西文庫、１９４７年)で名言を残していますよ。「個人の無意識を社会が意識する。時代の無目標を歴史が目的化する」。

ただし、その後はこう続きます。「歴史を持つ社会は、みずから回復しえぬような病いを決して背負い込まない」(原文旧かな)。つまり現在の日本社会が、歴史を持っていると呼べる状態にあるかどうかがカギとなるのです。

中野　政治家という生き物は、無意識に世間の何かをつかみとっているようです。私が政治家をどうしても畏れるのは、そういう私にはできないことをやるからで(笑)。

一方で、これは仕方がないんですけれども、短命に終わる可能性もあるなと思う面もある。岸田総理は「私の特技は人の話をよく聞くことです」とおっしゃっていた。それはすごく大事なことなんです。それは政治家として、自由民主主義の政治家として、たぶん絶対に必要なことなんです。で、「人の話をよく聞き、それで判断しますよ。任せてください」とやるわけですね。ところが、そういう態度を取ると、「俺の話を聞いた以上、俺の言ったとおりにならないなら、責任取れよ」って、責任の追及が始まってしまう。これが「おまえらの言うことなんか聞かない。俺についてこい」ってやって、「おまえらは考えないでいい。俺のリーダーシップでやるんだ」と言って、そういう改革派型の、さっきの柴山さんがおっしゃったトップダウン型だと、「こいつには何言っても無駄だから、責任の追及をしても無駄だ」ってなるので、責任の追及から逃れられる。結構そういう改革派、新自由主義の改革派の政治家って、長期政権になりますよね。サッチャーもレーガンも、小泉政権も安倍政権も長かった。責任の追及から逃れていたからです。

逆に、「みなさんの苦しみを聞かせてください。みなさんの要望を聞かせてください。メモにとってます」といった、本来の政治家のあり方をやっちゃうと、大衆はそこにつけ込んで、みんなで叩く。「黙って、俺についてこい」ってやってもらって、思考停止をさせてもらったほうが一般大衆は楽だというようなところはあるのです。

自民党の政権にとっては、選挙に勝ち続けて長く政権を取ることが大事。そうすると、小泉政権のトップダウンって、ロールモデルになっちゃったんですよ。あのやり方をやれば政権が長生きして選挙にも勝てる。要するに、みんなの意見は聞かない、有権者には考えさせない。わかりやすく敵を見つけて、白黒はっきりさせる。

「聞く力です」と言ってみんなの意見を聞いて、メモにはたくさん矛盾した人の要望が書いてあったら、それはわかりにくくなるに決まっている。本来の政治は、そのわかりにくい中でどうバランスを取るかということなんですけれど、バランスを取るぐらいわかりにくいことはないので、そうすると大衆はいらだってしまい、支持率は下がる。ところが、岸田総理は、あえてそこに踏み込んでいかれているので、私としては、全力で応援したいと（皆、笑）いうふうに思います。

▼恐るべき「新自由主義大政翼賛」

施　日本だけではないとも思うんですけれども、新自由主義は、右派も左派もどっちも批判しがたいものになっています。右派は、日本の新聞で言ったら、『産経新聞』、『読売新聞』ですけれども、これらはもう冷戦のときの名残から「保守」とは「反共」だと信じている。だから、保守は、「反共」の反対としての「親市場」、つまり市場経済推進の立場を取るべきなのだと考えてしまっています。

逆に左派・リベラル派のほうで新自由主義を支持してしまった要因としては、やはり野口悠紀雄氏の「1940年体制」論や、その後の総力戦論の影響が大きいですよね。これで戦後のいわゆる護送船団方式とか、昭和型のいわゆる調整の政治というのは、戦時体制の名残にすぎないということになってしまい、すっかり左派も思考停止しちゃったんですよね。本当だったら、左派こそが新自由主義化というのを止めなければならなかったのに、『朝日新聞』も『毎日新聞』も、積極的に新自由主義に乗ってしまい、構造改革路線の推進に一役買ってしまった。

中野　確かにそうなんですよね。「1940年体制」論はけしからんといって、1930年代に戻したという（皆、笑）、いったい、何をやっているのか。

佐藤　わが国の左翼、つまり革新やリベラルは、本質的な点で新自由主義に対抗できません。理由は簡単で、いわゆる「平和憲法の理想」を信じているか、少なくともそういうふりをせずにいられないからです。

日本国憲法の基本的な性格は、ずばり国家否定です。なにせ前文の最初に「(日本国民は)政府の行為によって再び戦争の惨禍が起ることのないようにすることを決意し」と書いてある(原文旧かな)。この「政府」とは日本政府ですからね。自国政府の行動は抑制しなければと思っているとき、大きな政府を肯定できるわけがない。

政治学者の山口二郎さんは、坂野潤治さんとの対談本『歴史を繰り返すな』(岩波書店、２０１４年)でハッキリ認めましたね。日本の革新勢力というのは積極財政反対なんだと。山口さんの発言をちょっと引用しましょう。

(注：１９６５年に)戦後初の国債を出した時に、当時の社会党が反対した理由の一つは、赤字財政は戦争につながるという議論でした。財政法の四条で国債発行を禁止したのは、要するに戦争のために野放図に国債を出したことへの反省の表れであり、憲法九条と財政法四条とは平和主義の縛りなのだという言い方をして、社会党は赤字国債に反対していた。(１１６〜１１７ページ)

けれども、積極財政は戦争への道などと構えたらどうなるか。デフレと平和が結びついてしまう。そしてインフレ、つまり経済の拡大は戦争と結びつく。

> ですから、平和を守りつつ、積極財政をやって雇用の確保をするという議論を、戦後（注：敗戦直後）から現在に至るまで、左翼・革新側がちゃんとやってこなかったのです。（同、１１７ページ）

こうなると、左翼が主張できるのは弱者救済だけになる。しかも、それにだって財源の問題がついて回ります。福祉は手厚くやってくれ、だが政府がどんどんカネを使うのはけしからんでは話にならない。無理にどうにかしようとすると、軍事費を削れ、つまり安全保障を犠牲にしろという結論になる。予算の規模を拡大しようという発想がないのだから当然の話です。

保守は保守で、親米派はむろん新自由主義になる。社会システムをアメリカ風にするのは望ましいことのはずですからね。ところが戦前の日本は新自由主義的で、戦後の福祉国家路線は占領改革の産物でもありますから、反米になったらなったで、大きな政府を肯定するのは難しい。つまり政治的な立場を問わず、新自由主義を否定しようという動きが出てこないという、厄介な仕組みになっちゃっているんですよ。

問題の仕組みを、私は「新自由主義大政翼賛」と名づけました。くだんの翼賛体制を打破しないことには、積極財政への転換はできません。これをめぐっては、２０２２年から２０２４年にかけて制作したオンライン講座『佐藤健志の２０２５ニッポン終焉』（経営科学出版）の第1巻『２０２５年、日本が迎える巨大な分岐点』(https://in.38news.jp/satowa_teika)で詳細に分析しましたので、ぜひ、あわせてご覧ください。

古川　私も『大人の道徳』（東洋経済新報社、2018年）の中で、右派の「日米同盟を守れ」と左派の「憲法九条を守れ」は、実は共依存関係だということを書きました。どちらも国家を棚上げして、国民はひたすら経済活動だけしてりゃいいんだというメンタリティを共有しているんですよね。だから新自由主義を根本的に批判することができない。

▼中間団体は「既得権益」「しがらみ」なのか

施　確かに、新自由主義のレトリックを止める勢力というのが、日本にはあんまりいなかったんですよね。岸田政権には、私も大いに期待したいと思っているのですが、本当に新自由主義を転換できるかどうかは疑念も結構あります。今の新自由主義から脱却するには、一つには、国際秩序から変えなきゃダメだろうと思います。例えば、今回、岸田さんが金融所得課税の強化をほのめかしたり、構造改革に批判的な素振りをみせたりすると、早速株価が下がりました。加えて、『日経』などのマスコミも「そういう政策を市場は評価しない」とか一斉に書き立てます。日本一国だけで新自由主義から脱却するぞと言えば、国内の資本が流出したり、海外から資本が入ってこなくなったりします。資本回避が生じるんですね。実際に資本回避が顕著に生じないとしても、グローバルな企業や投資家、および彼ら側に立ちがちな主流派マスコミは、そういうことが生じるぞと脅しをかけてきます。したがって、新自由主義路線、グローバル化路線を改めようという政策は、現在の国際秩序の下では非常に取りにくい現実があります。

欧米の世論には、トランプ支持者もそうですけれども、新自由主義や、その下でのグローバル化路線にうんざりしている人たちがたくさんいます。本当は諸外国のそうした世論と連携を図り、「中間層第一」というか、「庶民の暮らし第一」の立場を取り、グローバルな投資家や企業関係者だけが儲かるような現行の国際秩序のあり方を変えていくよう努めるべきです。岸田政権は本来、「新自由主義からの転換」という旗印を掲げるのであれば、国際秩序から変えていくという話をしなければなりません。例えば、新自由主義に批判的な、バイデン政権の一部の政治家などと連携をとり、「新自由主義からの脱却」を可能にする国際秩序作りに取り組む必要があります。ただ、実際のところ、国際秩序から変えていこうというのは、戦後日本の一番苦手なところですよね。これ、まさに佐藤さんがずっとおっしゃってきたようなことだと思うんですよ。

私が少し前に面白く読んでいた本に『*The New Class War*』(邦訳『新しい階級闘争』、東洋経済新報社、2022年)というタイトルのものがあります。この本の著者のマイケル・リンドというテキサス大の政治学の教授は、新自由主義に基づくグローバリズムから脱却し、真っ当な民主主義社会に戻るには、中間団体を再生しないとダメだと言うんですね。新自由主義に基づくグローバル化の一番まずいところは、各国において、グローバルな企業や資本家たちと庶民層との間の政治的影響力のバランスが崩れてしまうことにあります。さきほど述べたように、グローバル化に伴い、グローバルな企業や資本家たちは、自分たちにとって有利な政策を作らなければ、資本流出や資本回避が生じるぞと各国政府に圧力をかけられるようになります。その反面、各国で庶民層の声は政府に反映されにくくなるんですね。リンドが強調するのは、このアンバランスな状態を是正するには、つまり庶民層の声を政治に反映させるには、これはまさに中野さんの最近の小林秀雄に関する本にもありましたけれども、中間団体が必要だという点です。庶民は個々バラバラでは政治的影響力を持つことはできない。労働組合や農協などの中間団体を通じて反映していかないと、庶民の声は政府にはなかなか届かないわけです。労働組合、農協などの協同組合、地域団体、業界団体などが、庶民層の声を政府に届けなければならない。岸田さんは「聞く政治」と言っていますけれども、耳を傾けるべきは、グローバルな投資家や企業だけでなく、そういうさまざまな中間団体の声でもある。まさに古い自民党の政治といいますか、いろいろな中間団体の間を調整していくような、そういう意味での「聞く政治」をやらなきゃいけない。だから岸田さんは、本当は「聞く力」だけではなく、中間団体の再生が可能になる条件を整え、多様な中間団体の声に耳を傾け、調整する政治に戻る。本当はそう言わなければならない。ただ、こういう政治って、今のリベラル派が一番嫌うものですよね。

中野　新自由主義者もそれは嫌いですね。そういう中間団体っていうのは、本来、健全な自由民主主義の基礎だっていうのは、政治思想においては、もうなんか常識みたいな話になっているのに、なぜか日本では、中間団体とかそういったものは既得権益とかしがらみとか、そういうふうに呼んで破壊したがる。確かに中間団体があると、極端な新自由主義、つまり誰かを犠牲にするような、一部の人だけ得をするような政策ってとれない。中間団体の言うことをよく聞いて調整していると、絶対に新自由主義にはならないですよ。新自由主義の人ってそれをよくわかっているから、邪魔な目障りなそういう中間団体を「既得権益」とか「しがらみ」と言って、排除しようとする。

では、そんな新自由主義者が政治力をどこからつけるかっていうと、もう直接投票的な、世論調査的な、マスコミと結託してやるのです。しかし、中間団体の間の利害調整がそんなに嫌ならば、議会制民主主義なんかやめろって、はっきり言ったらどうだと。

▼レジリエントな新自由主義

施　いやいや、ほんとですね。少なくとも、トクヴィルなどが代表的ですが政治学の世界だと、中間団体がなければ民主主義もないというのは昔から言われてきました。小林秀雄も指摘していましたが、議会制民主主義とは、もともとは多様な中間団体が栄える封建制の経験から出てきたものです。

中野　僕は学生のときから疑問だったんですけど、なんで日本の政治学者とか法学者とか、そういうことを言わないんですかね。誰も言わないで、むしろ逆の片棒を担いでいるじゃないですか。

施　欧米もそうですね。トクヴィルなどは中間団体の価値を強調しましたし、一時期はプルーラリズム（多元主義）の政治の大切さが認識されていましたが、今ではそういう見方は弱くなってしまいました。

中野　プルーラリズムとか、コーポラティズム（協調主義）とかね。しかし、サミュエル・ハンティントンとかが民主主義のガバナビリティ（統治能力）とか言って民主政治の批判をやり、それが70年代後半から80年代初めぐらいに流行りましたが、あれ、新自由主義ですよね。

施　「民主主義のガバナビリティ」論は、まさに新自由主義につながるものですね。いろんな団体から政治へのインプットがあり、それが多すぎると、にっちもさっちも行かなくなる。だから、そういうインプットをなるべく切り捨てていけという主張でした。日米欧の政治学者が一時期そういう主張を結構支持したんですね。それでプルーラリズムが「利益集団型自由主義」と言われるようになり、

「中間団体」が「圧力団体」(Pressure Group)と呼び替えられ、そうした集団を排除しなければダメだっていう話になったんですよね。

中野　さっき佐藤さんが70年代から新自由主義は始まっていますよと指摘しましたが、だいたい同じぐらいの時期ですね。

施　そのあたりから、日本でも欧米でも、中間団体が悪者扱いされるようになりました。

中野　確かにそうなんです。あの頃の議論は、そういう中間団体がぐちゃぐちゃ言って、要求ばっかりして物事が決まらないので、インフレになったのはそれが原因だと言ったんですよ。実際、当時は、インフレが問題でしたから、それなりに説得力はあった。ところがデフレなのに中間団体を解体しろと言ってきたのが、日本だったという。

施　そうなんですね。日本では特に、中間団体とか地域共同体は非常に遅れた村社会のしがらみといったような、そんな悪いイメージがあるので、インテリというか意識高い系の人々はそういうものをなくせという主張をしがちですね。

中野　先ほど、なんで新自由主義がこんなに日本ではスティッキーなのかという問題提起をしましたが、その問題と関係している気がする。

佐藤　レジリエンス(強靭性)でもいいのではないでしょうか。レジリエントな新自由主義というやつで。

中野　レジリエント(笑)。では、なんで新自由主義はレジリエントなのか。新自由主義というイデオロギーは、中間団体から構成されている議会制民主政治、あるいは市民社会(Civil Society)に反するわけですよね。じゃあ、議会制民主主義、市民社会っていうのはどこに根があるかというと、もともと封建制から来ているのです。封建制というのは、教会なり貴族なり、寺社勢力だったりギルドだったり、そういった中間団体とか特権階級があって権力を持つので、専制君主が勝手をできなくなる。そういうふうにして、中間団体が政府権力を牽制するというのが議会制民主主義であり、政府権力を制限できるから自由なんだということです。こういう理解は西洋の自由主義の思想の王道です。近代的な自由民主主義は、前近代的な遺制を残すからうまくいくという話なんです。ところが、日本の場合は、戦後、丸山眞男なり、あるいは桑原武夫なり、この手の進歩主義者が話を逆にした。むしろ「前近代的な遺制が残っていたから、あんな不合理な戦争をやったんだ。戦後は、そうした前近代的な遺制を徹底的にきれいにするんだ」というふうに煽動したわけです。最近の選択的夫婦別姓の議論もそうかもしれないですけれど、「とにかく何か自発的に選ぼうとすることを縛るものは全部外せ。それが自由だ。それが民主主義だ」というような議論が、戦後、主流になった。１９９０年代初めですが、私、大学生のときにある憲法学者の憲法の授業に出席したら、その憲法学者が初回にですね、「憲法の役割は、個人を丸裸にして国家と直接対決させることだ」とか言ったので、その瞬間に「ああ、こいつは反トクヴィルの全体主義者だ」ってわかって、ぞっとしました。それ以来、気持ち悪いから、彼の授業に出なくって、で、法学部への進学もやめたっていうぐらいなんですけれど(笑)。そのぐらいですね、「個人、個人」ってやるんですよ。で、そういう教育を受けて染まった世代がだんだんのしてきたのが、70年代、80年代、決定的なのは90年代ですよね。この教育を受けちゃうと、新自由主義は、望ましいものに見えます。なぜなら、新自由主義の狙いは、中間団体を破壊して、個人を丸裸にすることですから。で、新自由主義は、口では「小さな政府」とか「自由」とか言っておりますが、別に国家の役割を否定しているわけではなく、むしろ「トップダウン」とか「官邸主導」とか、国家権力の集中を好みます。中間団体を破壊するには、強力な国家権力が必要ですから。結果、新自由主義によって、個人は丸裸になって、国家と対峙せざるをえなくなる。これは、さきほどの憲法学者が望んでいたことです。こう考えると、新自由主義がレジリエントな理由がわかります。戦後日本のメンタリティと新自由主義の親和性は非常に高いのです。

▼一国で新自由主義に対抗できるか

佐藤　新自由主義からの脱却は、戦後をどう評価するかという問題と直結しているんですよ。とはいえ政治学が、とかく新自由主義的な社会論に行きたがるメカニズムについては、イスラエルの政治哲学者ヨラム・ハゾニーが『ナショナリズムの美徳』(東洋経済新報社、２０２１年。本書第Ⅱ部参照)できれいに論じたと思います。

　社会統合について、合理的に割り切って説明するんだったら、社会契約論が一番いい。その意味で、近代の合理主義に徹した人間観で社会の形成を説明しようとしたら、個人を裸にして国家の前に立たせようということにならざるをえない。だが、そうじゃないだろうという話です。

中野　国家の前で裸になったら逮捕されるぞ(笑)。

佐藤　いやいや、反権力とは裸のまま「お前に逮捕される筋合いはない！」と国家に文句をつけることですから。それはともかく、ハゾニーの議論で最も優れていたのは、コストとベネフィットを天秤にかけて、国家に帰属するかどうかを決めるなどありえないという箇所でしょう。

人間は自分を超えた集団に属することで、自己が拡張される感覚を得ようとする。そのような集団としては、まず家族があるわけですが、それが氏族になり、部族になり、そしてネイション（国民）へと行き着く。だからネイションを基本的な単位とする国家は、いわば「巨大家族」として、アイデンティティのよりどころになる。もとより、これも一種の理念型、すなわち観念的なモデルなのですが、議論自体には説得力があります。

これに対して、国家の一員になるのは合理的判断の問題だと構えると、コスパ次第では国を捨ててもいいことになる。よって新自由主義的なグローバリズムに行き着くのですが、施さんは先ほど非常に重大な問題提起をされています。すばり、一国だけで新自由主義に対抗するのは難しいのではないか。

先日『ナショナリズムの美徳』を読み返していて痛感したんですが、ハゾニーは断固たるナショナリストである反面、国際秩序については非常に新自由主義的な考えを持っている。どこの国も、他国内のことには口を出すな、国連も主権侵害はやめろと来ますからね。しかしこの論理に従うと、人種差別だって正当化される。

実際、ハゾニーは何度か筆を滑らせて、アパルトヘイトや、かつてのアメリカの奴隷制を容認しかねないようなことを書いています。さすがにまずいと思ったか、「いや、私個人はこれらの制度はとんでもないと思っている」といった釈明をしていますが、釈明をしなければならないことがすべてを語っている。『ナショナリズムの美徳』の論理を突き詰めたら、香港はむろん、ウイグルで起きているとされる事態だって許されてしまうのです。

要するに、一国のあり方としてナショナリズムを提唱することは、国際秩序について新自由主義を唱えることと矛盾しない。だから本当に新自由主義を抑え込みたかったら、世界政府型のグローバリズムが必要になってくるのではないか。

これは拙著『感染の令和　またはあらかじめ失われた日本へ』（ＫＫベストセラーズ、２０２１年）で論じたことですが、２０２０年代のヨーロッパでは、ナショナリズムの退潮とも見える現象が起きている。例えば２０２１年９月に行われたドイツの連邦議会選挙では、右派政党「ドイツのための選択肢」が後退しています。もっと派手に議席を減らしたのが、同じくヨーロッパ統合に否定的・懐疑的な「左翼党」。欧州統合に懐疑的な連中は、左右そろって負けたわけです。

代わりに躍進したのはどこか。緑の党（同盟90／緑の党）です。そして第一党になったのが社会民主党。この二つの党には、面白い共通点があります。どちらも２０１９年の欧州議会選挙で、「全ユーロ圏共通予算」に賛成したんですよ。

バイデンも「アメリカ・ファースト」というのとは違うし、ＥＵ（欧州連合）を離脱したイギリスはＴＰＰに入ろうとする。フランスは例外のようですが、全体的に２０１０年代後半ほどナショナリズム回帰が盛り上がっているわけではありません。

欧州全体の規模で財政の主権を持つ政府が出現して、積極財政路線を取るとなったら、多国籍企業もビビるでしょう。冷戦が社会主義ブロックの崩壊に終わり、アメリカの一極支配が実現するかに見えた過去30年、新自由主義とグローバリズムはイコールのような通念があったものの、世界政府型のグローバリズムを再評価すべき時が来ているのではないか。この点と真剣に向かい合わないかぎり、「一国の目標を国際社会が無目的化する」ことに終わるのではないかと思います。

▼高まる経済安全保障の意識

中野　佐藤さんがおっしゃったようなことはやっぱり言われていて、グローバルケインズ主義がいるんだっていう議論っていうのは、あるんですよ。柴山さんは、グローバリゼーションと今の新自由主義といった議論に関連して、ご見解ございますか？

柴山　新自由主義からの転換は、国際的な枠組みの変更がないと実現が難しい、というのはそのとおりだと思います。ＷＴＯ（世界貿易機関）協定や自由貿易協定のような、グローバル化を実現する超国家的な法律の制約と、国内の新自由主義改革はセットになっていて、改革派は「これが国際的なスタンダードだ」という言い分で反対派を抑え込んでいく。これは日本だけでなく、どの国でも見られた現象ですね。ただ、逆に言えば各国で新自由主義からの脱却が進むと、国際的な秩序もおのずと変化していくとは思います。

中野　今、法人税引き下げ競争をやめようとか、だんだんそういう動きがある。また、勝手にみんなで保護主義をやり出しちゃっている。コロナもあったんですけれど、グローバリゼーションが勝手に死んでいっているところも、ありますよね。

柴山　中国の台頭も大きいですね。この30年、自由市場の中でしか企業は成長しないという話だったのが、中国が産業政策で成功すると、アメリカでも日本でも産業政策が再評価される、といったことが起きています。「科学予算を増やしてくれ」とこれまで大学人がいくら言っても聞いてくれなかったのに、特許や論文の数で中国に差をつけられたとなると、少し予算を増やそうか、という機運も出てきている。技術を持った企業を保護したり、サプライチェーンを脱中国化したりするのに政府の力を使うという、経済安全保障の意識も高まってきました。

しかし、もともと日本は産業政策の成功例と見なされていたんですよね。私が経済学の勉強を始めた１９９０年代の前半は、まだ日本型システムは評価されていました。大学の３年生、４年生くらいまでは、「アメリカ型の個人主義的で無秩序な資本主義より、官民協調に基づく日本型の集団主義的な資本主義のほうがいい」という考え方が支配的だったんですが、大学院に入る90年代後半になると、日本型システムこそが諸悪の元凶だ、一刻も早く改革しなければならないという話に１８０度変わってしまった。

中野　そうそう、すごかったですよね。

柴山　先ほども話に出た「１９４０年体制」論が出たのが１９９５年で、私もよく覚えています。ちょうど戦後50年で、日本の戦争責任問題が盛んに議論されていました。戦前と戦後の経済体制が連続しているという認識が広まるにつれて、この連続性を断ち切らなければならないという機運が高まった。後の構造改革論につながる一大運動が始まったのは、ちょうどこの頃ですね。

ただ、この話には前史があって、チャルマーズ・ジョンソンの『通産省と日本の奇跡』が出たのが１９８２年ですね。通産省の行政指導などに代表される、政府による産業育成が日本の経済発展を導いたという話ですが、ここで初めて「開発主義」（デベロップメンタリズム）という言葉が登場しました。

日本の成功は、西欧とは違う「開発主義」によるものだ、というわけです。それがバブル崩壊後は、「開発主義」こそが日本の発展を阻害しているという話に切り替わる。日本の新自由主義は「開発主義」の批判から始まっていますね。イギリスの新自由主義はサッチャーによる行きすぎた福祉国家への批判から始まったと言われますが、日本の場合、福祉は行きすぎというほどではないですからね。

中野　全然違いますね。

▼開発主義と発展段階論

柴山　むしろ、「お上」が主導する経済運営ではダメだという開発主義批判と、自民党一党優位のもとでの利益分配政治を駆逐するという、この二つが合わさって日本の新自由主義が始まりました。

だから日本の場合は、まず政治改革や行政改革が先行しました。政権交代が起きやすい小選挙区制の導入から、「官僚主導から政治主導へ」の統治機構改革へと続いていった。イギリスの新自由主義が社会民主主義を仮想敵としていたのに対して、日本の新自由主義は開発主義や自民党的な共同体主義を仮想敵としていたわけです。

ただ、いろいろ調べてみると、イギリスでも戦後体制は戦時統制経済の延長でしかない、という議論があったみたいですね。イギリスの場合は、戦後体制が経済的に必ずしもうまくいってないので、サッチャーが出てきて、それ以前の個人主義的な資本主義に回帰しようと訴えた。戦争期の統制経済からの連続性を断ち切れないから、イギリスはダメになったんだ、と。

中野　そうですか。イギリスは敗戦はしていないけど、ほとんど負けかかっていたから、あんまりいい思い出はない。

柴山　そういうことですね。戦後、経済的に負け続けているので、この体制は変えなければならないということになった。ただ、日本と違うのは、日本の場合は「開発主義」という言葉が与えられて、戦後の経済発展は官主導だったという物語がマスコミや世論に深く浸透していたということです。でも、戦後の経済発展は本当に官主導だったと言えるのか。

中野　戦後の経済発展が官主導だったなんて、それは全然違いますよ。

柴山　もちろん行政の役割が大きかったのは事実ですが、戦後日本の経済発展の主役はやはり民間ですよ。民間は非常に競争的で、それこそ過当競争が問題になったので、行政が介入せざるをえなかった面がある。昔、戦後の代表的な企業人にインタビューしたときも、「役人は何もわかっていなかったから、こちらが情報を提供していろいろ動いてもらったんだ」と言っていた。だから、最初の認識に問題があったような気がします。日本は官主導の国だと思い込んだがゆえにおかしな改革論が出てきてしまった。そういう疑念が拭えません。

中野　官僚が強くて優秀だったら、官僚批判なんか許すわけないじゃない(笑)。

佐藤　開発主義という発想の根底にあるのは、発展段階モデルでしょう。産業化を進めるにあたって、最初のうちはリソースが少ないんだから、政府主導で特定の分野に集中させるしかない。日本でも敗戦直後は「傾斜生産方式」が採用されていたわけです。これをもっと極端にしたのが、権威主義体制による「開発独裁」ということになる。

ただし経済発展が一定の段階に達すれば、人々は必ず自由を求めるはずだというのが、20世紀後半の通念だった。となれば、発展を続けるためにも民主化を進めるしかない。そのモデルケースのように言われたのが韓国と台湾ですが、日本はさらなる先行例として位置づけられた。

香港だって１９９７年に返還されたときは、「いずれ中国のほうが自由化されるだろう」と楽観していたのではないか。例の「一国二制度」は50年間限定ですが、政治的な自由を抑圧しながら持続的な経済成長を達成できるとは、当時思われていなかった。

すると２０４７年、一国二制度が消滅する頃には、香港が中国に合わせるのではなく、中国が香港に合わせることになる。ところが実際は、中国が自由民主主義に移行しないまま経済大国になっちゃって、みんな愕然となったのが、香港問題の根底にある経緯だと思います。

しかるに発展段階モデルを突き詰めると、成熟した先進国は新自由主義に移行して当たり前ということになりかねない。裏を返せば、新自由主義から脱却するためには、経済発展に関する考え方も問い直さねばなりません。

この点を押さえておかないと、戦後前半期の経済発展が官主導の産物でなかったとしても「それは結構。ならばいっそう民主導にしろ」という話になるだけではないのか。もっとも、官主導であることと民間の競争が激しいことは、必ずしも矛盾するものではありません。民間が競争する枠組みを政府がつくりあげて管理すればいいのです。

もう一つ、確かに日本は大して福祉国家ではないものの、わが国における新自由主義は当初「バラマキ福祉批判」を旗印にしていました。大平内閣からの改革路線に少なからぬ影響を与えた本に、グループ１９８４年の『日本の自殺』（ＰＨＰ研究所、１９７６年）がありますが、これなどその好例です。

高度成長期の終わり頃は、首長が左翼系の自治体、いわゆる「革新自治体」が増えて、これらが公共サービスを競って手厚くした。つまりグループ１９８４年は、左翼の伸長を抑え込むべくバラマキ批判を展開したのです。いずれは国政でも、「保革逆転」で政権交代が起きるんじゃないかと言われた時代ですからね。ちなみに『日本の自殺』は２０１２年、前半部分だけが文春新書で復刊されましたが、これには中野さんが解説を書いています。

同時に「１９４０年体制」論、あれは私が冒頭で述べたとおり「大きな政府は戦時体制から始まった」という話ですが、これが占領改革によって強化された点も見過ごしてはならない。これはジョン・ダワーが『敗北を抱きしめて』（１９９９年）でずばり指摘していました。

いわく、なぜ敗戦直後の日本で一気に労働運動が高まったのか。それは戦時中の産業報国会が下ごしらえをしていたためである。労働者の組織化はすでにすんでいた、あとはトップが軍国主義者から社会主義者に代わればよかったのだと。

民間の競争どころか、労働争議の盛り上がりすら官主導でやれるのです。戦時中の日本政府と、ＧＨＱの民政局が図らずもタッグを組んだ形ですね。つけ加えれば、かの日本的経営すら、占領改革に対応しようとする中で生まれたことは、盛田昭夫さんが石原慎太郎さんとの共著『「ＮＯ」と言える日本』（光文社、１９８９年）で述べていました。

戦前、わけても戦時中の日本と、敗戦後の日本の間には、ものすごい断絶があるということになっています。ところが実際には、意外に連続性が高い。問題は保守も左翼も、この点を認めようとしないことです。

なにせ保守は、くだんの断絶を批判するのが身上。逆に左翼は、断絶が十分ではなかったと批判するのが身上です。したがって、どっちに転んでも新自由主義を否定できない。これでは「新自由主義からの脱却」を唱えたところで、いざ実践となったときに方向性を見失うのは目に見えている。新自由主義の問題は、例によって歴史認識問題なのです。

ついでに、これも冒頭で指摘しておいたことですが、安倍総理は新自由主義からの脱却を唱えつつ、新自由主義型グローバリズムに突き進んだ。ところが安倍さんも2000年代半ば、総理の座についたものの短命政権で終わった経験があります。

では当時、安倍総理は何を唱えたか。「戦後レジームからの脱却」です。新自由主義を変えようとすると責任を問われるという話が出ましたが、くだんの責任の最大のものは「戦後日本を肯定するのか、否定するのか」なのです。すなわち、現在の国のアイデンティティをひっくり返すかどうか。

この点について曖昧なままだと、失敗は運命づけられているのではないか。戦後日本のあり方そのものを問い直す姿勢なしには、新自由主義は揺るがないのだと思います。

▼「統治された相互依存関係」の重要性

柴山　新自由主義の見方はまったく賛成なんですが、さきほど言いたかったのは、そもそも日本の「開発主義」とは何だったのか、ということです。政治経済学者のピーター・エヴァンスが「埋め込まれた自律性」と言いましたが、非常に自律性の高い行政システムが、業界団体や利益団体の社会的ネットワークの中に埋め込まれている、そういうところに日本の、またはアジア諸国の発展の秘訣があった。開発主義というと、政府が民間を開発目標に向けて駆動する、「お上主導」の経済発展をイメージしがちだけど、実際はそうではない。

中野 設計したものじゃなくて、たまたまできちゃったんですけれどね。

柴山 まさにそうなんですよ。いろいろ試行錯誤しているうちにできた国家と経済の相互依存関係が重要で、政治経済学の分野では、そういう研究がずいぶん蓄積されていますね。だけど、日本ではほとんど紹介されていない。

中野 ほんとですよね。その議論、全部われわれが学生のときにみんなで吹っ飛ばしたんですよ。それを勉強しようと思って大学入ったのに、全部吹っ飛ばされたんですよ。

柴山 単なる「お上主導」で国が発展するはずがないわけで、それこそハイエクも言っているように、行政は民間がもっている知識や情報をほとんど知らないわけです。だから行政は民間とつながりをもたなければならないわけですが、一部の途上国ではそれがひどい腐敗や癒着の関係となってしまっている。日本はそうはならなかった。これを政治経済学者のリンダ・ワイスは官と民の「統治された相互依存関係」と評していました。日本型システムというと、日本でしか見られない特殊な仕組みのように思うけど、官民が協力関係にあるのは、経済発展した国なら洋の東西を問わずどこも同じで、ただ日本は日本のやり方をしていた、というだけのことです。

だから、官主導から民主導へ、というほど愚かな話はない。昔は官主導だったという認識そのものを改めないと、新自由主義の罠から抜け出せないわけです。

中野 じゃあ、「新しい資本主義」って言っていいのかな（皆、笑）。

▼「古い」資本主義に学ぶべき点

柴山　もう一つ、最近は流れが変わってきたと思うのは、世界的に見て日本の物価が安すぎるという話がちらほら出始めてきたということですね。90年代には内外価格差の議論があって、日本は世界一物価が高いと言われていました。だから規制緩和や構造改革で、生産や流通のコストを下げないといけないとなった。ところが、今や誰がどう見ても、日本は物価の安い国になった。コロナ前まで、日本に外国人観光客が押し寄せたのは、サービスがいい割に価格が安いからですね。ということは賃金も低いわけで、大卒の初任給は日系企業より外資系企業のほうがずっと高い。だから目端の利いた大学生は外資の就職を目指すようになっていて、財界で危機感が広がっている。

中野　私が入省した頃（1996年頃）、通商産業省は内外価格差の是正とか、高コスト構造の是正とか血迷ったことを叫んでいましたが、それは成功したんですね？

柴山　大成功ですよ（皆、笑）。バブル崩壊で景気は悪化しているのに物価を下げ、賃金を下げ、価格カルテルを取り締まった。その結果、今度は物価を上げようと思っても上げられない、賃金も上げられないという隘路にはまり込んでしまった。以前は、官民協調や業界団体のいわゆる「談合」で価格を横並びで上げたり、企業と労働組合の協調で賃金を段階的に上げていったりしていたんだけど、そういう調整の仕組みを壊してしまったものだから、みんなが損をしている。こういう以前はあった経済の調整機構を取り戻すのが日本の課題で、それこそ「古い」資本主義に学ぶべき点です。財界がようやく声を上げ始めたというのはいい傾向だと思いますが、ここまでデフレが進行しないとわからないというのも、何か絶望的ですね。

中野 そうですね。そういう調整は、結構ノウハウがいるんだけども、やったことないですからね、産業政策なんか。

柴山 せっかく築き上げてきた行政と民間のつながりが切れてしまったので、元に戻すのはとてつもなく大変です。

▼封建制の経験と自由民主主義

施 今のお話を聞いていて思ったのは、新自由主義からの転換というのは、自由民主主義それ自体のイメージを変えていく必要があるということですね。日本でも欧米でも言えることですが、近年では、自由民主主義の根底には社会契約論的な人間像があると一般に考えられるようになっています。本来、自由民主主義とは、トクヴィル的な中間団体が不可欠で、中間団体が存在して初めて自由民主主義の政治があり、市民社会も花開くのですが、そこが忘れられています。政治学でもこの忘却が進んでいますが、一般的な認識でも、日本でも欧米でも、自由民主主義の政治に一番いいのは、さまざまなしがらみがなくなっていくことだと見られるようになってきています。まさに社会契約論的な、ロック的な人間像・社会像です。中間団体などなくてよく、人間は生まれながらに独立した個人だと。もっと言うと、国民国家も、この見方でいえばなくていい。自由民主主義と新自由主義とグローバリズムが、一つにつながるという見方が強くなっている。

こういう理解は正しくありません。中野さんもさっき触れてましたし、與那覇潤さんなんかも言っていたように、自由民主主義とか議会制民主主義の政治というのは、封建制の残存から出てきたものです。封建制の社会には、各種のギルドや村などの中間団体がたくさんあり、これが自由民主主義の発展の基礎となった。庶民層の声は、人々が団結しないと政治に反映できないですからね。新自由主義以前の戦後の安定した民主主義は、これはマイケル・リンドも言っている話ですけれども、アメリカもイギリスもその他の欧州諸国も、戦時体制に端を発した官民協調の調整の政治だったんですね。政府が調整役になって、いろんな中間団体の間を調整していた。マイケル・リンドは、この文脈では日本の事例にはまったく触れないのですが、私は日本もまったく同じだと思います。ピーター・エバンスやエズラ・ヴォーゲルが論じたように、基本的には開発主義じゃなくて、調整の政治だったんですね。官民協調の調整がうまく行われ、民間が働きやすい環境をうまく作っていったわけです。エズラ・ヴォーゲルは、さまざまな団体の利害調整がとてもうまく行われていたため、日本のほうがアメリカよりも実は民主主義的な社会だとまで言っていました。また、ヴォーゲルは、各種の中間団体や、調整型の政治がなくなったら、日本の自由民主主義は終わるだろうと言っていた。結局、自由民主主義とは、実は、中間団体の間の調整、利害調整をうまくやっていく政治だと見るべきなんです。

中野　要するに、しがらみにとらわれた派閥の政治だっていうことですよね。あいまいで責任の所在がはっきりしない。

施　このあたり面白いんですよね。丸山眞男とライシャワーなどが、確か封建制の解釈をめぐって一時期論争していたと思うんですよね。ライシャワーは、日本の封建制というのを結構評価していたんです。アメリカにはないにしても、欧州は封建制の社会だった。日本も封建制を経験した。封建制の経験が自由民主主義につながっていたんだっていうふうにライシャワーは言ったんですね。だけど、丸山眞男はそれをあんまりよく思わなかった……。

中野 それはそうでしょうね。

佐藤 丸山さん流の発想では、封建社会など克服すべき負の遺産としか思えないはずです。

施 自由民主主義とは、元々、封建制を経験した社会から出てきた中間団体の政治だという具合にイメージを変えたほうがいろいろと見えてくるものが多いはずです。日本や欧州、欧州の流れを汲むアメリカというのは、中間団体がわりとしっかりした社会であり、だからこそ自由民主主義の政治になじむのだ。そこで調整を繰り返し、庶民層も豊かになりうるのだ。中国やロシアなど封建制の経験のない大陸国家は、そういう経験がないから、まさに帝国にしかなり得ない。

さきほど佐藤さんが触れていらっしゃったハゾニーの件ですが、私は、佐藤さんよりハゾニーをもう少し高く評価しています。私が、新自由主義からの転換や脱却には、国際協調が必要だというのは、グローバリズム的というよりはインターナショナリズム(国際主義)的なものなんですね。私の言う国際主義は、ルールや制度、商慣習、文化、言語などは、各国それぞれのままで構わない。多様なルールや制度、文化、言語を持つ国々が連携をとり、多様な国民国家からなる多元的世界秩序を作っていこうというものです。こういう国際主義の路線では、貿易など国際交流は少々面倒くさいものとなる。ルールや制度は異なるし、各国が自国の文化や経済、社会を守るために関税をかけることも原則上、認められる。そのため、貿易などは面倒なものとなりますが、こういう面倒くささに各国のエリート層は耐えていかなくてはならないはずです。各国の庶民層が安心して暮らせる制度やルール、文化を保持するために、エリート層のほうが苦労をいとわない。本来は、そうあるべきです。しかし、今の新自由主義っていうのは、エリート層が楽をして自分たちの地位や権力を守るために、庶民層に苦しいことを全部押しつけちゃってるようなところがあると思うんですよね。例えば、各国の経済上のルールや制度を共通化させ、グローバルな企業や投資家が稼ぎやすい世界を作ろう、ひいては言語も英語に共通化してしまおうという感じで。ですが、本来はそうじゃなくて、自由民主主義に根差した国内政治とは中間団体の調整の政治であり、自由民主主義の世界秩序というのはルールや制度、文化や言語が異なる多様な国々からなる世界なのだと、イメージを転換していく必要があるんですよね。

▼大衆が「鼻持ちならないエリート主義」を支持した

中野　ちょうど、エリートの話が出てきたんで言いますと、変なことが一個あってですね。70年代のハンティントン、クロジェ、綿貫譲治のガバナビリティの議論って、あれ、『日本の自殺』の元ネタなんですよ、ほとんど。ところが、あの頃の新自由主義者って、保守主義者が多くて、かつ新自由主義者ってエリート主義者だったんですよ。大衆の欲求に任せて「あれやりたい、これやりたい」ってわがままを言っていると、政治はうまくいかないから、それをどうやって制約するかという議論です。エリートが大衆の言うことだけ聞いてるのではなくて、それを制約しなきゃいけない。その典型が財政規律です。そういうふうに、大衆民主主義に任せておくとまずいっていう大衆批判と新自由主義は、70年代はすごく結びついていましたね。

加えて、新自由主義で痛みを受けるのは労働者で、富裕層やエリート層は痛みどころか、むしろ得をする。だから、新自由主義って、鼻持ちならないエリートの思想だったんです。ところが、その新自由主義が、大衆に熱狂的に支持されるんですよね(笑)。ロナルド・レーガンなんて映画スターですからね。サッチャーもレーガンも中曽根康弘も小泉も、みんな、ものすごく大衆から支持されたんですよ。鼻持ちならないエリート主義を大衆が支持するという、これは、どう考えたらいいんですか？

佐藤　エリート主義自体の大衆化ですね。新自由主義者の視点に立てば、「近頃は大衆のレベルも上がった、ちゃんと自分を律している」ということになるでしょう。

施　レーガンとかサッチャーのときはよくわからないですけれども、日本の場合は小泉とか日本維新の会とか、日本型ポピュリズムって、わりと新自由主義っぽいんですよね。小池百合子のときもそうでしたが。

中野　もちろん、依然として「国民の声を聞け」とは言われます。ところが、その「国民の声」に耳を傾けると、「政治家は、大衆の間の利害調整なんかやらないで、トップダウンで勝手に決めてくれ」と言っているという。

施　日本のマスコミや評論家的な人は、さまざまなしがらみを切っていくものこそ、よい政治だと見ていますよね。ですから、さまざまな中間団体の間の調整の政治など、しがらみそのものに見え、それを否定する新自由主義的な政治はよい政治に見えてしまう。しがらみというのは、例えば小池百合子のときだったら、東京都議会のボス的な、古い世代のでっぷりとしたおじさんのようなものでシンボル化され、悪玉扱いされる。日本のポピュリズムは、維新の会などが代表的ですが、欧米のポピュリズムとだいぶ違う。近年の欧米のポピュリズムは新自由主義的なグローバル・エリートを批判しますが、日本のポピュリズムが敵対視するのは、いわば「隣の公務員」ですよね。競争からまぬかれて、既得権益の上で楽をしているように見える身近な存在。

中野　要するに、勝てそうな弱いやつ。

施　そうなんです。そういうのを既得権益層だと批判して、「俺はこんなに苦しい目にあってるのにあいつらはあんまり働かずにのほほんとやってる」と。そういう人々を「俺たちと同じぐらいきつい目にあわせてやろう」っていう感じで、新自由主義が支持されていっている。新自由主義者って、自分たちの主張を通すために基本的に使えるものはなんでも使うんだと思うんですけれども、日本のように比較的平等な社会だと嫉妬心が強い。だから日本の新自由主義者は、人々の嫉妬心に乗じて、「隣の公務員」的な人々を「抵抗勢力」として敵に仕立てる。それにまんまとはまっちゃったっていうのが、小泉人気、維新人気、小池百合子人気でした。

佐藤　大衆化されたエリート意識が、引き下げデモクラシーとくっついたわけですね。

中野　そうですね。もう一つの可能性として、70年代のエリート自体が、レベルが落ちていたんじゃないですかね。本当のエリートなんかいなくって、自分たちはエリートのつもりでいるんだけれど、しょせん大衆に毛が生えたような程度のエリートにすぎなかった。

佐藤　ある意味、おっしゃるとおりです。１９７０年代に新自由主義を提唱した「新保守」の人たちは、大部分がその頃40代前半。つまり１９３０年代、それも前半の生まれなのです。

　言い換えれば、格差を容認するエリート主義のもとで子ども時代を過ごしている。で、勉強はできるわけだから「末は博士か大臣か」とチヤホヤされた。ところが敗戦後、中等教育を受けている頃に学制改革が行われ、平等志向が強くなる。だから割を食ったという意識があるんです。世が世なら、もっと優遇されたのに、大衆のレベルにまで落とされたと。やはり日本の新自由主義志向は、戦時中や敗戦直後の体験なしには語れません。

同時に１９７０年代半ばになると、赤字国債を恒常的に発行しなければならなくなる。三木武夫内閣のときからですが、ここで蔵相だったのが大平さん。どうにか脱却しなければというので、消費税構想が浮上します。

というのも当時、所得税の最高税率は75%。これをさらに上げるのは、さすがに難しい。占領期に一度、85%まで上げたことがありますが、アメリカのシャウプ使節団から、高所得層の勤労意欲を削ぐうえ、脱税も増えるから下げろと勧告されています。

ならば累進性がなく、かつ少なくとも形の上では間接税のように見えるのがいいという話になる。すなわち消費税も、一種の戦前回帰としての性格を持ちます。新自由主義への道は、昭和を生きた人々の体験によって敷き詰められたのです。

▼「社会を変える」から「自分を変える」へ

柴山　新自由主義が広まった大きな理由は、最近いろんな人が言っているけど、やっぱり大学進学率が上がってきたことが大きいと思います。学歴社会になって、これまでとは毛色の違う新興エリート階層が生まれてきた。学歴エリートは、社会に張りめぐらされた既得権益が自分たちの利益機会を損なっていると考えて、新自由主義的な改革を支持する。どの国も20世紀後半から大学の進学率が上がっていきますが、それと新自由主義の流行は明らかに関係していますね。共同体のしがらみから切れた、新興エリート層の自己不安が社会への不満にすり替わって、既得権を攻撃する新自由主義の言説に取り込まれていったんだと思うんです。

ただ、若年層の意識は変わってきていますね。若い人はもともと疎外論に行きがちですが、一昔前までの学生はそこから新自由主義改革の支持に向かったのに対して、今は「社会を変える」というより「自分を変える」という方に行っている印象があります。彼らにとっての最大の既得権は数の多い年長世代ですが、政治運動を組織してそれを排除するというより、個々バラバラに自分の居場所を探したり、内の世界に籠もってストレスを解消しようとしている。そういうふうに見えます。

気になるのは、確かにこれから新自由主義の限界が明らかになって、中間団体の再生とか、新たな共同体の構築が求められてくると思うんですが、はたしてそうなるかというと……。

中野　カール・ポランニー的な世界だ。

柴山　今の若者が、賃上げのために労働組合を組織したり、農業再生のために協同組合運動に参加したりするかというと、そういう方向には行かないのではないか。ポランニーが言った「社会の自己防衛」がすぐに起きるかというと、そこは簡単にはいかないように思いますね。

古川　私もまったく同感です。私の大学の学生たちを見ていても、非常に多くの学生が「本当の自分って何だろう?」というような悩みを抱えていて、鬱になって引き籠もってしまう子も多いです。柴山さんがおっしゃったとおり、何だかよくわからないけれど妙に生きていることがしんどいとか、自分が自分でない感じがして苦しいとかという感覚を、おそらく相当強烈にもっているんですが、それが社会に対する批判には向かわずに、ひたすら自己の内面に向かっていくんですね。

これは心理主義的な教育なんかを通じてそう仕向けられているところもあるのかもしれません。昔は左翼がかった社会科の教師が「今の社会はおかしい！」とか息巻いていたりしたものですけど、今は「道徳」の授業なんかで「自分を見つめて自分らしさを見つけよう」なんてことを小学校のうちからやらされているわけですから。こういう心理主義的な教育は、個人をアトム化させる新自由主義と非常に親和的だと思います。

だから、そういう世代の今の若い人たちが、これから団結して社会変革を、なんて私はまったく想像できないんですよ。こないだも授業で、民主主義についてどう思うか、なるべく本音でしゃべらせてみたら、ほとんどの学生が「自分たちで話し合って考えるなんてめんどくさい。エライ人が決めてくれるなら、それがいちばんいい」と臆面もなく言っていましたからね。生まれたときから新自由主義の社会だった彼らの心象風景というのは、ちょっとわれわれの世代の想像を絶しているような気が、私は最近すごくしています。

施　そこ、私も思うんですよね。私たちの世代というのは、60年代後半とか70年代前半生まれで、わりと中間なんですよね。新自由主義以前もわりとわかるし、新自由主義以後はもう嫌というほどわかるっていう。

中野　その境目に大学生だったというのが、われわれの人生。

施　社会に出てからはずっと新自由主義っていう感じですよね。それと、さっき柴山さんがおっしゃっていたように、大学進学率が上がって、大学出の人たちの不安や不満が新自由主義とうまく合致したというのもあると思います。私が学生のとき、奨学金を取れなかった同級生とかで、「農家の子どもはずるいよな。稼ぎは全部経費で落としちゃって」みたいなこと言ってたやつが結構いたんですよ。よく「トーゴーサンピン」とかって言い方をしてましたよね、昔。サラリーマンなどの勤め人は税金をたくさん取られるが、自営業や農家の人々はあまり税金を払っていないのではないかというやっかみ交じりの愚痴ですが。大学出のサラリーマンみたいなのがだんだん増えて力を持つようになったので……。そういうのも新自由主義の動力源の一つになったのかもしれませんね。

中野　大学進学率の向上に伴う社会の変化は、確かにありますね。

施　若い人たちと話していて思うのは、彼らは、労働組合や農協、あるいは青年団みたいなものでもいいですが、団結して何かの要求を通そうっていう人々の姿を見たことがないんだと思うんですよね、おそらく。

中野　その代わりにツイッター（現・X）で炎上させているんじゃないですか。

施　そうなんですよ。大学でもそうですね。大学でも学生の自治会的なものは、ほとんど活動していない。若い人たちにとって、団結して自分たちの利害を守ったり、主張したりすることって身近でも現実的でもない。中野さんがさっきおっしゃってたように、官僚にしても調整型の政治ってどうやるんだっていう感じなんですよね。

中野　やったことないですよね。

施　政治家でも、陳情とかでさまざまな中間団体の声に耳を傾けてやっていくっていうのダサいんじゃね、というような感じになっちゃってるのかもしれないですね。

中野　30年もやらなかったら、もう無理ですよ。これはもう、取り返しがつかないと思いますよ。

▼戦後の理想としての新自由主義

佐藤　若者の話を聞いていて思い起こすのは、マーガレット・サッチャーの有名な言葉「社会などというものはない」です。１９８７年のインタビューでの発言ですが、世の中には個々の男女、家族、そして政府しかないと述べました。菅義偉総理の掲げたスローガン「自助、共助、公助」は、自覚的かどうかは別として、完全にこれをなぞっている。自助が個人、共助が家族、公助が政府ですからね。

　しかしこれでは、共同体やら中間団体など存在しようがない。アトム化された個人が、その時々の利害によって結びつくだけ。その意味では、新自由主義を支えているのは社会観ですね。そしてこちらは、しっかり定着した。

中野　それはさっき紹介した憲法学者が言っていた憲法の理念ですね。

佐藤　戦後日本は、国家否定の風潮が強いうえ、社会的な紐帯は「封建的なしがらみ」と片付けられた。こう考えると、新自由主義に徹することこそ、戦後の理想の実現なのです。

　しかるにこれは、強烈な疎外感という副作用を伴う。ならば、その疎外感はどこに行くか。じつはどこにも行かない。社会などというものはないんだから、疎外感がまとまることも起こらないのです。結局のところ、うまいことやっていそうなヤツを引きずり下ろすという形しか取りえない。大衆化したエリート、ないしエリート意識を持った大衆がポピュリズムに走ると、新自由主義万歳にどうしてもなるのでしょう。

中野　そんなものは21世紀にならなくても、２００年前からわかっていた話だったんですけれど（笑）。

施　ほんとですね。だからみんなで話し合ったり調整したりして自分たちの目標を自分たち独自に決めようということ自体、やってこなくなったんだと思うんですよね。今、小中高でも大学でも、マスコミとかでもそうなんですけど、ＳＤＧｓってみんな大好きですよね。あれ、私、すごく嫌なんですけど。

中野　嫌そう（笑）。

施　目標は上から降ってくるというのに慣れちゃってるんですよね。ＳＤＧｓも確かにいいところもありますが、やはり自分たちで人々の意見を集約し、調整し、目標を設定することが大切でしょう。

▼日本のＰＤＣＡサイクルは詐欺である

古川　教育の世界がまさに完全にそうなってしまっています。その極めつけが、「改革」の方法論として学校や大学に導入を義務づけられている、いわゆるＰＤＣＡサイクルという組織管理論ですよ。

施　古川さんは「ＰＤＣＡサイクルは『合理的』であるか」という論文（藤本夕衣、古川雄嗣、渡邉浩一編『反「大学改革」論——若手からの問題提起』、ナカニシヤ出版、２０１７年、所収）を書いていますが、この論文すごくいいですよね。ＰＤＣＡサイクルのＰは上から降ってくるんだっていう。日本のＰＤＣＡはそうなんだって。

中野　上から降ってくるんじゃ、サイクルになりっこない。

古川　そうなんですよ。どうもこのＰＤＣＡというのは、はじめて聞いたときからおかしいと思っていました。Plan（目標・計画）・Do（実行）・Check（点検・評価）・Act（改善）――政府や文科省はActionという70年前の表記を用いていますが（笑）――をサイクル状に回せと言うんだったら、当然、目標（Ｐ）は自分たちで設定して、自分たちで改善していくはずです。それなのに、そうなっていないのはなぜかと思って調べてみたら、日本の政府や文科省が言うところのＰＤＣＡサイクルのＰというのは、「目標」が入っていなくて、「計画」だけなんです。「目標」はＭ（Mission）として、上が勝手に決めて、それを現場に丸投げする。現場は与えられた目標を効率的に達成するための「計画」だけを考えよ。目標が達成できないのはお前たちの「計画」が不十分だからだ。だからそれをひたすら改善し続けよ。これが彼らの言うＰＤＣＡサイクルです。詐欺ですよ、こんなのは。

　ところが、大学はともかく、小中学校の現場は、もう完全にそういうメンタリティが染み付いてしまっていて、どうにもならないですね。現場の先生たちは、文科省から降ってくる学習指導要領とかいろんな通達とかを、バイブルのように崇め奉っていて、それを達成することがそれこそ自分たちのミッション（使命）だと思い込んでいます。いつからこんなことになってしまったのか、本当に不思議です。

中野　そういう手法って、それこそ官僚制の典型なのに、よくもまあ、官僚批判なんかみんなでやってくれたよね。自分たちこそ、官僚制を推奨しているじゃないか。

柴山　そうです。この30年で進んだのは、民間の官僚化です。

古川　ＰＤＣＡについて調べてみて面白かったのは、本来のＰＤＣＡというのはそういうものではなくて、むしろ正反対だということです。さっき詐欺だって言いましたけど、本当にそうなんですよ。ＰＤＣＡの生みの親と言われているのは、アメリカのエドワーズ・デミングという経営学者ですが、彼は80年代に、日本の経営の成功要因を分析して、アメリカで発表しています（*Out of the Crisis*, 1982）。それを読んでみると、要するに日本の経営がうまくいった最大の要因は、労働者たちが自分の仕事に誇りをもっていることだというんです。そのおかげで、日本の労働者たちは自律的に自分たちの仕事をマネッジしていて、現場に活力がある、と。だから彼は、アメリカの経営者たちに対して、トップダウンの経営管理というのがいちばんよくない、今すぐこれをやめるべきだと提言しているんです。

「数値目標や達成目標の割当を廃止せよ」「年次の業績評価や人事考課を廃止せよ」とまで、はっきり書いています。こういうのがいちばん社員の誇りやモチベーションを奪ってしまう。いっけん合理的な経営に見えるけれども、実はかえって生産性が下がってしまって不合理なんだ、と。日本が90年代以降、ＰＤＣＡの名のもとに導入してきたものを、その生みの親と言われているはずのデミングは、すでに80年代の初めに「廃止せよ」と訴えていたわけです。なんだこれ、と思いました。

中野　それは「アメリカはトップダウンの国に違いないから、ＰＤＣＡもトップダウンのはずだ」という思い込みがあるのでしょう。絶対そういうことですよ。

古川　なるほど（笑）。デミングはアメリカ人だから、トップダウンがいいと言っているに決まっている、と。

中野　そうですよね。でも、古川さんがそう指摘したところで「いやいや、アメリカ人がトップダウンじゃダメだなんて言うはずがない」という拒否反応しか出ないでしょうね。

▼自由民主主義は自滅するのか

佐藤　ポイントは近代主義をどこまで信じるかでしょう。自由民主主義の根本が封建制に由来するものであり、非近代的、反近代的なものを残しているかどうかこそ、自由なシステムが効率的に機能するための条件であるとすれば、近代の理想を信じれば信じるほど、自由などいらんという話になる。

　効率と合理性で割り切ったら、それはトップダウンが一番いい。話し合っていると時間がムダになる、ゆえに余計なことは考えなくてよろしい、中間団体など百害あって一利なし。よって必然的に、新自由主義がベストという話になる。

古川　そうなりますよね、当然。だから、やっぱり私は、ちょっともう、行き着くところまで行き着いてしまっているような感じが、どうしてもしてしまうんですよね。さっき言ったように、今の若い子たち自身が、「話し合っているとまどろっこしいから、トップダウンが一番いい」と、ズバリ言っちゃってるので。

佐藤　すると近代の進展とともに、自由民主主義は不可避的に機能不全をきたすのではないか。資本主義に関するジョセフ・シュンペーターの議論ではありませんが、自由民主主義も過渡期的な政治形態なんですかね？

中野　だから自滅する可能性はあるんですよね。

佐藤　はじめのうち、封建制の尻尾を引きずっている間はうまくいくものの、近代化が進めば進むほど、自分の基盤を自分で突き崩す結果となり、最終的には崩壊する。シュンペーターの考えた資本主義崩壊のプロセスと、仕組みはまったく同じです。政府が大きな役割を果たす資本主義について、シュンペーターは「酸素吸入器つき」と形容しましたが、新自由主義から脱却するためには「酸素吸入器つきの自由民主主義」が必要となるのではないか。

施　中野さんが『ナショナリズムの美徳』の解説で書いていたことでもありますが、自由民主主義の政治理論というのは、それだけでは完結しないんですね。中野さんが書いているように、共同体の範囲にしても、誰がその共同体の人民とみなされるべきかという問題にしても、実は自由民主主義の理屈だけでは決まりません。現実の自由民主主義の政治では、自由民主主義の思想家が「人民」といっていたのを「ネーション」に半ば無意識に読み替えてしまっています。自由民主主義の理屈からすれば、「人民」という集団は人々の相互の理性的同意で成立するものですが、現実には「ネーション」という前近代的な……。いや、「ネーション」を前近代的存在というと、ネーションの起源についての近代主義の立場に立つ人々が怒るかもしれませんね。アントニー・スミスのように、「エトニ」(ethnie)と言ってもいいですが、ともかく前近代からある共通の文化や伝統、慣習というなかば無意識の絆で結ばれている集団を土台として、現実の自由民主主義の国々は成り立っています。つまり、自由民主主義は、実は、ある共通の文化や伝統、慣習といった前近代的で合理的とは言いがたいものに依拠しているのですが、自由民主主義者を標榜する現代の大部分の人々は、そこをほとんど意識していない。そうした前近代的なものを全部壊しちゃうと、結局、自由民主主義も土台がなくなってぶっ壊れちゃうっていう話ですよね。うまくいったのは、いわば過渡期だけなんです。

▼新自由主義では経済成長できない理由

中野　放っておくと自滅の方向に転がり落ちちゃうので、そうしないように、自滅する時間を遅らせたいと言って、ブレーキをかけて摩擦を起こしているのが保守なわけですね。その壊れる方向を進めろというのが「改革」ってやつです。その「改革」をとりあえず言うのだけは控えたということで、岸田総理がやろうとしていることは、実は本当にチャレンジングで偉大なことだなというふうに思うんです。もちろん、そんなにうまくいかないのはわかるし、総理本人もそういうことを意識していないと思います。でも、実は、大変難しい問題にチャレンジしているので、私はもう片想い的に尊敬をしていてですね(笑)。

それはともかく、最後に議論してみたいテーマが一つあってですね。成長と分配という話についてです。「新しい資本主義って何ですか」っていったら、「成長と分配の好循環」ということらしい。今までも、成長と分配っていうのはみんな言ってきていて、成長が先が、分配が先かとか、いや、両方するのかしないのかとか、面白くない議論をしています。それで、ちょっとそれと話はずれるんですけど、リベラル派の人、保守派でもいますが、わりと高尚な議論を好む人のほうが「脱成長」と言って、「成長を目的とするのはよろしくない」というような議論をしたがる。そういった議論をする人たちって、たいてい新自由主義を批判するんですよ。だけど、新自由主義をやると成長しないんですよ。もちろん、新自由主義者は、新自由主義をやれば成長すると言っていますよ。ですが、新自由主義をずっとやった結果、成長率が落ちることは、日本に限らず世界各国を見ても明らかです。80年代以降は、特に先進国は、どこの国だって、それ以前の新自由主義じゃないときよりも成長率は軒並み低い。最近やっと、主流派経済学者も新自由主義では成長しないって少しずつ気づき出している。特にアメリカのリベラル派の主流派経済学者は、新自由主義から離れないと成長しないと言うようになっている。

だから、妙なことに、成長を否定するんだったら新自由主義を採用すればいいということになる。いやいや、大事なのは成長ではなく、心の豊かさとか、自然環境とか、コミュニティとか、脱成長論者はそう言うでしょう。ですが、もし、心の豊かさとか、自然環境やコミュニティの再生とか、脱成長論者の言うとおりにやると、たぶん経済って成長しちゃうんですね（笑）。何が言いたいかというと、根本論として、どうやったら経済成長するかってみんな知らないで、新自由主義者も反新自由主義の脱成長論者も、同じ穴のムジナで、新自由主義をやると成長すると信じている。その時点でもうアウトです。これって、本当に厄介な問題なんですよ。ですから、脱成長論はほんとやめてもらいたい。話をややこしくするから。成長以外のことを目的とするっていうのはいいですよ。それは私も賛成ですけれど、ですが、それを「脱成長」と呼ぶな。それをやると成長しちゃうから（皆、笑）。

佐藤　新自由主義こそ、成長に対して真に保守的な理念である！

中野　（笑）そうそう。そうなりかねないから。知的レベルが高い教養のある人って、経済成長を目指しましょうと言うのは、何か照れくさいっぽいようなところがあるのか、何なんですかね。人の幸せとか、経済以外の価値観があるっていうようなところは、それはそれで大事なんですけど。そもそも経済成長というのは何なのか。利益だけを、豊かさだけを追求していても経済は成長しない。これをもうちょっとよく考えたほうがいい。繰り返しますが、豊かさだけを追求するのはよくないっていうのは正しいですよ。でも、豊かさだけを追求していると、経済成長しないから。経済成長っていうのは何なのかをちゃんとわかったうえで、脱成長するかしないかを論じてって思う。基本的なところで間違った理解のもとに議論を始めているせいで、いろんなことが混乱している。

佐藤　人間は結局、社会システムを全体として効率的に制御する方法をまだ知らないんですよ。だから、ことさら成長させようとすると成長しなくなって、成長にこだわらなくなると成長するという話になる。エドマンド・バークが『フランス革命の省察』（１７９０年）で喝破したとおりですね。

> 社会が複雑なものである以上、「多くの目標が不完全に、かつ途切れ途切れに達成される」ほうが、「いくつかの目標は完璧に達成されたが、そのせいで残りの目標は放りっぱなしになったか、むしろ前より後退した」というよりマシなのである。（エドマンド・バーク著、佐藤健志訳『新訳　フランス革命の省察』、ＰＨＰ文庫版、２０２０年、１２６～１２７ページ）

▼矛盾の中に真理が潜む

中野　そうですよね。さっきの自由民主主義で思ったんですけど、施さんの言ったネーションの話と中間団体の話に関して、中間団体とかネーションっていうのは、しがらみというか制約だって捉えているわけですけれど、その制約がないと自由民主主義というのはできない。自由というのはしがらみがないことで、民主主義というのは制約なく勝手に自分たちで自律的に決められることだとみんな思っている。けれども、自由というのは制約がないと無理なのです。こんなこと説いても、「おまえ、何言ってるんだよ」って言われて終わりなんですけれども（笑）。さっきの「豊かさを目指すと豊かにならないんだよ」とか、何を言ってるんだかよくわかんないんだけれど、でも、矛盾しているようなことの中に真理が潜んでいるというような、そういう面倒くささがあるから社会科学なり社会哲学っていうのが面白いわけで。豊かさを目指して豊かになるんだったら、何にも面白いことはない（笑）。学者なんかいらないって話で。

佐藤　フィロソフィー、つまり本質をめぐる思索は不要ですね。エンジニアリング、実践に関する技術論がすべてになる。

中野　そうなんですよ。「弁証法的」って言うと生意気な言い方になるけれども、そういう矛盾とか逆説とか、そういうところがあるのが面白いというふうに私なんか思うんですけれどね。

佐藤　成長にばかりこだわった新自由主義から転換するには、成長を正しく目指すことが必要である。ならば、成長を正しく目指すとはどういうことか。成長にばかりこだわらないことである。

中野　そうですね。成長を正しく目指す。だから、まず新自由主義だと成長しないっていうのをわかってもらわないと、新自由主義を反対するつもりで成長に反対して、結局新自由主義に賛成しているということになりかねない（皆、笑）。

古川　中野さんのおっしゃる弁証法的な逆説というのはまったくそのとおりで、屋上屋を架すようでお恥ずかしいですが、私も大学改革に関して同じことを言っているんです。大学改革も新自由主義がベースにあるので、リベラル派の人たちなんかはよく「大学を経済成長の道具にするな」と言って批判します。「学問の自由を守れ」「大学の自治を守れ」と。それはそうなんですが、しかし、私のスタンスは少し違っていて、むしろ「経済成長したいのなら、大学改革をやめるべきだ」と言っているんです。現に改革を始めてからこの30年間、学者の生産性は目に見えて低下していますし、日本の研究力はガタ落ちです。改革のせいで研究力が落ちたということは、文科省でさえ認めていることです。これでは経済的に有益な研究も出てこないでしょうし、ましてやイノベーションなんか起こるわけがありません。

　そもそも「イノベーションの創出」なんていう日本語が変ですよね。イノベーションというのは偶然的に起こるものであって、意図的に創出できるものではありませんから。ノーベルのダイナマイトとか、フレミングのペニシリンとか、例を挙げ出せばきりがないですが、歴史上の画期的な発明や発見というのは、つねに何らかの偶然によってもたらされたものです。最近ではツイッターも、もともとは社員が遊びで作ったツールだったらしいですね。セレンディピティ（偶然がもたらす幸福）という言葉がありますが、イノベーションというのはまさにそれで、何らかの偶然がうまく活きたときに、初めて起こるものです。

　したがって、イノベーションそのものを意図的に創出することはできません。では、何ができるかと言ったら、なるべくイノベーションが起こりやすい環境や制度を設計することです。それが結局は、研究者が自由に研究できる環境ということなんですね。一見何の役にも立たなそうだった地味な研究や、偶然の発見、あるいは失敗、遊びなどが、思いがけず大当たりをとるのがイノベーションなんですから、なるべく自由に多様な研究がなされることが、実はイノベーションへの一番の近道なのです。

つまり、経済成長を目標にはせず、むしろ「学問の自由」を目標にすれば、その結果として、思いがけず、経済も成長する、というわけです。このように、「目標」と「結果」とを区別して考えることが、きわめて重要なのです。

そうすると、ここには当然、「無駄を許容する」ということも含まれてきます。今は何の役にも立たなそうな研究でも、いつか思いがけず役に立つ時が来るかもしれないと思って許容するわけです。これは一見、いかにも非合理に見えるのかもしれませんが、実は本当の意味で合理的なのはこっちのほうなんです。このことを私は「非合理なものの合理性」と、それこそ弁証法的な言い方で呼んでいますが、別にそんなに難しい話ではなくて、現実を見ればわかる話だと思います。ところが、改革派は現実を見ようとしないので、この逆説がわからず、ひたすら無駄を削ぎ落して偶然を排除すれば、研究が合理的・効率的になって経済成長につながるはずだと信じ込んでいる。その結果、かえってイノベーションが生起する余地をどんどん奪い、経済成長を阻害しているわけです。さっきのＰＤＣＡなんかは、その典型ですね。

中野　そうですね。イノベーションって何が起こるかわからないんだから、Ｐが作れないだろって話ですよ。

▼効率の源泉は「ゆとりと無駄」だ

柴山　「成長」という言葉が、政治の目標に入ってきたのは、ＧＮＰ（国民総生産）という経済指標が普及してから、つまり比較的最近のことです。それ以前は、成長を目指すといっても何で計測していいのかわからなかった。戦後、国民経済計算が普及して経済成長が統計的に把握できるようになったことで、なぜ経済が持続的に成長するのかを考える経済成長論という分野も生まれました。でも、どうすれば経済成長が起こるのかは、実は今もよくわかっていません。昔はもっとわからなかった。だから昔の政治がこだわってきたのは、成長よりも分配のほうですね。分配は政治的に調整が可能です。もっと言うと、政治とはそもそも分配の闘争ですね。労働者と資本家の分配もそうだし、政府の各部門による予算配分もそうですね。みんな欲しいんだけど資源には限りがある、だからどういうルールで分配するかを決める、というのが政治の本質です。それを競争に任せるという新自由主義は政治の放棄であって、それでは秩序がまとまらない。というのも、力の強いものがより多くの取り分を得る、ということでは必ず社会の中に不満が生まれて、抑えようがなくなってしまうからです。だから、政治がまず取り組むべきは分配の改善です。そうすることが、結果的に成長を生むこともある。だから政治が目指すべきは成長ではなく、分配の改善です。それが政治本来の姿だと思いますね。

中野　確かにそうで、高度成長なんて歴史的にとんでもないことをやったのが50年代、60年代とあったわけですけど、そのとき成長したつもりはないんですよね。分配をして戦争で荒廃した国を立て直したりとか、貧困の問題をどうにかしないと政治的に混乱して、もっと言うと共産主義化したらまずいからとかいって、一生懸命分配して大衆をなだめてたら異様に成長しちゃった。そういうのが実際なところじゃないでしょうか。その後、「じゃあ、成長しようじゃないか」と意識して成長戦略をやったとたんに成長しなくなっちゃった(笑)。

施　今の古川さんのお話聞いていても思ったんですけど、私、以前からよく「クールジャパン政策」を批判していました。中野さんがよく「寒い日本」政策とからかっているやつですが。クールジャパン政策をやり始めてから、むしろ日本の大衆文化って、元気がなくなってきているんですよね。

中野　逆にね。

施　大衆文化が一番元気だったのは、やはり昭和の終わりから平成のごく初期です。あの頃のアイドルや漫画・アニメ、ファッションなどがアジア諸国など外国に最もウケたんですよね。今でも人気があるドラえもんやガンダム、ポケモンはみな、その頃のものです。庶民の暮らしが安定しており、ある程度豊かだと、放っておいても面白いものがたくさん出てくるんですね。

　江戸時代の浮世絵や、私の好きな園芸もそうですね。江戸の園芸文化というのは、最近よく指摘されますが、当時のイギリスなどよりも栄えていたんですね。例えば、万年青《おもと》などの植物の葉の白い部分、つまり斑《ふ》入りの葉を楽しむ美的感覚。これも日本が生み出したものだと言われています。イギリスに比べてもだいぶ進んでいたぐらいだったんですね。江戸時代の半ば以降は、世界的に見て、庶民の暮らしは比較的豊かで安定していました。また、武士階級も暇だったんですね。あんまり仕事がなかったっていうか、3日にいっぺんぐらいお城に通えばよかったぐらいで。

中野　旗本退屈男っていうぐらいだからな（笑）。

施　暮らしが安定した庶民や武士は、朝顔作りなど園芸を楽しんだんですね。平和で仕事がなくなった鉄砲組の侍はツツジを栽培していたそうです。お金がある程度使えて、将来がわりと見通せるような余裕ある環境に置かれると、面白いものが出てくるんですね。

　ですので、大衆文化で世界を惹きつけたいと思うんだったら、政府主導でクールジャパン政策とかやるよりは、暇と金がある分厚い庶民層、中間層を作ったほうが、よほどイノベーションにはいいはずです。大学でいっても、昔の京都大学とか一橋大学とかみたいに学生に自由な時間をたくさん与える環境のほうが、ずば抜けた人も出てくるんだと思うんですよね。

佐藤　またパラドックスですね。効率というのはゆとりと無駄、つまり非効率の中から生まれてくる。つけ加えれば、日本のポップカルチャーに最も活力があったのは、施さんがおっしゃった時期の少し前、１９６０年代末から１９８０年代初めにかけてでしょう。これはちょうど表現が垢抜ける直前か、その最中なんですよ。同時に社会的にも、市民権を得るか得ないかの移行期でした。大学生が電車でマンガを読むようにはなってきたが、そんなものに手を出すな、岩波文庫を読めとたしなめるような風潮も残っていた頃です。

世の中全体にカネと暇があって、かつ文化としての市民権はまだ完全には得ていない。こういうときのポップカルチャーは一番自由で、だから活力がありました。昭和の終わりから平成のごく初期、すなわち１９８０年代前半から１９９０年代初頭というのは、その活力をまだ失わないまま、市民権を確立した時期なんです。ところがその後は、むしろ元気がなくなってくる。確立されたがゆえに体裁を気にするようになって、自分で自分にブレーキをかけてしまう。その結果、表現はいっそう洗練されてくるけれど、根本的なエネルギーが弱くなる。

中野　人間って、意識してやるとほんとに失敗する愚かなもんだなっていうか、パラドックスだらけです。最近でいうと、ダイバーシティっていうのがはやってますけど、私、一回、「ダイバーシティがそんなに大事なら、みんなで『ダイバーシティ、ダイバーシティ』って口を揃えて言うな」って言って、ひんしゅくを買ったことがあります(皆、笑)。

(2022年11月15日、11月16日、11月17日「東洋経済オンライン」記事の基となった座談会を改稿)

02

▼

ＭＭＴをめぐる議論で欠けている「供給力」の視点

――「道徳」として語られがちな財政問題

中野剛志×佐藤健志×施 光恒×柴山桂太×ゲスト：島倉 原

積極財政か、財政規律重視かを巡って議論されるなかで、注目されている新しい財政理論「ＭＭＴ」。Ｌ・ランダル・レイ著『ＭＭＴ現代貨幣理論入門』の監訳をつとめた経済評論家で株式会社クレディセゾン主任研究員（当時）の島倉原氏をゲストに招き、ＭＭＴをめぐって徹底討議した。

（編集部）

▼納税動機とＭＭＴ

島倉　本書『ＭＭＴ現代貨幣理論入門』（東洋経済新報社、２０１９年）で監訳を担当した島倉です。お読みになっていかがでしたか。

施　私が面白いと思ったのは、「貨幣より先に、まず国家ありき」という経済の捉え方です。国家が自らの債務証書としての貨幣を出し、「これで税金を払え」と命じることで普及させる。それにより経済が動いていくという順序ですね。最初に主権を打ち立てることによってゼロから有を生み出すという意味で、ドイツの政治学者のカール・シュミットなどの考え方に近いと感じました。

佐藤　著者のＬ・ランダル・レイは１４９ページで、ＦＲＢ（連邦準備制度理事会）議長だったベン・バーナンキの言葉を引用します。ウォール街を救済するための支出を、どうやって行うのかを説明した際のものとのことですが、いわく。

> 政府はキーストローク、つまりバランスシートへの電子的な記帳を行うことで支出する。そうするための能力に、技術的なあるいはオペレーション上の限界はない。キーボードのキーがある限り、政府がそれを叩きさえすれば、利払い資金が生み出されてバランスシートに書き込まれる。

貨幣に関しては無から有が生み出せる以上、政府は財政赤字を気にしなくていい。通貨発行権とい

撮影：編集部

島倉 原（しまくら はじめ）

経済評論家、株式会社クレディセゾン主席研究員。1974年、愛知県生まれの千葉県育ち。1997年、東京大学法学部卒業。株式会社アトリウム担当部長、セゾン投信株式会社取締役などを歴任。経済理論学会および景気循環学会会員。会社勤務の傍ら、積極財政の重要性を訴える経済評論活動を行っている。著書に『積極財政宣言――なぜ、アベノミクスでは豊かになれないのか』（新評論）、『ＭＭＴ〈現代貨幣理論〉とは何か――日本を救う反緊縮理論』（角川新書）、『ＭＭＴ講義ノート――貨幣の起源、主権国家の原点とは何か』（白水社）、監訳書に『ＭＭＴ現代貨幣理論入門』（Ｌ・ランダル・レイ著、東洋経済新報社）がある。

う経済的主権が、積極財政による経世済民という政治的主権を支えるんですね。

中野　政府支出に納税額が追いつかなくても、何も問題はない。なぜなら政府は自分が必要なだけのお金をいつでも創り出せるからです。みんな錯覚しているんですよ。本当は、政府は自分が創った金で運営されているのに、「政府は国民の税金で運営されている」と思い込んでいる。国民も公務員もね。

柴山　そんな話を聞いたら、誰も納税しなくなるのでは（笑）。

中野　それは別の意味でまずいんです。納税こそが貨幣の根拠なので、国民が納税義務を果たさなくなると、通貨は通貨として存在できない。そうなると国家も成り立たない。

柴山　僕はＭＭＴの一つの問題は、人々の納税動機を軽視していることだと思うんです。国民が納税の義務に応じるのは、税金が国の活動の原資となっていると考えるからです。ＭＭＴによればフィクションなのでしょうが、そのフィクションなしに「納税は社会的責任」という考え方をどこまで維持できるのか。

実際、企業経営者や高額納税者の話を聞くと、「われわれの税金が国を成り立たせているんだ」という自負が非常に強い。レイも師匠のハイマン・ミンスキーも法人税廃止論者ですね。法人所得をすべて配当に回して、株主から税を取るべきだと言うんですが、アメリカはともかく、日本でそれをやると企業経営者のモチベーションを相当削ぐことになりますよ。

▼近代化を支える「税の物語」

中野　経済理論による分析と、社会人類学的にどうして人が税金を払うのかというのは、また別な問題だと思うんですよ。人々が納税するのは、おそらく交通ルールを守るのと同じで、「そういう決まりだから」という理由が一番大きいんじゃないでしょうか。

　世の中のいろいろな決まりを守るとき、いちいちその正当性の確認まではしない。税金の使われ方にしても、問題があったときには気にするけれども、普段はルーティンとして、「納税は国民の義務」という感覚で払っている。

柴山　もちろん義務に従っているんですが、その義務感を正当化しているのは、やはり「自分たちの支払う税金が世の中の役に立っている」という意識だと思うんです。例えば消費税を上げるときにも、「これは社会福祉に使われます」と言われて、多くの人が「そうなんだ」と納得して賛成したりするわけですよ。

中野　しかし、実際は税金の種類と使途が必ずしもひも付いているわけじゃない。現実の社会制度は事実と社会的幻想がないまぜになって動いている。ＭＭＴを知ると、そのことがよく見えてきます。

柴山　でもね、今の先進国がどうやって近代国家になっていったかを考えると、国民の納税者意識が高まってきた、というのは大きいのではないでしょうか。権力に「逆らえないから払う」というレベルから、「納税が社会に役立っている」という認識に変わり、ある程度自発的に政府に協力するようになった。それによって国としてのまとまりができてきたんじゃないでしょうか。

佐藤　中野さんの『富国と強兵――地政経済学序説』（東洋経済新報社、２０１６年）ではありませんが、徴税を義務として受け入れるうえでは、対外戦争が大きな意味を持つのかもしれません。日露戦争のときは死刑囚までが、刑務所内の労働でもらった賃金を、処刑前に戦費として全額差し出しています。

日中戦争のときには所得税が強化されました。「01　『脱成長』論が実は『経済成長』を導いてしまう逆説」でも述べたとおり、それまでの日本の税制は間接税中心でしたからね。国を挙げて戦うんだという物語が、政府への自発的な協力を促すのでしょう。

施　日本に限らず安定した国や安定した通貨は、そういうある種の物語をうまく使うことで、制度を支えているのかもしれませんね。それが必要なことだと思ってみんなが納税するから、日本の通貨は盤石になっている。企業でいえば、「企業の社会的責任」という物語が生きているからこそ、社会がうまく動いている。物語や人々の思いに、社会を機能させる力があるということですね。

▼ゴッドリーのマクロ会計の恒等式

柴山　この本で僕が面白いと思ったのは、民間部門と政府部門と海外部門、この三部門の期間内収支を足すとゼロになるという、部門収支アプローチの話です。

島倉　第1章で説明されている、ワイン・ゴッドリーのマクロ会計の恒等式ですね。

柴山　この議論だと、日本政府の財政が赤字続きなのは当然のことなんですね。日本の対外収支は若干の黒字ですが、それを差し引いても民間部門が大幅な黒字なので、政府部門はどうしても赤字にならざるをえない。

島倉　実際に日本における財政収支と、家計、企業、海外といった部門の収支をグラフ化すると、財政収支と企業の収支は完全に裏返しになっています。

名目ＧＤＰ（国内総生産）が頭打ちとなった１９９７年は、政府が消費税増税や公共投資削減といった緊縮財政を本格的に始めた年で、これをきっかけにして名目ＧＤＰの一部である民間部門全体の所得が伸びなくなりました。企業の営業利益も民間所得の一部ですから、これによって国内での利益成長期待が失われ、企業が国内投資を減らして借金の返済や海外投資を優先するようになった結果として、企業の収支は翌１９９８年から恒常的に黒字化しています。

　企業の収支は将来の利益成長を期待した先行投資によって赤字になるのが、経済の正常な姿です。つまり、日本では、緊縮財政によって企業収支の黒字化という異常な状況がもう20年以上続いていて、その結果として財政赤字が拡大しているのです。

柴山　さらにこの理論を詰めていくと、財政赤字を減らす目的の消費税増税もやってはいけないことになる。というのも消費増税すると、家計は一段と消費を控えて貯蓄に回すようになるので、財政赤字が増える可能性すらあるからです。

中野　消費増税で民間の消費が減る限り、財政赤字の削減はできない。「やるべきじゃない」というだけではなくて、できないわけです。

柴山　財政均衡を目指すことが、財政赤字の拡大につながりうるということですね。現に日本では平成の30年間、消費増税の時期に財政赤字が増えているケースが少なくない。

　ただこれは恒等式なので、どちらが原因でどちらが結果かはわからない。だから逆に解釈される可能性もありますね。

島倉　もちろん、可能性としてはどちらもありますが、財政赤字の拡大とともにデフレになっているのが現実です。したがって、「政府の支出、すなわちインフレ圧力が過大で財政赤字だから民間が黒字」という解釈は成り立たず、「民間の支出が過少で黒字だから財政が赤字」と解さざるを得ません。

佐藤　景気が悪かろうと、家計が貯蓄せずに消費を増やし、企業も借金して投資を増やせば、緊縮財政のもとでもデフレ脱却は可能でしょう。しかしそれは、民間部門に非合理的な行動を取れと要求するにひとしい。

　言い換えれば、できるわけがないのです。政府が財政均衡について追求する合理性と、関連して民間に期待される非合理性を足すとゼロになる、そういう恒等式も想定できるのではないか。

中野　おっしゃるとおり、デフレのときの企業は、合理的な判断として、支出を減らして貯蓄を増やそうとするんです。

　一方、政府はデフレでも支出できる。だからデフレから脱出するには、政府が支出を増やさないとどうにもならない。

施　財政支出の拡大でデフレから脱出できるのでしょうか。

島倉　もちろん可能です。それに、こんなことを言っても誰も信じないでしょうけれど、私は、日本政府がバカみたいに財政支出を拡大して民間所得が急増すれば、企業の投資が活発化して、逆に財政は黒字になると思います。その実例が高度成長期で、政府は年率15%くらいのペースで支出を伸ばしていましたが、それを受けてガンガン投資をしていた民間企業部門が大幅な赤字だったので、財政収支はほとんどの年で黒字でした。

▼貨幣量と物価に直接の関係はない

柴山　MMTの議論でもう一つ面白かったのは、商品貨幣説を否定したところです。商品貨幣説では貨幣が数ある商品の一つにすぎないと考える。すると、その価値は需要と供給のバランスで決まることになる。「貨幣の供給を増やせばインフレが起こる」というマネタリズムの考え方も、ここから来ている。

　ところがMMTでは貨幣は商品ではなく債権債務の記録である、と考える。銀行が信用創造するか、政府が債務を増やせば貨幣は増えていくけれども、貨幣量そのものは物価と直接的な関係はない。インフレは、例えば政府の過大な支出が原因で、実物資源の需給が逼迫することによって起きるという、ここがMMTをめぐる議論の焦点だと思うんです。

中野　よく「財政支出のやりすぎでインフレになったら、どうやって止めるんだ」と言われるんですが、財政出動のせいでインフレが止まらなくなったという例は、実はほとんどない。そんなことが起きたのは戦争のときやその直後ぐらいです。

　インフレとしてイメージされるものに、70年代の狂乱物価があります。このときはインフレ率が一時2桁台に達しましたが、3年ぐらいで1桁台に戻っています。対処としては金融の引き締めをやり、労働組合と話をして賃金が上がらないよう交渉し、もう一つは予定していた公共投資を後ろ倒しにした。

島倉　この本の著者のランダル・レイは、「そのような対処は不要だった」という立場です。結局、あの当時のインフレは、オイル・ショックをはじめとしたコストプッシュ型のインフレだったので。

中野　失業者を増やしてまで物価を下げる必要はなかったということですね。

佐藤　さりとて、政府はインフレを放っておけるのか。70年代の例にしても、「ご安心を。制御不能にはなっていませんので狂乱物価でも大丈夫です」と言って、果たして納得してもらえたか。とくに日本では、左翼・リベラルを中心にインフレに対する拒否反応が強い。多くの場合、インフレは経済規模の拡大でもあるわけですが、「物価が上がるのはとにかく悪」と決めつける傾向があります。

じつのところ、これは平和主義と結びついている。『平和主義は貧困への道　または対米従属の爽快な末路』（ＫＫベストセラーズ、２０１８年）で詳細に論じましたが、敗戦直後にかなり激しいインフレが生じたせいもあって、「インフレに反対すること＝戦争に反対すること」という思い込みができているのです。

島倉　レイは「年率40％未満のインフレであれば、経済はそんなにおかしくならない」とも言っていますね。

柴山　それはちょっと言いすぎな感じを受けますね（笑）。

▼供給が増えればインフレは収まる

中野　40％はともかく、たとえ財政支出過多が理由でインフレが起きたとしても、そう長くは続きません。理由の一つは財政民主主義です。よく「増税や歳出削減を国民が嫌がるから、民主制では財政支出の抑制は難しい」と言うけれども、国民はハイパーインフレも嫌がりますので、高インフレを放置する政権は見切りをつけられてしまう。

財政支出過多によるインフレが続かないもう一つの理由は、「投資は供給力を増やす」という事実です。

供給に対して需要が増えて需給ギャップが広がるとインフレになるのだけれども、民間の設備投資でも公共投資でも、投資は供給力を増やすために行われます。

だから投資した瞬間には需要が増えても、それからしばらくすると設備が稼働して供給が増えるので、時間差で需要を追い上げることになる。供給が需要を追い続けているかぎり、一定以上のインフレにはならず、一方で経済の規模は拡大してゆく。これを「経済成長」と称するわけです。

ただしＭＭＴはその名のとおり「貨幣理論」であるせいか、投資による供給の拡大についてはちゃんと議論されていないように思う。

柴山　ＭＭＴでは、完全雇用を実現する政策として「就業保証プログラム」を推奨していますね。それによって失業は減りますが、供給力が増えるかどうかはわからない。

中野　供給の分析が不十分というのはケインズの理論の欠陥でもあったんです。僕はＭＭＴをめぐる議論に欠けているのはこの視点だと思っています。ＭＭＴを批判する人たちは供給力の議論を欠いたまま、目先の需要の増減だけ考えて、「財政支出増でインフレが起きる」という議論をしている。

▼移民とＪＧＰのジレンマ

柴山　ＭＭＴは現代貨幣システムの理論としてはよくできているんですが、政策提言については実現が難しいのではないかと感じるところが多い。典型がＪＧＰ、すなわち「就業保証プログラム」ですね。

佐藤　『ＭＭＴ現代貨幣理論入門』は全10章ですが、第7章「主権通貨の金融政策と財政政策」と、第8章「『完全雇用と物価安定』のための政策」の間に大きな溝があります。

　第7章までは一般的な貨幣理論の話で、読んでいて非常に面白い。ところが第8章以後はもっぱら「完全雇用と物価安定のためにＪＧＰをすべきだ」という話になる。ＪＧＰはＭＭＴから導き出しうる政策の一つにすぎません。その結果、議論が普遍性を失い、スケールダウンしてしまっている。

　つけ加えるなら、わが国ではＭＭＴについて、「政府の役割を重視しているからナショナリズム的な理論だ」という受け止め方が強い。けれども欧米のＭＭＴ論者は、むしろ世界政府型のグローバリズムを信奉しているふしがあります。

『感染の令和　またはあらかじめ失われた日本へ』（ＫＫベストセラーズ、２０２１年）に収録した「ＭＭＴとナショナリズム」という論考で紹介した話ですが、Ｌ・ランダル・レイと並ぶＭＭＴの論客、ステファニー・ケルトンが２０１９年に来日しました。しかるに来日中、経済評論家の三橋貴明さんがインタビューの席でこんな質問をする。いわく、すべての国がＪＧＰをやったら、各国内で雇用が確保されるから、労働者が外国に行く必要はなくなるはずですね？

　理論的には、むろんそのとおり。ところがケルトンは、三橋さんの主張を肯定しつつも「気候変動によって移住を迫られる人々が、これから10億人単位で出るのだから、ＪＧＰのもとでも移民の流れが大きく減少すると期待するのは非現実的だ」という趣旨の返答をしました。要するに論点をそらしたのです。

柴山　ＭＭＴの提唱者は、レイやケルトンを含めて民主党左派なので、移民に関しては寛容な立場だと思うんですよ。今の左派は思想的に二つの柱があって、一つは福祉を拡充する「大きな政府」の志向、もう一つは移動の自由を普遍的な権利として認める「グローバリズム」です。ただ、この二つを同時に追求すると、政府支出が際限なく拡大してしまう恐れがある。

それを避けるには、福祉の対象をあくまで「国民」の範囲に限るという国民国家の原則を、現実的に取らざるをえないと思うんですが、そうなると右派の主張に近づいてしまうので、そこは民主的な決定に任せると言うほかないのでしょう。でも民衆はトランプを選んでしまったりするわけで（笑）。いずれにせよ、ＪＧＰはＭＭＴから導かれる必然な帰結というより、著者の政治的な立場から導かれた主張というふうに見えてしまいます。このあたりはもう少し検証が必要ではありますが。

佐藤　「ＪＧＰを提唱しない者はＭＭＴ論者にあらず！」というぐらいの勢いですよね。資本主義経済の中に、社会主義的なセクターをつくりたがっている印象を受けます。

中野　ただＪＧＰは別に左翼の専売特許ではないですよ。創出される雇用は介護であってもいいし、軍隊であってもいい（笑）。その意味ではＭＭＴ自体、政治的には本来、ニュートラルな理論です。

施　ＭＭＴが政治的にニュートラルな理論であるとすると、では何を政策目標とすべきかという話になりますよね。著者はケインズ風に「完全雇用と物価安定」と言っているけれども、私が読んだ印象では、ある種の動機づけをすることによって、人々の活力を引き出すという理念があるのかなと感じました。

中野　それはありますね。だから、ベーシック・インカムには反対している。

施　人々や社会には隠れた力があり、それを政府が納税制度や雇用プログラムなどいろいろな手段によって引き出していく。著者は要は「財政が政策の制約にならないのなら、政府はもっといろいろなことができるはずだ」と言いたいのでしょうね。

▼MMT派に左翼が多い理由

島倉　欧米のMMT論者は、なぜみんな左派なんでしょうね。

佐藤　保守、ないし右派が新自由主義に走ったことに対抗したいのでしょう。先進自由主義諸国では1970年代後半から「福祉国家路線など続けたら行き詰まる。小さな政府で民活路線だ」という風潮が強くなった。日本でもこれが「新保守(主義)」などと呼ばれ、のちの構造改革路線につながります。そんな状況のもと、「大きな政府で社会保障と格差是正を」と主張したい左派が、理論的基盤としてMMTを見出したのだと思います。

柴山　確かに、左派が「緊縮財政」に対抗する論理を模索する中で、MMTが出てきたという印象はありますね。

中野　MMT派経済学者のビル・ミッチェルが「MMTはディスクリプティブ(記述的)な理論で、政治的な右左は関係ない」と言っていましたが、実際にMMTを唱えている人たちはこの本の著者のランダル・レイを含め、イデオロギー的には完全に左派です。ただナショナリズムを強く出しつつMMTを語ることも可能で、MMTはニュートラルだそうですから、私はそっちのほうで語らせてもらっています(笑)。

施　たぶん彼らはそれをされるのが嫌なんでしょうね。日本のMMT支持者の多くも、これを論拠に積極財政を進めたい人たちだと思いますが、日本の場合はなぜか、左翼が必ずしも積極財政ではないですよね。

佐藤　それどころか、わが国の左翼は決まって積極財政に反対です。「01『脱成長』論が実は『経済成長』を導いてしまう逆説」でも述べたとおり、彼らの論理のもとでは、いったん政府債務の増大を認めると、なんと戦争を許してしまうことになる。どうしてそんな思い込みを抱くに至ったのか、理由や経緯については『平和主義は貧困への道　または対米従属の爽快な末路』をご覧ください。

中野　私は最近、『朝日新聞』から取材されて、「欧米で反緊縮の流れが出ているのに、なぜ日本では出てこないのか」と聞かれました。

柴山　僕のところにも『朝日新聞』の記者が取材に来て、「どうして左派は消費税増税に賛成するんでしょう」と聞かれましたよ。

中野　自分の左胸に左手を当てて考えなさい、と(笑)。

▼通貨と主権は不可分だ

施　著者はMMTを論ずるうえで、先進国と途上国では前提が異なると言っていますね。

中野　例えば、国家としての徴税権力が確保できていないと、通貨制度や財政制度はうまく機能しません。また、多くの途上国は変動相場制をとれないので、財政政策も国際収支の制約を受けてしまう。

島倉　現実に途上国の多くが自国通貨とドルの交換レートを固定しているのは、工業化を目指して海外から設備や技術を導入するにも、そうしないと取引が難しいからでしょう。

柴山　経済発展の初期段階では、やはり健全財政と固定相場制は不可欠なんですよ。それなしで発展した国はない。

佐藤　戦後日本も、１ドル＝３６０円の固定相場に支えられて成長しましたね。

島倉　ＭＭＴによれば、経常赤字を拡張しても大丈夫なのは、発展途上段階を超え、通貨が信用を得られた国だけだということです。

施　私は先進国と途上国の違いを考えたとき、おそらく政府に対する国民の信頼が問題なんじゃないかと思うんです。通貨にしても、徴税の仕組みなど政府が作り出す秩序にしても、それが揺らぎそうになったときに、国民が政府を信頼し、自分たちが国を支えるという姿勢や意欲がないと、安定を担保できないということじゃないでしょうか。

島倉　私もそう思います。逆に政府も通貨の安定や完全雇用をきちんと追求していかないと、国民に支えられなくなってしまうということもありますね。

佐藤　信用や信託を意味する英語は「トラスト」(trust)ですが、辞書を引くと、これは「強い」という意味の古ノルド語「traustr」が語源とか。快適さや、安らぎを意味するドイツ語「trost」とも関連しているようです。経済を強くすることで、国民の生活を快適なものにしてやれる政府の通貨だけがトラストされる、そういうことではないでしょうか。

施　政府がそういう政策をとらないと、実は貨幣も不安定になるわけですね。

中野　社会の安定なしでは貨幣の安定もないから、お互い支え合っている面がありますね。

島倉　ケインズ経済学者のアバ・ラーナーなどは、まさにそう言っていますね。政府が通貨と社会を安定させられなかったことによりファシズムが出現し、世の中が荒んだと。日本で言えば、日本円という通貨で運営される経済がそれなりに満足のいくものでないと、「やってられねえ」という話になって、過激な考え方が支持されるようになる。

佐藤　「貨幣」と並ぶＭＭＴのキーワードは「主権」です。政府の役割を小さくしたがる新自由主義とはそこが根本的に違う。本書の日本語版にはサブタイトルがありませんが、本来は「A Primer on Macroeconomics for Sovereign Monetary Systems」（主権に支えられた貨幣システムのためのマクロ経済学入門）と銘打たれていた。政治的主権を的確に行使して経世済民を達成するには積極財政が求められるが、それには経済的主権、つまり通貨発行権が不可欠だから、二つの主権を切り離してはいけないというのがＭＭＴの真の骨子でしょう。

▼なぜ裁量的政策を嫌うのか

中野　ミッチェルは別の共著で、「主権国家の存在意義を認めないと民主主義も成り立たない」と論じています。ただ、ＭＭＴでは政策の重要性を認める一方で、裁量的な政策には総じて否定的なんです。ケインズなどは「社会には不確実性があるから、完全な制度設計などできない」という考えで、裁量は必要なものとみていた。ところがＭＭＴでは就業保証プログラムにしても、政府の介入の余地をできるだけなくすべきだとして、自動安定化装置を一生懸命提案している。

佐藤　左翼性の表れというべきか、妙に設計主義なんだ。

中野　そうなんですよ。どうも財政民主主義を警戒しているというか、「民主政治に決定を任すと、インフレが行きすぎてしまう」と心配しているようにみえる。その点においては、新自由主義者と妙に共通している。

佐藤　ランダル・レイも、こんなことを書いています。「(経世済民の達成という公共の目的を)よりうまく実行できるのが、民主的な政府であると長らく考えられてきた。しかしながら、どのような形の民主制が採用されるべきかは明白でない」(363ページ、カッコは引用者)。遠回しな表現ですが、民主主義に懐疑を呈している。

中野　まあ、選挙でトランプが選ばれているのをみたら、そうも言いたくなるかと(笑)。

▼MMTは世界政府型グローバリズムを肯定する

佐藤　同時に指摘したいのは、MMTは反新自由主義だが、反グローバリズムではない点。例えば世界政府が樹立されて、単一通貨のもとで積極財政を行っても、政治的主権と経済的主権が一致している以上、問題はありません。いや、国家間の経済格差が是正しやすいぶん、そのほうが現在の主権国家システムより望ましいことにもなりうる。

『MMT現代貨幣理論入門』の第6章「現代貨幣理論と為替相場制度の選択」では、ユーロの問題が論じられています。ユーロこそは、政治的主権から経済的主権を切り離すと大変だという見本ですが、ナショナリズムの立場を取るのであれば、EU(欧州連合)各国に通貨発行権を戻してやるのが正しい解決策のはず。既存の政治的主権に合わせて、経済的主権を再設定するわけです。

ところがレイは、ユーロ圏を解体する手もあるとは認めつつ、「全ユーロ圏中央財務省」を作って

「より完全な統合」を目指すほうに、明らかに肩入れしている。経済的主権の規模に合わせて政治的主権を再設定し、EUを一つの国家にまとめろと主張しているのです（345〜351ページ）。

この発想が、「EUグローバリズム」でなくて何なのか。MMTはナショナリズムの肯定にも使えますが、世界政府型グローバリズムを肯定する理念でもあるのです。

施　ユーロ問題についての結論部分については、私は「だからやはりEUは難しいのではないか」と解釈しました。佐藤さんもおっしゃるように、素直に考えれば「主権国家の枠に合わせて、通貨発行の主権も決めるべき」ということにならざるをえないと思うんです。

国家の主権の枠から外れた通貨を、はたして一つひとつの国の人たちがどこまで支えようとするのか。もし外から攻撃されたとき、多くのヨーロッパ人は自分の国のためには死んでも、EUのためには死なないでしょう。EUが作ったユーロという通貨も、うまくいっている間はよくても、危機には弱い存在だと思います。

その意味で私は通貨主権の議論は、グローバリズムに向かうより、ナショナリスティックに解釈するのが自然ではないかと思うんです。

▼言語と貨幣の類似性

施　MMTの課税と貨幣のアナロジーは、他の分野にも使えないかなと思ってしまいますね。「租税を自国通貨で賦課するから、貨幣が国民に求められ、流通するようになる」という話でしたが、同じようなことが例えば言語にも言えるんじゃないかと思うんです。

ある言語を公用語として国が定め、その言葉で大学入試や公務員試験や行政サービスを行う。高等教育が受けられ、雇用や行政サービスを享受できるようになるということで、その言語が流通するようになる――と考えると、昨今の日本のように「英語化」を進め、大学入試や公務員の雇用、行政サービスも日本語でなくて英語でもよいという流れが続いていくと、日本語が流通しなくなる可能性もあるのではないか。

柴山　なるほど。ドルの使用を国内で認めるようなものですね。

中野　どの国の国語でも、多様な地域言語を国家によって一つの公式言語に統一するという過程を経ていますね。国民としてのアイデンティティを確立する目的で、ある意味でのホモジェナイゼーション（画一化）に向かう。

佐藤　その典型がインドネシアです。オランダの植民地だったという以外、大してつながりのない１万７０００あまりの島々からできている国なので、交易のために使われていた「海峡マレー語」を基礎に、インドネシア語という言語を新たにつくることになった。

中野　公式言語の成立と国民国家の成立、自国貨幣の成立は、どの国でもたぶんかなり軌を一にして行われていると思いますね。フランスもフランス革命以前は、今と同じフランス語をしゃべっている人はあまりいなかったらしいです。

佐藤　日本も同じですよ。江戸時代、幕府の隠密が鹿児島あたりに行くと、城には忍び込めても、肝心の会話が聞き取れなかった。まだ標準語がなかったわけで。

施　地域によって多様だった日本語が共通語として確立したのは、明治政府が意図して統一したからですね。国が公務員を雇うときに習得を課したり、公教育で教えることを義務づけたりすることによって、特定のコンテンツが国内に流通し、国民に共通する文化として支えられ、信頼されるようになってゆく。ある種の共通性、同質性を政策的に醸成していくことで、社会に複雑かつ高度な秩序が生まれ、法律や制度、経済システムが機能するようになる。例えば度量衡もそうでしょう。近代社会とはその意味で、国家、ならびに国家が政策として行うある種の標準化に支えられている存在だといえるのではないでしょうか。

▼信用の基礎に信仰あり

佐藤　『MMT現代貨幣理論入門』では、人々が貨幣を保有しようと思う動機として、納税の必要を挙げています。ところが第10章「結論――主権通貨のための現代貨幣理論」を読むと、宗教も絡んでいることがわかる。

負債を返済することを「償還」といいますが、これに相当する英語は「redemption」。罪を贖うという意味の言葉です。返済が「罪滅ぼし」なら、負債を抱えるのは罪のはずでしょう。しかも債務によって預金が生まれるのは「(信用)創造」。英語なら「(money) creation」ですが、「ザ・クリエイション」と言ったら天地創造です。

ランダル・レイは「redemption」について、「貨幣に関しても宗教に関しても重要なこと」(270ページ)とまで書きました。ならば貸し借りのない状態が「エデンの園」にあたり、負債発生による貨幣創造が「失楽園」にあたる。その貨幣を、返済や納税によって償還させることで罪が許される。

まさしく「帳消しだ。ハレルヤ!」(502ページ)です。「クレジット」(credit)も語源をたどると、宗教上の信条を意味する「クリード」(creed)につながるようですね。信用の基礎には信仰があるということなのでしょう。

施　私もこの本にはキリスト教的な、神学的文脈を感じました。

柴山　デヴィッド・グレーバーが『負債論』(2016年)で、「貨幣の起源には神への負債という宗教的な物語がある」とする「本源的負債論」を取り上げています。古代オリエントでは納税の代わりに生け贄を差し出したりしていた。そうすると、納税は神への負債を清算する行為だということになる。グレーバーは批判的ですがそうした宗教的な発想は、今も無意識的に続いていると考えてもいいのかもしれません。

佐藤　「緊縮財政」も英語では「austerity」。こちらは「禁欲」です。なるほど、キリスト教の定める七つの大罪には「金銭欲(強欲)」が含まれますからね。

柴山　自らを律する、ということなんでしょうね。近代経済学の父アダム・スミスも緊縮論者ですが、その背景にもどこかストイックなものを感じます。

佐藤　反緊縮財政は「anti-austerity」ですが、「反・禁欲」となると、欲望のままにという感じで背徳の匂いがする。そもそも「赤字」といいますけど、赤は扇情的な色です。

中野　「財政規律」といったら気分がよくなるとかね。財政出動派の先生たちもそのことでは困っているようです。「借金は悪」という頭があるから、「国債を発行しろ」と言うと、みんな嫌な顔で反応する。

佐藤　「借りることは罪である」という概念がなかったら、返済が「贖罪」になるはずがない。金融危機に陥った国は、韓国であれギリシャであれ、ＩＭＦ（国際通貨基金）によって緊縮財政を強いられますが、あれも禁欲で罪を贖えということでは。占領中に成立したわが国の財政法が、国債の発行を原則禁止しているのも、これと無縁ではないでしょう。

中野　そうか、均衡財政は宗教だったんだ。確かにこの20年あるいは30年、まったく結果が出ていない中で、今も「緊縮、緊縮」と言い続けているのは、理屈ではなくて何らかの信仰があったからなんでしょうね。ある自民党の積極財政派の議員が「ザイム真理教」と嘆いていました（笑）。

▼日本の財政の流れを変えるには

島倉　何がなんでもプライマリーバランスの黒字化優先という日本の財政の流れを変えるには、理屈だけでは無理なのかもしれませんね。

柴山　財政問題は、いつも道徳問題として語られますから。

中野　ＭＭＴを持ち出すまでもなく、主流派経済学の中でも、ＩＭＦのチーフエコノミストだったオリヴィエ・ブランシャールやノーベル経済学賞を取ったポール・クルーグマン、あるいはローレンス・サマーズらは日本に対して「消費増税はしてはいけない」とか、「財政出動すべきだ」と言っているんですよ。でも、それすらも聞こうとしない。

柴山　彼らも長期的には均衡財政の考えに立つので、ＭＭＴよりは受け入れやすいと思うのですが、世論が「財政健全化」で固まってしまった日本ではそれも難しい。

中野　おそらくずっと消費増税を唱えてきた人々にとっては、景気が悪化しているからといって、今さらそれを引っ込めるのは、政治的敗北だということなんでしょう。そこはマスコミも財界人も経済学者もみな同じ。失敗が見えてきたにもかかわらず意見を変えない理由は、自分の政治生命を守るためなんですよ。

佐藤　負けが見えているのに対米開戦したのと同じメカニズムですね。まあ、頑迷に意地を張ることと、節を曲げないことを混同するのは、そう珍しいことではありませんが。

中野　そのとおり。金解禁と緊縮財政をやって日本を恐慌にたたき込んだ井上準之助も、誰の目にも失敗が見えている中でも、死ぬまで「私が間違っていました」とは言わなかったそうです。それを言ったら、井上の政治的敗北だから。

柴山　思い返せばその当時、東洋経済新報社主幹だった石橋湛山は反緊縮の論陣を張っていたわけで、いま東洋経済が『ＭＭＴ現代貨幣理論入門』を刊行するのは、会社の伝統に忠実な選択といえるのかもしれません（笑）。

中野　ＭＭＴは実は、「モダン・マネタリー・湛山」の略だったのかも（笑）。

（２０１９年11月12日、11月19日「東洋経済オンライン」記事の基となった座談会を改稿）

03

経産省が「産業政策の再評価」に舵を切った理由

――「米中対立とコロナ禍」の中で国民的議論を

柴山桂太

もはや財政出動の是非ではなく、何にどう使うのかが問われる時代となった。その中にあって2021年6月に経済産業省は「ウィズコロナ以降の今後の経済産業政策の在り方について」というレポートを発表した。同レポートで示されている「産業政策」の方向性について考察する。（編集部）

▼「経済安全保障」と「政府の役割拡大」という新潮流

世界的に経済政策の流れが変わりつつある。財政出動の是非を論じる時代は終わり、今や政府の財政を何に使うかが具体的に議論される時代になった。グローバルな供給網の脆弱性が意識されるようになり、重要部品の国内生産比率を高める動きも見られるようになった。デジタル化やカーボンニュートラルに向かう産業界の動きを後押しする政策も、各国で重要性を増している。

２０２１年６月、経済産業省が産業政策の新たな方向性を打ち出した。「ウィズコロナ以降の今後の経済産業政策の在り方について」と題されたレポート（以下「ウィズコロナ」と略記する）では、コロナ・パンデミックの余波がこれからも続くという見通しの下、経済政策を転換する必要性が強調されている。

産業政策といえば、経産省の前身である通産省の時代から、日本のお家芸と見なされてきた政策分野である。戦後日本の急速な経済発展は、民間の旺盛な投資意欲や市場競争のおかげであると同時に、政府による重点産業の保護・育成といった産業政策の成果でもある。

もっとも、どこまでが民間の努力で、どこまでが政府の政策のおかげであるかという線引きは、必ずしも自明ではない。日本の優れた官民協調体制の成果を重視する論者から、産業政策の過大評価を戒めて市場競争の成果を強調する論者まで、さまざまな立場の論者が戦後日本の産業政策の実像について議論を重ねてきた。

ここでは、それらの歴史研究の詳細に立ち入る余裕はない。ただ大きな流れで言えば、最近は中国に代表される新興国の急成長を受けて、産業政策論の再評価が進んでいるのは間違いない。１９８０年代から２０００年代まで、グローバル化全盛の時代には「フラット化する世界」の中での市場競争が重視される傾向にあった。

だが近年は、米中対立の激化に伴う「経済安全保障」意識の高まりや、コロナ禍を奇貨とした「政府の役割」の拡大という政策潮流の変化を受けて、新たな時代に対応した新たな産業政策論が、各国で盛り上がりを見せ始めている。

重要なのはアメリカの動向である。トランプ前政権の時代から、中国への対抗意識が強まりつつあった。イギリス『フィナンシャル・タイムズ』紙は「産業政策戦争」（インダストリアル・ポリシー・ウォー）の時代が幕を開けたと論評したが、バイデン政権になってこの傾向にさらに拍車がかかっている。

この4月にアメリカ政府が発表した「アメリカ雇用計画」では、先端技術分野への投資や老朽化したインフラの更新に、巨額の財政支出を行うとされている。この計画が予定どおりに実施されるかは未知数だが、国際世論の潮流変化は今や明らかである。将来の経済発展に政府が積極的に関与する。社会的課題の解決に、政府の財政支出を有効に活用する。今回の経産省のレポートも、そのような最新の潮流の中から出てきたものと言える。

▼社会的課題の解決が強調された「新機軸」

まず、「ウィズコロナ」で打ち出された、新たな産業政策の方向性を見ておきたい。経産省は、これまでも折に触れて産業政策の必要性を訴えてきた。今回の「ウィズコロナ」もその延長線上にあるものと言えるが、同時に、従来型の産業政策では見られなかった（必ずしも前面には押し出されていなかった）理念が打ち出されているという点が重要である。

大きな違いは、社会的課題の解決が強調されている、ということである。従来型の産業政策が、成長や雇用創出に重点を置いたものだったとすれば、今回のレポートでは、「健康」や「人権」、「安全保障」や「レジリエンス」、「温暖化対策」といった新たな政策課題への対応が強調されている点に特徴がある。従来型の産業政策が経済的豊かさの実現に力点を置いたものだとすれば、「経済的豊かさの確保だけではない、多様な『価値』」の実現（3ページ）に焦点を当てたものになっているのだ。

この新たな産業政策のあり方は、経産省が発表した別の資料「経済産業政策の新機軸」でも示されている。この資料で目を引くのは、「ミッション志向」の産業政策という文言である（11ページ）。従来型の産業政策が「特定産業の保護・育成」や「市場環境（競争環境）の整備」に焦点を当ててきたとすれば、次世代の産業政策はさらに広範な公共目的を達成するものでなければならない。

将来の経済成長や新規雇用の創出を実現するだけでなく、格差の是正や健康面での安心・安全の達成、緊張する国際情勢の中での経済安全保障や、パンデミックや自然災害といった想定外のショックに対する備えといった、多様な公共目的に応える総合的な政策が必要であるというのが、ここでいう「経済産業政策の新機軸」である。

産業政策を、成長戦略の一環とのみ位置づけるのではなく、多様な政策課題に応答するものとして位置づけ直す。これは、最近の産業政策論でも注目されている論点だ。

この流れをリードしている論者の一人が、ＵＣＬ（ユニバーシティ・カレッジ・ロンドン）のマリアナ・マッツカート教授である。２０１３年に出版されて国際的な評判となった『企業家としての国家』（邦訳は２０１５年）では、最近のアメリカで生まれた新技術の大半が、元をたどると政府の産業政策に起因しているという事実を、豊富な事例紹介によって明らかにした。近著『ミッション・エコノミー』（２０２１年）では、気候変動や格差是正などの社会的課題に応える産業・イノベーション政策の必要性を訴えている。政府は、ただ産業のイノベーションを促すだけでなく、イノベーションの方向性にも関与できるし、関与しなければならない。そのような考え方を、マッツカート教授は「ミッション志向」のイノベーション政策と呼んでいる。今回の経産省のレポートも、こうした産業政策論の最新の流れを踏まえたものといえるだろう。

ただし、問題はその先である。政府がミッションを設定し、その達成のために政策資源を動員するという大きな方向性には、多くの論者が賛成するだろう。必要であれば財政支出を拡大するという方針も、経済停滞の長期化が予想される現在では、受け入れやすいものになっているはずである。だが、複数ある公共目的のどれを最優先すべきか、どの分野への政府支援を強化することが望ましいのかといった具体論となると、議論の方向性はたちまち分かれることになる。

「ウィズコロナ」レポートでは、「豊かな生活、環境の保全、安全の確保、雇用の安定、格差の改善、公平な教育、持続可能な地域、健康な生活」(55ページ)などの複数のミッションが候補に挙げられており、中でも「環境」「安全保障」「分配の改善」(格差是正)の三つが主たる目標として設定されている(60ページ)。

▼「ゲームのルール」の変化と国民的合意

その具体策として、グリーン分野への投資強化や、サプライチェーンの強靱化、教育のデジタル転換を通じた次世代人材の育成などが提案されている。私個人としては、世界経済がグローバル化の後退局面に入っている現状認識から、サプライチェーンの強靱化がより優先されるべきミッションであると考えるが、こうした具体策については論者によって異論なしとはしないだろう。

これまで主流派経済学者の多くは、産業政策の失敗を強調する傾向にあった。政府が重点分野を指定・支援するという政策は、過去、必ずしも良好な成果を挙げてきたわけではない。こうした立場の論者は、政府が特定分野を保護・育成する「垂直型」の産業政策ではなく、すべての産業に役立つ基礎的な研究・開発を支援する「水平型」の産業政策のほうが望ましい、と主張する傾向にある。

この見方でいくと今回の経産省のレポートは、産業政策の基軸を再び「垂直型」に戻すもの、すなわち政府が特定分野を選定・支援する一昔前の産業政策へと逆戻りさせるもの、と受け取られてしまうかもしれない。

だが、米中対立の激化や、コロナ禍での「政府の役割」の再定義、デジタルや環境などの新技術に対する各国の政府支援の強化など、昨今の国際的な政策潮流の変化を考えるなら、今回打ち出された産業政策の新機軸は、大きな方向性としては評価されるべきものと考える。具体論に賛成・反対があるのは当然のことで、細かな論点はこれからの議論の中で煮詰めていくべきものであろう。

重要なのは、産業政策が達成すべき公共目的について、国民的な合意を形成していくことである。これまでの、グローバル化や緊縮財政が大前提とされていた時代には、各国の政策は画一化される傾向にあった。国境を開放し、市場環境を整備し、財政赤字の膨張をできるかぎり抑える。こうした条件の下では、各国各様の産業政策を追求する政策余地はそれほど大きなものではなかった。

しかし、これからは「ゲームのルール」が変わる。国際的な政治経済秩序の脆弱化や、財政均衡主義の後退という国際世論の変化によって、各国がそれぞれの国情に合わせた独自の政策方針を打ち出す余地が増えてくるからだ。

どのような政策も、国民的な合意に裏打ちされたものでなければ、力強いものにはならない。経産省のレポートをたたき台として、政府や民間、市民社会のさまざまな利害関係者の意見をすりあわせながら、新時代の産業政策について議論を深めていくべきである。

（２０２１年６月30日「東洋経済オンライン」記事を基に改稿）

04

▼

欧州「移民受け入れ」で国が壊れた4ステップ

——これから日本にも「同じこと」が起きる

施 光恒

改正出入国管理法案が、２０１８年12月8日、参議院本会議で可決、成立した。これにより、今後5年間で外国人単純労働者を最大約34万人受け入れることが見込まれ、２０２５年までに50万人超を受け入れることも視野に入れていると言われている。

本稿では第二次世界大戦後、直近では「アラブの春」やシリア内戦以降、欧州による大量の移民受け入れによってどのような深刻な問題が生じたかを描いた『西洋の自死——移民・アイデンティティ・イスラム』を気鋭の政治学者が解説。実質的な「移民法」で、日本がどのようにして移民国家化へ進むのかを予測する。（編集部）

▼「平和ボケ」が「国のかたち」を変えてしまう

改正出入国管理法が国会で可決され、外国人単純労働者の事実上の受け入れが決まった。今後5年間で最大約34万人の受け入れを見込んでいる。２０２５年までに50万人超を受け入れるという話もある。
事実上、日本の移民国家化に先鞭をつけかねない、つまり「国のかたち」を変えてしまいかねない重要法案であったにもかかわらず、審議は拙速だった。衆参両院の法務委員会での審議は合計38時間にとどまった。例えば、今年7月のカジノ解禁に関する法案（ＩＲ実施法案）の可決に比べても審議は短かった。

周知のとおり、欧州をはじめ、移民は多くの国々で深刻な社会問題となっている。にもかかわらず外国人単純労働者を大量に受け入れようとするのであるから、受け入れ推進派は最低限、欧州のさまざまな社会問題から学び、日本が移民国家化しないことを十分に示さなければならなかった。現代の日本人はやはり「平和ボケ」しており、移民問題に対する現実認識が甘いのではないだろうか。

そんな中、欧州諸国の移民問題の惨状を描き、話題を呼んだ一冊の本の邦訳が先頃出版された。イギリスのジャーナリストであるダグラス・マレーが著した『西洋の自死――移民・アイデンティティ・イスラム』（中野剛志解説、町田敦夫訳、東洋経済新報社、２０１８年）である。

欧州諸国は戦後、移民を大量に受け入れてきた。そのため、欧州各国の「国のかたち」が大きく変わり、「私たちの知る欧州という文明が自死の過程にある」と著者のマレーは警鐘を鳴らす。

昨年、イギリスで出版された原書は、３５０ページを超える大著であるにもかかわらず、ベストセラーとなった。その後、欧州諸国を中心に23カ国語に翻訳され、話題を巻き起こしている。イギリスのアマゾンのサイトでみると、現在、レビューが７５０件以上もついており、平均値は４・８である。イギリス人に大きな支持を受けているのがわかる。

著者は本書の冒頭に次のように記す。「欧州は自死を遂げつつある。少なくとも欧州の指導者たちは、欧州を自死させることを決意した」。「結果として、現在欧州に住む人々の大半がまだ生きている間に欧州は欧州でなくなり、欧州人は家(ホーム)と呼ぶべき世界で唯一の場所を失っているだろう」。

本書では、「イギリスをはじめとする欧州諸国がどのように外国人労働者や移民を受け入れ始め、そしてそこから抜け出せなくなったのか」「その結果、欧州の社会や文化がいかに変容しつつあるか」「マスコミや評論家、政治家などのインテリの世界では移民受け入れへの懸念の表明がどのようにして半ばタブー視されるように至ったか」「彼らが、どのような論法で、一般庶民から生じる大規模な移民政策への疑問や懸念を脇に逸らしてきたか」などが詳細に論じられており、非常に興味深い。

▼欧州の国民と文化が入れ替わる

イギリスをはじめとする欧州各国では、大量移民の影響で民族構成が大きく変わりつつある。本書で挙げられている数値をいくつか紹介したい。各国のもともとの国民(典型的には白人のキリスト教徒)は、少数派に転落していっている。

２０１１年のイギリスの国勢調査によれば、ロンドンの住人のうち「白人のイギリス人」が占める割合は44・9%である。また、ロンドンの33地区のうち23地区で白人は少数派である(ちなみに、この数値を発表したイギリスの国家統計局のスポークスマンは、これはロンドンの「ダイバーシティ」(多様性)の表れだと賞賛したそうである!)。

ロンドンではすでに数年前に白人のイギリス人は少数派になっているのだ。２０１４年にイギリス国内で生まれた新生児の33％は、少なくとも両親のどちらかは移民である。オックスフォード大学のある研究者の予測では、２０６０年までにはイギリス全体でも「白人のイギリス人」は少数派になると危惧されている。

スウェーデンでも今後30年以内に主要都市すべてでスウェーデン人は少数派になると予測されている。国全体としても、スウェーデン人は現在生きている人々の寿命が尽きる前に少数派になってしまうと推測される。

民族構成が変わるだけでなく、欧州諸国の文化的・宗教的性格も変容する。イギリス国民のキリスト教徒の割合は、過去10年間で72％から59％と大幅に減少し、２０５０年までには国民の３分の１まで減る見込みだ。

２０１６年にイギリス（イングランドとウェールズ）で生まれた男児のうち、最も多かった名前は事実上「モハメッド」であった。

同様に、ウィーンの人口研究センターは、今世紀半ばまでに15歳未満のオーストリア人の過半数がイスラム教徒になると予測している。オーストリアは、それ以降、イスラム国家になる可能性が高いといってもいいだろう。

▼欧州社会を統合していたキリスト教の信仰は風前の灯火

著者は、欧州諸国でイスラム教徒の影響力が増大すれば、宗教や文化が大きく変容するだけでなく、政治文化も変わってしまうと懸念する。欧州が伝統的に育んできた言論の自由や寛容さが失われてしまうのではないかというのだ。

従来、欧州の知識人層は、移民出身者であっても、欧州で長年暮らすうちに自由民主主義的価値観になじみ、それを受容するはずだと想定していた。しかし、実際はそうではなかった。言論の自由や寛容さ、ジェンダーの平等などの価値を共有しようとはしない者は決して少なくないと著者は述べる。

例えば、欧州ではイスラム教徒に対する批判を行うことはすでにかなりハードルが高くなっている。批判者が「人種差別主義者」「排外主義者」などのレッテルを貼られ、社会的地位を失いかねないからである。イスラム教徒の利害を守る圧力団体が欧州各地で数多く組織化されているという。あるいは、シャルリー・エブド事件など、イスラム教に不敬を働いたという理由で襲撃される事件もさほど珍しくない。

伝統的に欧州社会を統合していたのはキリスト教の信仰である。近代以降は、キリスト教的価値観が世俗化されたものとして「人権」などの自由民主主義の原理がそれに取って代わっていると考えられることが多かった。

世俗化され、自由民主主義という原理によって結びつけられた欧州という前提が移民の大規模な流入により脅かされつつある。キリスト教の伝統、あるいは自由民主主義に支えられた基盤が掘り崩され、いわゆる欧州文明がこの世から消え去ってしまうのではないかと著者は大きな危惧を抱くのである。

本書の描き出す欧州の現状は、先ごろ改正出入国管理法を国会で可決し、外国人労働者の大量受け入れを決めた日本にとってもひとごとではない。本書を読むと、移民の大規模受け入れに至った欧州の状況は、現在や近い将来の日本によく似ているのではないかと感じざるをえない。

例えば、欧州諸国の移民大量受け入れを推進した者たちの論拠は次のようなものだった。「移民受け入れは経済成長にプラスである」「少子高齢化社会では受け入れるしかない」「社会の多様性《ダイバーシティ》が増すのでいい」「グローバル化が進む以上、移民は不可避であり、止められない」。

本書の第3章で著者は、これらの論拠について一つひとつ証拠を挙げながら反駁《はんばく》し、どれも説得力のないものだと示す。

だが、欧州の指導者たちは、一つが論駁《ろんぱく》されそうになると別の論拠に乗り換え、一般庶民の懸念を巧みに逸らし、移民受け入れを進めてきた。

▼同じことが日本でも起こる

先に述べた四つの論拠は外国人労働者や移民の受け入れ推進の主張として、日本でもよく耳にするものである。日本でも今後、推進派の政治家や学者、評論家、マスコミは、おそらく、これらの論拠を適当に乗り換えつつ、実質的な移民受け入れを進めていくのではないだろうか。

そのほかの点でも、本書が描き出す欧州の過去の状況をたどっていくと、今後の日本の外国人労働者や移民受け入れの議論がどのように展開するか、大まかな予測が可能ではないだろうか。

それは、次のようなものだ。
（1）学者やマスコミは、「政治的な正しさ」（ポリティカル・コレクトネス）に過敏になり、移民受け入れに肯定的な見解や調査結果は積極的に報道する一方、否定的なものは、「報道しない自由」を行使し、大衆の耳に入りにくくする（例えば、「移民受け入れは財政的に大きなマイナスだ」という研究結果は報道されない）。

（2）同様に移民の犯罪についても、「人種差別だ」というレッテル貼りを恐れて、警察もマスコミもあまりはっきりと犯人の社会的属性や事件の背景などを発表しなくなる。

（3）「ドイツのための選択肢」（AfD）といったいわゆるポピュリスト政党の躍進など移民受け入れを懸念する動きが一般国民の間に広がった場合、マスコミや政治家は、その第一の原因としての従来の移民受け入れ政策の是非をきちんと吟味することはせず、懸念を表明する人々のほうばかりに目を向け、ことごとく「極右」「排外主義」「人種差別」などと攻撃する。つまり、「問題そのものではなく、問題が引き起こす症状のほうを攻撃する」ようになる。

（4）こうしたことが続く結果、政治家や大手メディア関係者といったエリート層と一般国民の間の意識のズレがますます大きくなり、国民の分断が生じてしまう。

西欧諸国に比べて、ハンガリーなどの東欧諸国は、近年、移民受け入れに対し断固たる抑制策をとることが多い。著者はこの相違に関して、過去の植民地主義や第二次世界大戦中のナチズムなどのために西欧諸国は、欧州の文化に対して自信を失い、贖罪意識を持っていると指摘する。自文化への自信の喪失や贖罪意識が、移民受け入れ政策を方向転換することができない理由の一つとなっているというのである。自文化への自信の喪失や歴史的な贖罪意識という点でも、西欧諸国と日本は似ている。

改正出入国管理法をめぐる日本の国会審議は、欧州の失敗例をほとんど分析せずに終わってしまった。手遅れになる前に、本書『西洋の自死』を多くの日本人が読み、欧州の現状や苦悩を知り、日本の行く末について現実感をもって考えてほしいと思う。

（2018年12月30日「東洋経済オンライン」記事を基に改稿）

05

ブレグジットに反対する「エニウェア族」の正体
――「リベラルな知識人」が自由民主主義を壊す

施 光恒

イギリスでベストセラーになり、20カ国以上で翻訳され世界的な話題を呼んでいる『西洋の自死――移民・アイデンティティ・イスラム』。日本の読者の関心も大いに引きつけている同書は、イギリスをはじめとする欧州各国で移民を受け入れすぎたため、各国の民族構成や文化、宗教が、近い将来、大きく変わってしまうという危機感を、イギリスの気鋭のジャーナリスト、ダグラス・マレーが詳細に描き出している。２０１８年12月に改正出入国管理法を可決し、外国人単純労働者の大規模受け入れを決めた日本も、近い将来、移民問題で悩むことになる可能性が十分にある。大量移民受け入れ後の欧州で今、何が起きているのか。ブレグジットをめぐって大激論となっているイギリスをはじめ、欧州各国で起きている世論分断の背景を探っていく。

（編集部）

▼浅はかな知識人

『西洋の自死』（東洋経済新報社、２０１８年）は、移民の大量流入のため社会が壊れつつある西洋の苦境を丹念に描き出しているだけではない。苦境を招いた西洋社会の思想的欠陥にも踏み込んでいる。

とくに興味深いのは、著者のダグラス・マレーが、現在の知識人は自由民主主義をよく理解していないのではないかと疑問を呈する点だ。

例えば、同書16章「『世俗後の時代』の実存的ニヒリズム」では、ドイツの国法学者エルンスト＝ヴォルフガング・ベッケンフェルデが１９６０年代に提示した次の問いを扱う。「自由で世俗化された国家は、それ自体が保証することのできない規範的な前提を基盤に存立するのか」という問いである。

つまり、近代的で合理的だと思われている自由民主主義の政治秩序だが、実は、それが成り立つためには、近代的・合理的とは言いがたいもの――具体的には伝統的な文化や宗教、道徳――が社会の土台にしっかりなければならないのではないかというのだ。また、伝統的な文化や宗教、道徳を共有する人々の間でのみ感じられる連帯意識（仲間意識）や相互の信頼感も不可欠ではないかというのである。

マレーは、現在の知識人は、それらを忘れてしまっているのではないかと懸念する。伝統的な文化や宗教、連帯意識、信頼感が、自由民主主義社会の存立を支えるものだということを理解し損なっている。そう警鐘を鳴らすのだ。

伝統的な文化や宗教として、マレーの念頭にあるのは、むろん、キリスト教を軸とする欧州の伝統や宗教文化、道徳である。つまり、「古代ギリシャとローマから生まれ出で、キリスト教に影響を与えられ、啓蒙思想の炎によって精錬された欧州社会」（同、４０１ページ）の伝統であり、文化である。

だが、マレーによれば、現代の欧州の知識人、特に西欧の知識人は、西洋文化は帝国主義や植民地主義を生み出したものだという批判を過度に受け入れてきたため、自分たちの文化に対する自信を失っている。「自虐的」と言ってもいい状態にある。そして、「知性と教養ある人々は、自分たちが育った文化を支えたり守ったりすることなく、むしろ否定し、攻撃し、おとしめることを自らの義務だと心得ている」（同、４００ページ）というのである。

その一方、西欧の知識人は、ポリティカル・コレクトネスの意識が高く、移民の文化は重要視し、それを褒めそやす傾向が強い。結局、自分たち西洋の文化や伝統のみ低く評価し、それ以外の移民の文化は必要以上に尊重するという倒錯した状況に陥っていると著者は述べる。

そのため、知識人は、西洋の自由民主主義の秩序が、文化や伝統、およびそれを共有する者が抱く連帯意識を基礎に発展してきたものだということを見失ってしまっている。移民の大規模受け入れ政策に疑問を呈する者がいれば、知識人はすぐに「排外主義者」「非リベラルな者」というレッテル貼りをし、受け入れを継続してきた。その結果、自由民主主義社会の土台が壊れつつある。マレーはそのように指摘する。

▼イギリス世論の分断

同様の指摘を行う者はほかにもいる。例えば、マレーと同じイギリスのジャーナリストであるデイヴィッド・グッドハートである。彼は、２０１７年に『*The Road to Somewhere: The New Tribes Shaping British Politics*』（どこかに続く道――イギリス政治を形作る新種族）という著書を上梓し、イギリスをはじめとする欧州諸国の国民世論の分断現象を論じた。

グッドハートは、イギリスでは現在、政治意識の面で国民の間に二つの大きな集団ができているという。一つ目の集団は、「エニウェア族」(Anywheres)と著者が称する人々である。日本語で述べれば「どこでも暮らせる」という自己意識を持つという意味で「どこでも族」とでもいうべき人々である。

典型的には、彼らは、高学歴(大卒以上)で、大学進学とともに生まれ育った町を離れ、卒業後もロンドンなど大都市で暮らしている。所得や社会的地位に関しては、社会の上位4分の1に位置する。

思想的には、経済面でも社会面でも「リベラル」である。経済面では市場経済重視であり、成果主義・能力主義を好む。社会面では、グローバル化の進展やそれに伴う改革を支持し、外国からの移民の大量受け入れにも寛容である。

彼らは戦後ベビーブーマー世代の進歩主義的文化の影響を受け、個人主義的かつ地球市民的な傾向が強く、国民意識など集団への帰属意識に重きを置かない。人種やジェンダーなどの平等に強くコミットする。自由や自己実現を重視し、社会の安定性や国や地域の伝統はあまり重視しない。社会の上位を占めているため影響力を持ち、政治では彼ら「エニウェア族」の声が代表される傾向が強い。

▼従来の左派と右派の分類に当てはまらない

もう一つの集団は、「サムウェア族」(Somewheres)である。「どこか特定の場所に所属している」という意味で「どこかに族」とでも訳せるかもしれない。高卒以下の学歴で、所得や社会的地位に関しては、下位の4分の3に位置することが多い。生まれ育った町に住み続け、ロンドンなどの大都市よりも、地方都市に暮らしている傾向がある。イギリスや地域社会に愛着を持ち、帰属意識が強い。国民相互、地域住民相互の連帯も重視する。

「サムウェア族」は思想面では、グローバル化やそれに伴う変化を好まず、特に年配者は「昔のイギリスのほうがよかった」という強いノスタルジーを抱いている。

「サムウェア族」も人種やジェンダーの平等という理念は基本的に受け入れているが、伝統的家族の形態にやはり価値を置く者が少なくなく、「なんでもあり」の態度には疑念を抱く。ごく一部の者を除いて、排外主義や頑固な守旧派ではないものの、現在よりももっと秩序だった、伝統が重視される社会のほうがよいと思っている場合が多い。数としては多数派であるが、社会的影響力のある地位にあまり就いていないため、政治の場で彼ら「サムウェア族」の声はめったに取り上げられない。

グッドハートによれば、イギリス国民の中で「エニウェア族」に分類されるのは約20〜25％、「サムウェア族」は50％前後であり、残りの人々が中間派である。「エニウェア族」と「サムウェア族」は、従来の左派と右派の分類に当てはまらない。どちらも左右両派に一定数存在する。

例えば、中道から左派にかけての「エニウェア族」は、医療や教育、マスコミなどの専門職、加えて、いわゆるクリエイティブ産業といわれる職種などにいる。中道から右派にかけては、金融業界やその他の大企業のビジネスマン、法律や会計などの専門職にみられる。

グッドハート自身は社会的属性としては「エニウェア族」的な面を数多く持つ。名門パブリック・スクールで学び、ヨーク大学で歴史と政治の学位を取得し、大卒後は、『フィナンシャル・タイムズ』などを経て、『プロスペクト』という雑誌を創刊したジャーナリストである。

しかし、グッドハートは、福祉や移民の問題に関心を持ち取材を続けたことにより、「エニウェア族」になじめなくなったという。福祉の問題に関心を持つのであれば、本来なら、国民の間の連帯意識や相互扶助意識の維持に注意を払わなければならない。福祉は、結局は、国民同士の助け合いの仕組みにほかならないからである。国民の間に、連帯や相互扶助の強い意識がなければ、福祉制度はうまく機能しない。

「エニウェア族」の人々は、高学歴で社会に対する問題意識も高いので、福祉に関心を抱く者は多い。だが、その一方で、福祉の前提条件であるはずのナショナルな連帯意識や共通のアイデンティティを軽視し、ないがしろにする傾向が強い。ナショナルな連帯意識やアイデンティティを強調することはリベラルではないと感じてしまうからである。

また、「エニウェア族」は、移民受け入れにも積極的で、移民の大規模かつ急激な流入が社会の「われわれ意識」や信頼感を損なう恐れにあまり注意を払わない。

つまり、「エニウェア族」の考え方は矛盾をはらんでいるのだが、彼らはそれに気づかない。このようなことから、著者は自らの周囲の「エニウェア族」の価値観や感覚に違和感を抱くようになった。

▼自壊的なエリート層

このようにグッドハートは、「エニウェア族」と「サムウェア族」という類型を示し、現在のイギリス世論は分断されていると論じる。ＥＵ（欧州連合）離脱を問う２０１６年の国民投票では「エニウェア族」のほとんどが「残留」に投票した。「サムウェア族」は主に「離脱」に投票した。

グッドハートが「エニウェア族」に批判的であるのは、結局のところ、「エニウェア族」の増殖は、安定した自由民主主義社会の存立を脅かす恐れがあるからである。彼は次のように記す。

社会がうまくいくのは、実際のところ、協調、なじみ深さの愛好、信頼といった習慣的基盤に、そして言語的、歴史的、文化的紐帯に依拠しているからである。（同、21ページ）

もちろん、グッドハートも、さまざまな思想や人の移動を生み出す開かれた社会の重要性は認める。しかし、開かれた社会を可能にする土台にも注意を払わなければならないと強調する。

欧州社会の繁栄は、多数の難民も引き付けて止まないが、この繁栄を続けるには、一般市民の間に相互の尊重や信頼の気風が残っていなければならない。そのためには、定義しにくいものだがいわゆる「ナショナルな文化」や「生活様式」に吸収できる程度に移民の流入を留めねばならない。（同、21ページ）

だが、「エニウェア族」は、自分が享受する自由で安定した秩序自体が、ナショナルな文化や生活様式、ならびにその共有から生じる共通のアイデンティティや連帯意識、相互信頼感を土台にしていることに気づかない。国境を開放し、移民をどんどん受け入れる姿勢のほうが、リベラルであると思い込み、結局は、安定した自由民主主義の政治秩序が必要とするナショナルな文化やそこから生じる連帯意識などを脅かす結果を招いてしまっている。

「エニウェア族」の考え方に対するグッドハートのこうした懸念は、『西洋の自死』のマレーと重なるところが多い。両者とも、政治的に力を持つ知識人層のいわば「地球市民的」で「根無し草的」な自由民主主義の捉え方に対して警鐘を鳴らしているのである。

グッドハートは、「エニウェア族」と「サムウェア族」との間の国民世論の分断現象は、イギリスだけではなく、程度の差はあれ、現在の先進諸国に共通して見られるものだと論じる。

確かに、現在、注目を集めているフランスの「黄色いベスト運動」も、この図式で見ることができるであろう。「エニウェア族」の典型のようなマクロン大統領は、政権獲得以来、パリなどの大都市に住む高学歴・高所得者の利益に偏った政策ばかり進めてきた。「黄色いベスト運動」の背景には、庶民、とくに地方暮らしの「サムウェア族」的な庶民層のマクロン政権に対する反発がある。

トランプ大統領を選出したアメリカ、およびポピュリスト政党の躍進著しいイタリアなどの欧州諸国の政治的な対立構図も、「エニウェア族」と「サムウェア族」という区分を念頭に置けば、理解が深まるはずだ。

▼自死へ向かう日本

日本でもそうだが、先進各国のマスコミや評論家は、イギリスのブレグジット支持層やアメリカのトランプ支持層、欧州諸国のポピュリズム運動支持層を、押しなべて「排外主義者」「ナショナリスト」「極右」などと悪しざまに言ってきた。

マレーが『西洋の自死』で指摘するように、欧州諸国の庶民が、移民受け入れ政策に不平を言ったり、反発したりしても、マスコミや評論家は、彼らに対して、非リベラルな人種差別主義者というレッテル貼りをするのが常であった。

だが、マレーやグッドハートが描き出す現在の知識人層の根無し草的なものの見方を理解すると、別の様相が見えてくる。つまり、自由民主主義の政治や社会をよく理解せず、事実上、その土台を揺るがしてしまう結果を招いているのは、実は、マスコミや評論家、学者、財界人などの高学歴・高所得の人々、つまり「エニウェア族」の誤りのせいではないかということである。

自由民主主義社会には、実は、しっかりとした国民の連帯意識や相互信頼感が必要なのだ。「エニウェア族」は、そうしたナショナルなものを、「グローバル化の時代にそんなものは時代遅れだ」と思い込み、重視しない傾向がある。それが社会を混乱させているのだ。

マレーやグッドハートが指摘するのは、主に、欧米先進国の現状であるが、日本も例外ではないだろう。日本では、「保守」を自称する政権が、グローバル化を推し進め、改正出入国管理法を可決してしまったわけであるから、なおいっそうタチが悪いと言っていいかもしれない。「保守」でさえそうなのだから、「リベラル派」を自任するマスコミや野党はなおさら、安定した社会の根本には、ナショナルな文化やそれのもたらす国民の連帯意識や信頼感が必要だということには思い至らない。

欧州に比べ、約半世紀遅れで外国人単純労働者や移民の大規模受け入れを決めた日本も、今後、「多文化共生」や「地球市民」などの浮ついた理念の下、事実上の移民国家化やその他のグローバル化推進策を進めていくだろう。それに伴って、国民意識の分断が進み、社会の土台は腐食し、そう遠くない将来、「日本の自死」が現実化していくのではないだろうか。

（２０１９年３月５日「東洋経済オンライン」記事を基に改稿）

II

自由の旗手
アメリカの行く末

06

アメリカは「神の国」行きの巨大な列車だ

——宗教的幻想と技術革新が生む「SF的現実世界」

佐藤健志

アメリカという国家の価値観は、どのように出来上がってきたのか。作劇術の観点で時代や社会を分析する独自の評論活動を展開する佐藤氏が、『ファンタジーランド　狂気と幻想のアメリカ500年史』から、アメリカの大衆文化や21世紀世界の行方を論じる。（編集部）

▼アメリカは「幻想国家《ファンタジーランド》」である

カート・アンダーセンの『ファンタジーランド　狂気と幻想のアメリカ500年史』（山田美明・山田文訳、東洋経済新報社、2019年）は、「アメリカは近代的・合理的に見えて、じつは宗教的な幻想国家である」というコンセプトの下、同国の歴史をたどり、その本質に迫ろうとする野心的な著作です。

上下巻合わせて、800ページを超える大著。著者のアンダーセンは小説、評論、シナリオなどを手がけるほか、ラジオ番組『スタジオ360』（これはポッドキャストもされています）の制作に関わるなど、多方面で活躍しています。

題名の「ファンタジーランド」とは、長年保たれていた幻想と現実のバランスが崩れ、「何でもあり」になってしまった現在のアメリカを指します。くだんの傾向は１９８０年代に目立ち始め、２０００年前後に支配的になりました。

その根底にあるのは、「どんなことであれ、真実だと心から信じれば、それが真実なのだ」という発想。つまりは主観的認識を、客観的事実よりも正しいと見なすわけですが、関連して興味深い例を挙げましょう。

『ファンタジーランド』には登場しないものの、アメリカにリチャード・カールソンというベストセラー作家がいます。自己啓発本『小さいことにくよくよするな！』シリーズで有名な人物ながら、彼は『*Don't Worry, Make Money*』という著書（邦訳『お金のことでくよくよするな！ 心配しないと、うまくいく』、サンマーク出版、１９９９年）で、「『信じていること』ではなく、『知っていること』に従って行動せよ」とアドバイスしました。

こう書くと「思い込みではなく、事実を尊重して行動すべし」と教えているように受け取る方も多いでしょう。しかし、そうではありません。

「信じていること」とは、「君はこの分野に進むべきだ」とか「安定した人生を送りたければ、こうしなければならない」といった具合に、周囲から吹き込まれた世間的通念と定義されます。他方「知っていること」とは、「自分はこれをやるために生まれてきた」という理屈抜きの信念と定義されるのです。カールソンの言葉を紹介しましょう。

> 「知っていること」は、「信じていること」の対極にある。それは定義上、本能に由来するものだ。何かを「知っている」かどうかは感覚で分かる。そこには揺るぎない確信がある。なぜそんなふうに感じるのか、説明したり解説したりできるとは限らない。だが内面の何か――叡智、常識、導きの声、その他諸々《もろもろ》――が、必要な答えを提供し、特定の方向へと導いてくれる。必要なのはただ、内なる声に耳を傾けることだけなのである。（リチャード・カールソン『*Don't Worry, Make Money*』、ハイペリオン社、アメリカ、１９９７年、35ページ。拙訳）

つまりは「何かをやりたいと本気で思ったら、周囲が何を言おうと気にせず、信じる道を行け」と説いているのです。それはそれでよいものの、自分でも説明できないような主観的信念が「揺るぎない事実」のごとく扱われ、世間的通念が「根拠のない思い込み」のごとく扱われるのは、話が逆ではないでしょうか？

しかしこの逆転こそ、「どんなことであれ、真実だと心から信じれば、それが真実なのだ」というアメリカ的発想の表れにほかなりません。カールソンはこうも述べています。

> 成功とは内面からやってくるものであり、外の世界から来るものではない。すべては内面の衝動と叡智に耳を傾けるところから始まる。

私はこれまで、「世間的通念から主観的信念へ」という姿勢の転換を果たすだけで、夢を現実に変えるにいたった人々を繰り返し見てきた。どうやってそれを達成するかは自己責任だ。内なる声に耳をすませば、道はおのずから明らかとなるだろう。（同、36ページ）

アメリカは主観的真実を追い求めたあげく、幻想が現実を圧倒する国、ファンタジーランドと化したのです。

▼独立戦争と宗教的原理主義

主観的真実への強いこだわりの根底には、原理主義的な宗教性が潜んでいます。

アメリカ開拓の祖と見なされる「ピルグリム・ファーザーズ」は、ヨーロッパに居場所を見出せなかった急進的・原理主義的キリスト教徒の集団でした。ゆえに新大陸をエデンの園のごとく見なし、理想のユートピアをつくろうとしたのですが、このような宗教的ラディカリズムこそ、アメリカの基本的な特徴となります。

1776年、独立戦争の直前に刊行され、大ベストセラーとなったトマス・ペインの『コモン・センス』も例外ではありません。合衆国建国のマニフェストともいうべき書ですが、ペインはこう説いています。

世界全体を、新たに一からつくりなおす！ われわれの手には、それだけの力が宿ることになる。何と偉大な機会をアメリカは迎えていることか！

これに匹敵する事例を、過去の歴史に見出すとすれば、聖書の時代にまでさかのぼらなければならない。すなわち大洪水が引いて、ノアが箱船から降り立ったときである。（トマス・ペイン著、佐藤健志訳『コモン・センス完全版　アメリカを生んだ「過激な聖書」』、ＰＨＰ研究所、２０１４年、２３２ページ）

ペインは「愛国の霊言」というパンフレットも書きました。イギリス軍との戦いで亡くなったリチャード・モンゴメリー将軍の霊が天国から降りてきて、独立への決起を促すという内容。将軍は何と語ったか？

天国に行って分かったことがある。アメリカ独立は、畏れ多くも神の御心なのだ。世界のいたるところで、善良な人々が迫害にさらされている。神はこの大陸が、それらの人々すべての駆け込み寺となることを望んでおられる。（同、２６５ページ）

アメリカをめぐる情勢には、ヨーロッパ中が注目している。いや、全世界と言い直そう。驚くなかれ、天使たちまで熱いまなざしを向けているのだ。天国から来た私が言うのだから信用したまえ。（中略）

> アメリカは箱船である。全世界の自由と、正しい信仰を担う箱船。天国に住まう者たちは、その完成に希望を託している。（同、277ページ）

目が点になるというか、ほとんど笑い出してしまいそうですが、アメリカ人はこれらの文章を読んで銃を取り、闘志満々で戦場へと向かったのです！

この宗教性は現在でも変わっていません。言語学者ノーム・チョムスキーの表現にならえば、アメリカの大衆文化は「最も過激な宗教的原理主義文化の一つ」という特徴を持ちます。

ゴスペルの名曲「ピープル・ゲット・レディ」（みんな、支度はいいか）を例に取りましょう。1965年、ジ・インプレッションズという黒人グループが発表したもの。マーティン・ルーサー・キングによって公民権運動の非公式な主題歌に指定され、デモでもよく歌われました。

歌は「みんな、支度はいいか。列車が来るぞ」（拙訳。以下同じ）という一節で始まります。黒人が真に解放される日が近づいていることの隠喩ですが、問題の列車は東海岸から西海岸まで、心の正しい者を拾って、中東の地、ヨルダンに向かう。

地理的にはありえない話ながら、それは問題ではありません。ここでいう「ヨルダン」は、人々に救済をもたらす「神の国」（千年王国）を指すのです。はたせるかな、歌詞は「乗車券なんか要らない、ただ神に感謝するんだ」「愛情深く生きてきた者には、誰であれ希望がある／救いがたい罪人が乗る席はない」と続きました。

アメリカの大衆文化においては、西部開拓もしばしば千年王国建設のイメージで捉えられます。他方、西部開拓を促進するうえで大きな役割を果たしたのが、大陸横断鉄道の建設。だからこそ「列車に乗って約束の地に行く」という話になるのです。

ノーベル文学賞を取ったボブ・ディランも１９７０年代末、キリスト教原理主義に傾倒、信仰をテーマにしたアルバムを何枚か制作します。その第一弾は、『スロー・トレイン・カミング』（ゆっくりした列車がやってくる）と題されました。

アルバムのジャケットにあしらわれたのは、静止した蒸気機関車と、その手前で線路を敷設する人々を描いた絵。「ピープル・ゲット・レディ」同様、救済の列車をみんなで迎えようとしているのです。

『スロー・トレイン・カミング』には「考え方を変えなければ」という曲も収録されましたが、ここでディランは「新しいルールを自分のためにつくり、正しい一歩を踏み出すんだ／愚かな連中の影響を受けるのはもうやめだ」と歌います。この発想が、先に紹介したリチャード・カールソンの自己啓発アドバイスとそっくりなのは、もはや言うまでもないでしょう。

▼全人類のためのＳＦ的思考実験

幻想が合理主義と結びついている点で、アメリカのあり方はＳＦにきわめて近いものがあります。

同国のＳＦ作家ノーマン・スピンラッドなど、作品集『*Other Americas*』の序文で以下のように論じました。

> 建国いらい、アメリカとは未来への夢だった。ここで言うアメリカとは、地理的な領域ではないし、普通の意味における国民国家でもない。アメリカの本質は理念なのだ。全人類のために展開される、現実世界を舞台にした一種のＳＦ的思考実験、それこそがアメリカなのである。
> （ノーマン・スピンラッド『*Other Americas*』、バンタム・ブックス社、アメリカ、１９８８年、ixページ。拙訳）

アメリカが独立したのは、政府といえば王政が当たり前だった時代です。ところが新大陸の建国者たちは、先に紹介したトマス・ペインの言葉どおり、過去のしがらみがない土地でなら世界を一からつくりなおせると考え、完全な民主主義国家を樹立しました。その後も思い切った社会実験が繰り返され、今に至っています。

スピンラッドの見解は、「アメリカは巨大なファンタジーランドとして、世界の注目を集め続けてきた」というアンダーセンの主張とぴったり重なる。しかもＳＦにおける幻想は、多分に宗教的な色彩を持ちます。

ＳＦやホラーで知られる作家のハーラン・エリスンも、自分の作品に最も影響を与えたものとして聖書を挙げました。ＳＦ、わけてもアメリカの作品は、宗教的幻想と、テクノロジーをめぐる夢想を融合させたものと言わねばなりません。

そのようなアメリカの姿を体現するのが、ずばりラスベガスやディズニーランド。どちらも何もない荒野につくられた人工都市です。

フロリダ州の「ウォルト・ディズニー・ワールド・リゾート」は、世界最大級のリゾート施設ながら、ウォルト・ディズニーは当初、これを「エプコット」（ＥＰＣＯＴ）と名づけました。「Experimental Prototype Community of Tomorrow」（未来都市の実験的プロトタイプ）を略したもの。単なる遊園地を超えて、都市を丸ごとつくるつもりだったのです。

この構想はさすがに実現せず、「エプコット」はワールド・リゾートの中にあるテーマパークの名称になりました。ただし、当初の発想がまったく失われたわけではありません。

エプコットのシンボル的存在となっているのは、「スペースシップ・アース」（宇宙船地球号）という巨大な球体の建造物。名前からして未来的ですが、設計にあたっては有名なＳＦ作家レイ・ブラッドベリが協力しました。

スペースシップ・アースの中には、時間旅行をモチーフとしたアトラクションが設けられています。石器時代から現代まで、コミュニケーション技術の発達を振り返るものですが、最後にはお客が「自分が望む未来の姿」をデザインできるようになっている。遊園地の娯楽と言うなかれ、これもまた立派なＳＦ的思考実験なのです。

▼絶対的な現実など存在しない

20世紀に入り、相対性理論、構造主義、パラダイム論といった考え方が学問の世界で次々と登場、

「現実とは相対的なものである」という認識が一般化しました。アメリカのファンタジーランド化は、これによって強化されます。

現実とは多数派が「これが現実だ」と見なしているものにすぎず、絶対的なものではないことになるからです。こうして生まれるのが「コンセンサス・リアリティ」の概念。社会の多数派によって共有されている現実認識のことですが、「現実＝コンセンサス・リアリティ」だとすれば、人々の意識が変わっただけで、現実そのものがガラッと変わることになる。リチャード・カールソンやボブ・ディランが喜びそうな発想ではありませんか。

ポストモダン系の出版社「セミオテクスト」が刊行したSFアンソロジー『*SEMIOTEXT(E) SF*』でも、「現実の相対性」が重要な意味を持っています。作家であり、神秘主義の思想家でもあったロバート・アントン・ウィルソンは、同書の序文をこんな文章で始めました。

> 私が最後にアメリカを訪れたとき、アイオワ州デモイン市（信じられるか、アイオワ州だぞ！）である若者を見かけた。若者のTシャツにはこうプリントされていた――「現実とは、SFについてゆけない人々がすがる松葉杖である」。
>
> その瞬間、私は文化的な革命が達成されたことを悟った。勝ったのはわれわれの側である。（中略）「現実など、どんな形にでもこねくり回せるシリーパティー（注：シリコンを主成分とする玩具）のようなものにすぎない」とわきまえる人々が、デモイン市のようなところにまで現れたからには、暗黒時代はついに終わった。新たな千年紀の夜明けが訪れたのだ。（『*SEMIOTEXT(E) SF*』、

オートノメディア社、アメリカ、１９８９年、17ページ。拙訳。最初のカッコは原文）

とはいえアメリカそのものが「現実世界を舞台にした一種のＳＦ的思考実験」なのですから、「現実とは、ＳＦについてゆけない人々がすがる松葉杖である」というスローガンは、「現実とは、アメリカについてゆけない人々がすがる松葉杖である」と読み替えることができます。

ドナルド・トランプは大統領在任中の２０１９年３月、メキシコとの国境を封鎖すると主張しました。不法移民が年々増えているからだというのですが、じつのところ、国境で拘束される者の数は減っていたのです。２０１８年の拘束者は約47万人でしたが、２０００年は１６４万人あまりだったので、減少率はなんと70%あまり。（注）

ついでにアメリカからメキシコへの輸出のうち、８割は陸路を経由しているのですから、国境封鎖などメチャクチャな話でしょう。トランプは自分の妄想、もとへ主観的真実を、客観的現実の上に置こうとしていたのです。

だとしても、アメリカが「主観的真実に基づいた現実」を作り出すファンタジーランドであるかぎり、トランプが間違っていると決めつけてよいかはわかりません。「それは絶対的現実という時代遅れの概念にこだわる者のタワゴトだ」と反論されるかも知れないではありませんか。

（注）２０２１年度（２０２０年10月〜２０２１年9月）、アメリカとメキシコの国境で拘束された不法移民は１７０万人と過去最多になりました。ただしトランプが国境閉鎖を主張したのが２０１９年３月である以上、これは

別の話です。

また近年は不法移民の捕捉率が上がったうえ（政治的な保護を求めて、進んで国境警備隊に捕まりたがる子どもや家族連れの比率が高まったためと言われます）、同一人物が繰り返し捕まる事例も増えたので、実際に国境を越えた者の数は、２０００年のほうがずっと多かったはずと指摘されています。

▼狂気と幻想が生んだ繁栄

自分の主観的真実を、客観的現実の上に置こうとする姿勢を見せた政治エリートは、トランプが初めてではありません。ジョージ・W・ブッシュ政権で上級顧問や次席補佐官を務めたカール・ローヴも、『ニューヨーク・タイムズ』のジャーナリスト、ロン・サスキンドに威勢のいいタンカを切りました。

（あんたのような連中は）「物事への正しい対処法は、客観的現実について思慮深く分析することから生まれる」と信じているようだな。だが、もはや世界はそんなふうには動かない。アメリカは今や帝国だ。われわれは行動することで、独自の現実をつくりあげる。で、あんたらがその現実を分析している間に――好きなだけ思慮深く分析するがいいさ――われわれは再び行動して、さらに新しい現実を幾つもつくりあげる。お望みなら、それらも分析して構わないぜ。こうやって物事は片付く。われわれこそ歴史の主役なんだ。あんたらはみんな、後追いで分析するだけってわけだよ。（サラ・ケンジオール『*Hiding in Plain Sight: The Invention of Donald Trump and the*

Erosion of America』、フラティロン・ブックス社、アメリカ、２０２０年、１１４～１１５ページ。拙訳。カッコは引用者）

『ファンタジーランド』でアンダーセンは、非合理的な幻想を抱えつつも、アメリカは長らく現実世界に踏みとどまり、合理的に発展してきたと主張します。ところが20世紀末、幻想に対する歯止めが利かなくなってファンタジーランドが完成、経済が頭打ちになる一方で、トランプのような大統領が出てきたという次第。

しかし、それは少し違うと評さねばなりません。アメリカは狂気と幻想に反してではなく、狂気と幻想ゆえに覇権国となったのです。なぜなら幻想の正当性は、物質的な裏付けの存在によってのみ証明されるからです。

理解のカギは、アンダーセンも取り上げた有名な映画『オズの魔法使《まほうつかい》』（１９３９年）に隠されています。クライマックス、魔法使は脳みそのないカカシを賢くしてみせますが、その際の理屈は以下の通り。

> 脳みそなんて君、持ちたければ誰でも持てる、凡庸きわまる代物だよ。地べたを這いずり回ったり、ヌルヌルした海を動き回ったりする臆病な生き物だって、みんな脳みそぐらい持っているさ！　私の生まれ故郷には大学というものがある。高尚な学問の場で、賢くなりたい者が行き、出てきた後はえらく難しいことを考える。けれども彼らの脳みそも、君のとまるで変わらな

い。だが！　彼らは君が持っていないものを一つ持っている。卒業証書だ。（マイケル・パトリック・ハーン編『*The Wizard of Oz: The Screenplay*』、デル・パブリッシング／デルタ社、アメリカ、１９８９年、１２３ページ。拙訳）

魔法使はインチキな卒業証書を取り出し、カカシに渡します。ところがそれを受け取ると、カカシの頭は本当に良くなるのです！　勇気のないライオンも、勲章をもらっただけで本物の勇者になり、心を持たないブリキ人間も、ハート型の記念品をもらっただけで心を宿しました。

この展開が「どんなことであれ、真実だと心から信じれば、それが真実なのだ」という発想のバリエーションなのは明らかでしょう。ただし注目すべきは、魔法使のインチキ話がすべて「モノ」によって裏打ちされていること。

アメリカでは主観的真実こそが現実です。しかしそれは、ただ幻想を抱けばいいということを意味しません。幻想の正しさを証明する（かのように見える）モノを手に入れる必要があるのです。

その意味でアメリカは「物質的な豊かさを伴った幻想こそ、真の現実だと見なす国」と規定できるでしょう。当然、幻想が極端であればあるほど、物質的裏付けへのこだわりも強まる。だからこそアメリカは繁栄し、世界の覇権国となるに至ったのに違いありません。

▼世界を支配する魔術的思考

ただしアメリカを「世界最大の幻想大国」と位置づけるアンダーセンの姿勢は、それ自体がアメリカ的な幻想という側面を持ちます。

20世紀における最大のファンタジーランドは、むしろ社会主義諸国でしょう。政治的イデオロギーにすぎないものを絶対の真理のごとく信じ込み、それに従って行動しさえすれば、豊かで平等な理想社会が生まれると考えたのです。宗教色こそ薄いものの、これが合理主義の仮面をかぶった幻想、ないし魔術的思考でなくて何でしょうか。

現に社会主義国の首都では、映画のオープンセットか、テーマパークとしか形容しえない光景がしばしば広がっています。北朝鮮の平壌は、むろんその代表格。金日成の公邸だった「錦繡山《クムスサン》太陽宮殿」（現在は金日成と金正日の霊廟）は、ホワイトハウスとベルサイユ宮殿を交ぜ合わせたものと言われますし、市内にはパリをしのぐ世界最大の凱旋門もつくられました。

のみならず金日成は、超能力も使えたことになっています。千里の道を歩くときも、「縮地法」という技で土地を百分の一ぐらいに縮め、あっという間に移動したとか。向こうではこれが真実、ないし「コンセンサス・リアリティ」なのです。

日本も他国のことをとやかく言えた義理ではありません。拙著『平和主義は貧困への道 または対米従属の爽快な末路』（ＫＫベストセラーズ、２０１８年）で論じたとおり、戦後平和主義にも魔術的思考の特徴がありありとうかがわれます。

戦争さえ放棄して、軍事力を持たずにいれば、日本は永遠に平和で、繁栄も享受できることになっているのです。しかも少なからぬ国民は、これが合理的な発想だと信じている。

つけ加えるなら、魔術的思考はテクノロジー重視の姿勢と何ら矛盾しません。イギリスのSF作家アーサー・C・クラークの名言にならえば、「十分に発達したテクノロジーは魔法と区別がつかない」のです。

テクノロジーを利用するうえで、原理や構造を理解している必要はない。使い方さえ知っていればいいのです。そして「仕組みはわからないが、正しく使えば思いどおりの結果をもたらす技」とは、まさしく魔法の本質。

本書からわれわれが読み取るべき最大の教訓は、「近代においても人間は、宗教的幻想や魔術的思考を脱却したわけではない」にほかなりません。それどころか、クラークの言葉が暗示するように、テクノロジーの進歩は、魔法のような機械をどんどん増やしてゆくことで、かえってそれらを強めるリスクを持っています。21世紀に入り、世界が方向性を見失っているように感じられるのも、魔術的思考の支配が完成しつつあるためかもしれないのです。

（2019年5月14日「東洋経済オンライン」記事を基に改稿）

07

「超時空国家」アメリカを生み出す原動力
――日本に足りないのは「パワフルな妄想」だ

中野剛志×佐藤健志×施 光恒×柴山桂太

日本人の多くが知らないアメリカ政治の現実と、社会の底流に流れる伝統を描き、全米ベストセラーとなった歴史書『ファンタジーランド　狂気と幻想のアメリカ５００年史』。なぜ、アメリカ人は「狂気と幻想」に惹かれていくのか。なぜ、日本人はその後追いをするのか。現代アメリカを覆う社会病理の起源を語った本書を読み解く。（編集部）

▼アメリカがファンタジーランド化した理由

佐藤　『ファンタジーランド　狂気と幻想のアメリカ５００年史』（山田美明・山田文訳、東洋経済新報社、２０１９年）の著者カート・アンダーセンは、幻想や魔術的思考がはびこる点で、アメリカは世界でも特異な国だと主張します。いわく。

現実を幻想として、あるいは幻想を現実として扱ったり、不合理な考えを真剣に受け止めたりするのは、アメリカ人に限ったことではない。それでもアメリカ人は、他に類を見ないほど幻想に浸っている。先進国の中でも極端なほど幻想を好み、幻想を受け入れる幅も深さも群を抜いている。（上巻、16ページ）

ただし、これ自体に「わが国は何につけても際立っているはず」というアメリカ的な幻想が感じられます。かつての社会主義諸国もそうですが、戦時中の日本における神国思想や、戦後の憲法九条崇拝だって、外から見たらオカルトじみている。ナチス・ドイツでは精液から輸血用の代用血漿をつくる研究が行われましたし、ヒトラーは占星術を信じていた。

『ロリータ』（１９５５年）で知られる作家ウラジーミル・ナボコフは「リアルな小説など存在しない」と喝破しました。どんな小説も架空の世界をつくりあげるのであり、現実的な印象を与えるものと、与えないものとがあるだけだということですが、それにならえば「リアルな国家など存在しない」と言えるのではないでしょうか。

ナボコフは１８９９年、ロシア貴族の家に生まれたものの、革命でドイツに逃れ、さらにパリを経由してアメリカに渡った人物。国家の虚構性に敏感だったことは想像に難くありません。『ロリータ』のあとがきでも「『現実』とは、引用符で囲っておかないかぎり何も意味しない数少ない言葉の一つだ」と書いています。

中野　もちろん日本にもそういう人はいますが、僕はこの本を読んで、「さすがに日本はここまではひどくない」と感じました（笑）。

ヒトラーと日本の戦後平和主義については、そこに至る前段があると思うんです。世界大戦で敗れた結果、それまで信じていたもの、頼っていたものを失って、代わりにすがるものを求めたという面があったんじゃないか。

アメリカもまた、70年代にオカルトに走ったのも、やはり60年代後半から70年代、ベトナム戦争で傷つき、それまでの信念が大きく揺らいだということがあるでしょう。

佐藤 １９６０年代末にヒッピーがつくったコミューン(共同体)には、「入植初期の時代への回帰」という側面がありましたね。荒野の真ん中に小屋を建て、理想の生活と称して農業をやったわけですから。

ただし文化人類学者のマーヴィン・ハリスは、１９８１年の著書『アメリカ・ナウ』で、１９７０年代のオカルト志向の根底にあったのは、精神文化への関心ではなく、経済的停滞への不満だと論じました。つまり大企業による寡占と、経済の金融化の進展によって、アメリカ経済は投資や技術革新が停滞、かつてのような成長を維持できなくなった。

これに不満をつのらせた人々が、合理的な方法で豊かになれないのなら、魔術的な方法で豊かになってやれとばかり、オカルトに走ったというわけです。しかるに新自由主義も、１９７０年代の経済的停滞を受けて台頭した理念。これまた「金融オカルト」と呼ぶべきものだったのかも知れません。

それはともかく、宗教、とくにカルト的急進派や新興宗教をめぐる環境で、アメリカが他の国と違うのは、国が広いということでしょう。特定の集団が「幻想のコミュニティ」をつくっても、仲間内で固まってしまえば、ほかの「幻想のコミュニティ」と接触せずに済む。わかりやすい例が、モルモン教のつくったソルトレークシティです。あるいはアーミッシュのような人々もいる。

もっともモルモン教は１８５７年、拠点であるソルトレーク市近辺に滞在していた開拓団を襲撃・虐殺、それをきっかけにアメリカ陸軍とまでやり合いました。後の「人民寺院」（１９７８年、南米ガイアナで集団自殺）や「ブランチ・ダビディアン」（１９９３年、ＦＢＩを相手に51日に及ぶ籠城戦を展開、多数の信者が死亡）もそうですが、幻想と現実の折り合いがつかなくなると大変なのです。


施　『ファンタジーランド』ではゴールドラッシュや宗教の話が前半のかなりの部分を占めていますね。私はやはりそこにアメリカの特殊性の起源があるのではないかと感じます。何もないところに集まってきた人々をまとめて、国をつくったという過程ですね。

さまざまな文化、宗教を持った人たち同士で、互いの絆をつくり国を建てていこうとすると、必然的にどこの文化にも属さない人工的な、ディズニーランドのようなファンタジー国家を目指さざるをえない。

本の中で触れられていた『プレイボーイ』的なファンタジーも、共通の伝統や文化がないところで男たちが互いの結びつきをつくろうとした結果ではないかと感じます。国をつくるためにディズニーランド的、プレイボーイ的物語に頼るしかなかったというのは、アメリカという国の特異な成り立ちでしょう。

中野　みなさんがおっしゃるとおり、「広くて、何もなかった」というのがファンタジーランド成立の要因かもしれませんね。
人間は誰でも妄想を持つし、幻想も持つ。ただ普通の国で自分の妄想で理想郷をつくろうとしても、そう簡単に子どもっぽい理想は実現できない。いつまでもファンタジーを信じていると、子どもが大人になっていく過程で周りから叩かれ、鍛えられて、ある程度の歳になると落ち着いていくわけです。

そういう妄想の修正作業をしているのが伝統であり、慣習である。ところがアメリカは広いうえに共通の伝統はないし、元からいた先住民も虐殺してしまった。こうなると妄想を修正する文化的圧力もなくなって、国中の子どもたちがそれぞれの妄想を抱いたまま成人してしまった。それがあの国をファンタジーランドと化したのではないか。

柴山　なるほど。

▼時よ止まれ、私は不死身だ

柴山　僕がこの本で面白いと思ったのが、マイケル・ジャクソンの話でした。

彼は子どもたちと交流するためにネバーランドをつくって、「大人になりたくない」と言っていたわけですね。そのあたりがきわめてアメリカ的だと感じたんです。ああいう感覚はどこから来るんですかね。

佐藤　魔術的思考の極致は、意志の力で老いや死を超越できると信じることです。その意味で、究極の自由とは「老いない自由」であり「死なない自由」なんですよ。

しかもこれは、理性主義の極致でもある。『フランケンシュタイン、または現代のプロメテウス』(1818年)の著者メアリー・シェリーは、主人公の科学者ヴィクトル・フランケンシュタインにこう言わせています。

「人間の身体を病気から解放し、殺されでもしないかぎり死なないようにするような発見をなしとげたら、どれほどの栄光が待っていることだろう！」。ジャクソンの豪邸「ネバーランド」の名は、『ピーター・パン』（１９０４年）に出てくる異世界にちなんだものですが、この作品には「大人にならない少年」というサブタイトルがついています。

柴山　不死を求めているということでしょうか。

佐藤　どんなことであれ、真実だと心から信じれば、それが真実だと構えるのがアメリカ流。すると「死なないと心から信じたら、死ぬはずはない」という結論が待っている。「われ思う、ゆえにわれ在り」が正しければ、「われ不死を信ず、ゆえにわれ不死にて在らん」というわけで。

中野　すごいな（笑）。

柴山　おそらく彼のファンタジー世界では、時間は止まっていたんでしょうね。

佐藤　時間が止まるというのは、物理的環境がもたらす制約からの解放を意味します。時間のない世界でなら、老いも死もありえません。ＵＦＯを間近で見たり、ＵＦＯに拉致されたりしている間も、時間は経過しないことになっています。

『ファンタジーランド』の冒頭には、天才ＳＦ作家フィリップ・Ｋ・ディックの言葉が引用されています。アメリカの虚構性にとても敏感だった人ですが、彼も自分の神秘体験を根拠に「紀元70年、エルサレム神殿が破壊されたことで真の時間は止まり、１９４５年、ないし１９７４年まで止まったままだった」と主張しました。その間は、時間が経過しているように思わせるため、誰かが世界の見かけだけを変えていたそうです。

中野　それを本気で信じていたわけだ。

柴山　ディズニーランドもできるだけ時間を感じさせないような仕組みになっていますね。アメリカにはそういう潜在的な願望が強力にあるということでしょうね。

　われわれ日本人は「アメリカこそ進歩主義を代表する国であり、アメリカ人は未来志向の人たちの集まり」だと思っているけれども、この本を読むと、「アメリカは決められた時間軸から何とか抜け出して、時間を超越したファンタジーの中に逃げ込みたいと願っている人たちの集まり」と思えてきます。

施　「時間から抜け出したいと願っている」という解釈には、私も賛成ですね。どこの国にもファンタジーはあるけれども、アメリカのファンタジーはそういう点が普通の国とちょっと違うという気がします。

▼「普遍」を目指すアメリカ型ファンタジー

施　アメリカに幻想が蔓延しているという話には、「まあ、勝手にどうぞ」と感じる部分もあるんですが、現実にはこちらまで影響を受けてしまうのが困ったところで。

中野　勝手にやってもらうには大きすぎますからね。

施　一つの問題は彼らが自分たちの「アメリカの夢」を世界に押しつけようとしてくることなんです。

　彼らは「自分たちはいろいろな文化から来た人の集合体をまとめ、さらに時代まで超越した」と考えている節があって、「どの国だろうとどの時代だろうと、俺たちのやり方がいちばんなんだ」という言い方をしてくる。実際、本当にそう思っているんでしょうね。
　そう言われると信じて真似しようとする人たちが世界のあちこちで出てくる。ところが実際にはアメリカのやり方はアメリカに合ったやり方であって、彼らが考えているほど普遍的なものではない。結果、アメリカの夢にからめ捕られて調子を崩してしまう国が続出してしまう。

柴山　それがグローバリズムに熱中していた平成の日本だった、と。

施　アメリカの野球のメジャーリーグにしても、本来は単なるアメリカという国のリーグにすぎないのに、「俺たちこそが普遍的なリーグだ。世界中の優秀な選手はみんなアメリカを目指すべきだ」という物語を掲げている。

中野　アメリカとカナダの2カ国のチームしか参加していないのに、ワールドシリーズなんて言ってますものね。

施　最近は日本の野球ファンもその物語に洗脳されてしまって、「野球はアメリカが一番で、日本も含めて他国のリーグはアメリカのマイナーリーグ」と思っている人が増えている。これは日本の野球ファンには迷惑な話なんです。
　マーケットについても同じで、アメリカが唱えたグローバルマーケットというコンセプトが広まった結果、１９９０年代の前半ぐらいまであった各国の文化を背負った経済社会の形、日本でいえば「日本型資本主義」「日本型経営」といったスタイルはいつのまにかマイナーリーグ扱いになってしまった。「みんなでメジャーリーグを目指そうぜ」とアメリカに言われて、日本などはそれに乗ってしまったというイメージですね。

中野　相手の土俵で勝負して、マイナーリーグに落ちたという。

施　佐藤さんもおっしゃるように、どの国でもそれぞれファンタジーは持っていると思うんです。ただそのファンタジーは、普通、文化とか伝統と呼ばれる何世代もかけてつくってきた物語を引き継いでいて、その延長として出てくるような共通の幻想だった。だからある地域のある時代の物語と、別の時代、別の場所の物語というのはまったく文脈が違っているわけです。

普通なら「そのファンタジーはあなたたちには魅力的だったり有意義だったりするかもしれないけれども、われわれには関係ないでしょう」と言っておけば済むものが、アメリカの場合は固有の時間と場所という要素を欠いたファンタジーになっていて、それを世界に広めようとしてくる。そこが困ったところであり、興味深いところでもあります。

▼理想と妄想は表裏一体

中野　この本はさすがにアメリカ人が書いているだけあって、日本人が理想視しているような人たちも、実は相当いかれていたということを片っ端から暴き出していますよね(笑)。

世間ではトランプという変な人が突然出てきたということになっているけれども、この本でも書かれているように、トランプは決して最初に現れた狂気と幻想の大統領ではない。

柴山　歴史上の偉大な大統領といわれているような人は、伝記を読むと、リンカーンにしてもフランクリン・ルーズベルトにしてもジョン・F・ケネディにしても、人間的にはかなりおかしなところがあった人たちですよね。みんな魅力的な夢を語ったわけです。でもその話をよく聞いていくと……。

中野　完全におかしい。ビル・クリントンなんかも若い頃ヒッピーでしたしね。

柴山　ねえ(笑)。でも、結局は偉大な大統領ということになっている。それはなぜなんでしょう。

中野　彼らの理想主義というのは根っこがトランプと同じなんだと思うんです。大きな理想を語って世の中を動かそうとするということと、妄想を抱いてそれを実現しようとすることは、実は同じ現象なのだということ。

　前に『東洋経済オンライン』で書いた記事のコメントに、「アメリカがファンタジーランドと言うけれど、日本と違って魅力的な製品をたくさん生み出したのは、幻想とか夢を抱いているからじゃないか」という感想があったんですが、それはそうだと思うんですよ。奇想天外な映画をつくった映画監督とか、常軌を逸したプロダクトを発明したというイノベーターなんて、どこかおかしいに決まっている。それはアメリカ人に限らない。

柴山　日本の三島由紀夫や黒澤明にしても、普通ではないですよね。

中野　スティーブ・ジョブズみたいな奇人が起業して成功できるような国では、大統領はトランプみたいな誇大妄想狂がなるに決まっている。そこはコインの裏表で、「あれはどちらも同じ根っこから生えているものなんだ」という目を持つべきだと思いますね。

　アメリカには政治家にしても起業家にしても、大きな妄想を持つ人にあえてレバレッジ(テコ)を利かせてやり、彼らの力を利用して世の中を変えていくというスタイルがある。

　そもそも人間は妄想や想像、将来像に向かって動いていく生き物です。投資もそうですよね。妄想が魅力的なほど動員力が大きくなり、動員力が大きければその妄想が実現する。

妄想が実現してもそれが世の中の望んでいたものとうまく合わない場合もある。でも合う合わないは別にして、とにかく妄想を紡ぎ出して人を動員する力のない人間は、世界を変える力がないということなんです。

佐藤　妄想というと人聞きが悪いものの、要するに「思いどおりの現実」をつくりあげようとすることですからね。魅力がないはずはありません。コメディを中心に、優れた作品を多数発表してきたアメリカの映画監督ウディ・アレンは、かつてこう言いました。

> 自分の映画全体に通じるテーマをあげるとしたら、それは現実と幻想は違っている、ということだ。僕の映画にはこの手のテーマが何度も出てくる。そして、僕なりの現実観を要約すれば、僕は現実が嫌いだってことになる。おいしいステーキが食べられるのは、あいにく、この現実世界しかないけどね。（スティーグ・ビョークマン編著、大森さわこ訳『ウディ・オン・アレン　全自作を語る』、キネマ旬報社、１９９５年、66ページ）

しかしこうなると、「おいしいステーキも食べられる幻想世界はつくれないか」と考える者が必ず出てくる。いいことずくめになりますからね。とんでもないイノベーターが生まれるのも道理でしょう。

20世紀のアメリカは、「物理的環境の支配に最も成功した狂気」と規定できます。宗教的幻想が、物質主義やテクノロジー志向と結び付いて、驚くべきパワーを生み出した。だからアメリカは20世紀の覇権国になったのです。

　ちなみに先ほど、究極の自由とは老いない自由、死なない自由だと言いましたが、アレンはこんな名言も吐いています。「死んだ後も、人々の心の中でずっと生き続けたいかって？　いや、僕は自分の家の中でずっと生き続けたいね」。

▼日本に足りないのは妄想力だ

施　日本はアメリカと対照的な面がありますね。文化とか伝統とか、無意識的な部分でのまとまりは比較的強く、不景気が20年以上続いてもあまり文句を言わないで我慢する。一方で何かのファンタジーに対して別のファンタジーで対抗しようという部分は、どうにも弱い。

佐藤　保守と左翼の対立にしても、互いに相手をけなすばかりで、独自のファンタジーで勝負しようとしない。彼らが掲げる「あるべき日本」の姿は、ほぼ例外なく、陳腐でマンネリ化した代物にすぎません。国のあり方をめぐる認識枠組みをひっくり返し、人々をあっと言わせるような「妄想力」に欠けています。

施　ええ。アメリカにはファンタジーがありすぎるのかもしれませんが、現代日本には不足しているんじゃないかと思います。この本が批判している部分を反対に解釈すると、アメリカにはファンタジーを語って多くの人を動員する文化があり、実際にそれをやっている人が大勢いる。日本は意識的にファンタジーをつくり、持ち出さなくてもまとまれるけれども、妄想で人をまとめ、活気づけ方向づける力が、とくに今は弱い。だからグローバリズムのようなアメリカのファンタジーに取り込まれてしまう。

佐藤　もっとも戦後民主主義、ないし戦後日本型の平和主義は、少なくとも当初、ファンタジーとしてパワーがありました。自国の過去は全否定する、政府は「悪」と見なして信用しない、安全保障政策もぶん投げる。それで理想のユートピアが築けると構えたんですから。ウディ・アレン風に言えば、現実世界のイヤなところがないうえ、おいしい刺身や天ぷらも食べられる幻想を提示したわけです。

施　ただその戦後民主主義というファンタジーも最近はもう賞味期限切れで、多くの人が陳腐だと感じつつ、ずるずる付き合っている感じですよね。

中野　今までの妄想は全部醒めて新しい妄想も出てこないから、「改革」だの「維新」だの「グローバル化」だのといった、味のしなくなったガムをいつまでも噛み続けている。妄想が枯渇した、大変よろしくない状態です。

佐藤　２０１９年４月、新元号「令和」が発表されただけで、内閣支持率は10％ぐらい上がったそうですからね。そんな体たらくでは、今後も停滞感が続く恐れは強いでしょう。

（２０１９年５月21日「東洋経済オンライン」記事を基に改稿）

08

▼

「ナショナリズム」が守る「自由と民主主義」

――不寛容な「リベラリズム」、多様性を尊重する「国民国家」

中野剛志

新型コロナウイルスパンデミックは、グローバリズムがもたらす「負の側面」を浮き彫りにし、「国家」の役割が再注目されるきっかけにもなっている。いわば「ポスト・グローバル化」へ向かうこのような時代の転換期にあって、国民国家、ナショナリズムを根源的に捉え直す書、『ナショナリズムの美徳』が上梓された。トランプ政権の外交基盤となり、アメリカ保守主義再編や欧州ポピュリズムに大きな影響を与えたといわれるハゾニー氏の論考を、われわれはどのように読み解けばいいのか。

（編集部）

▼アメリカ保守主義の再編に大きな影響を与えた書

『ナショナリズムの美徳』（庭田よう子訳、東洋経済新報社、２０２１年）著者のヨラム・ハゾニーは、イスラエルの政治哲学者であるが、聖書研究者でもあり、さらにシオニスト（ユダヤ民族主義者）でもある。

聖書研究やシオニズムというと、一般の日本人にとっては、いかにもなじみにくく、縁遠い思想という印象を受けるだろう。それにもかかわらず、本書は、わが国が直面しつつある現実を思想面から理解するうえで、必読と言っても過言ではない。

その必読であるゆえんを明らかにするのが、この解説の目的である。

会田弘継氏によると、アメリカでは、ドナルド・トランプ大統領の登場以降、保守主義の再編が起きており、そして、本書は、そのアメリカ保守主義の再編に大きな影響を与えているという[1]。

従来、アメリカ保守主義は、自由貿易や小さな政府といった新自由主義、あるいはアメリカ主導による民主的な世界秩序の建設というネオコン（新保守主義）の外交戦略と結びついてきた。しかし、近年、アメリカの保守主義者たちは、新自由主義やネオコンの路線から離れ、その思想の中核にナショナリズムを据えるようになってきているという。

本書は、このアメリカ保守主義の新たな潮流に棹さす形となった。実際、アメリカの保守系教育機関ＩＳＩ（Intercollegiate Studies Institute）のコンサーヴァティブ・ブック・オブザイヤーを受賞している[2]。

２０２０年の大統領選では、民主党のジョー・バイデン候補が勝利したが、他方で、トランプの得票数も７０００万以上となったことは無視できない。また民主党内の路線も一枚岩ではなく、とくに近年躍進した左派の外交姿勢は、自由貿易や世界における軍事的な関与に対する懐疑という点において、アメリカ保守主義の新潮流に近い。

言うまでもなく、アメリカの政治思想の変化は、わが国に大きな影響を及ぼす。そのアメリカの政治思想の変化に、本書が連動しているのであるならば、それだけでも、われわれ日本人が本書を読むべき理由としては十分である。

▼理想を探究する「政府の哲学」、現実を直視する「政治秩序の哲学」

ただし、本書の重要性は、もっと深いところにある。

著者のハゾニーは、その立論を古代ユダヤの思想や聖書の中から導き出しており、さらに自身がシオニストであることを公言している。しかし、だからといって、本書を、特定の政治的・宗教的な立場に偏した主義主張の表明にすぎないとみなすのは適切ではない。というのも、本書で展開されている政治哲学は、人間や社会秩序に関する真理にまで及んでおり、その深い洞察は普遍性を帯びていると言えるからだ。

例えば、本書第8章において、ハゾニーは政治哲学を「政府の哲学」と「政治秩序の哲学」に区分する。実は、この区分が、きわめて重要なのである。

「政府の哲学」とは、内部が統合されて安定した独立国家を前提とし、その下で、政府の最良の形態とは何かを究明しようとする政治哲学である。例えば、基本的人権、とくに自由が保障された統治形態を理想とするリベラリズムは、「政府の哲学」である。

しかし、この「政府の哲学」は、あくまでも、結束して独立した国家の存在を前提としたうえで成立しうる政治哲学である。言い換えれば、結束して独立した国家はいかにして可能かという、より根源的な問いに対して、「政府の哲学」は適切な答えを出すことができないのである。

例えば、リベラリズムが最良の統治形態とみなす民主政治を考えてみよう。

民主政治とは何であろうか。それを子どもに聞けば、「みんなで話し合って物事を決める政治」だと答えるだろう。確かに、そのとおりだ。しかし、子どもでもわかる簡単な問題だなどと片付けてはならない。というのも、政治には、どうしても話し合いでは決められない物事というものがあるからだ。

それは、「みんな」の範囲である。

「みんなで話し合って物事を決める政治」においては、「みんな」に含まれるのが誰かが決まらなければ、話し合いは始まらない。だから、「みんな」に誰が含まれ、誰が含まれないのかを、「みんな」で話し合って決めることはできないのだ。

「みんな」の範囲が決まっていることは、民主政治の前提なのであって、したがって、民主的には決められない。ということは、「みんな」の範囲は、非民主的なやり方で決めるしかないということになる。

「政府の哲学」は、「みんな」の範囲がどう決まるのかについて答えられない。これに対して、「みんな」の範囲を探究する政治哲学に該当するのが、「政治秩序の哲学」なのである。

「みんな」とは、要するに「集団」のことである。人間は、家族、氏族、地域共同体、クラブ、組合、企業、宗教、そして国家など、何らかの集団に所属することで存在しうる。その集団のうち、「国家」は政治秩序である。中でも「国民国家」は、「国民」という集団を基礎にした政治秩序（＝国家）である。

したがって、「政治秩序の哲学」は、国家（現代であれば国民国家）を探究の目的とする政治哲学だと言うことができる。

では、そもそも、人間は、なぜ、あるいはどのようにして「集団」を形成し、所属するのか。これが「政治秩序の哲学」の出発点となる。

「政治秩序の哲学」は、人間というものは、その本性からして、集団を形成し所属する存在であるという現実を直視し、そのゆえんを探究する。その探究は、言わば社会学や社会人類学のような社会科学的な性格を帯びるだろうし、歴史学的な知見も参照されるだろう。

ここで重要なのは、「政治秩序の哲学」が問うのは、「人間はどうあるべきか」という「理想」ではなく、人間はどういうものかという「現実」だということである。

「政治秩序の哲学」はリアリズムだと言うこともできる。これに対して、「政府の哲学」は、「最良の統治形態とは何か」という「理想」を探究する。リベラリズムは、理想を追求する「政府の哲学」である。

そして、リアリズムが明らかにするのは、政治秩序は自律した個人の合意によって成立するものでないということである。例えば、国家の領土の範囲は、征服や政治的妥協など、歴史的な経緯によって決まったものにすぎず、リベラリズムによって正当化されるようなものではない。だが、国境を、自律的な個人の合意や民主的手続きなど、リベラリズムによって正当化される方法で引き直すなどということが、非現実的であることは言うまでもない。

政治秩序とは、本質的に、非リベラルなのである。しかし、すべてのリベラルな統治形態は、非リベラルな政治秩序を基礎としている。そして、そのリベラルな統治形態を成立させる非リベラルな政治秩序こそ、ハゾニーが擁護する「国民国家」にほかならない。

▼「リベラリズム」と「保守主義」は対立する思想ではない

ここで重要なのは、ハゾニーのリベラリズム批判の視角である。

本書の中でハゾニーは、確かにリベラリズムを批判しているが、リベラリズムそのものを否定しているわけではない。そのことを理解するためにこそ、「政府の哲学」と「政治秩序の哲学」の区分が重要になる。

ハゾニーは、「政府の哲学」としてのリベラリズムについては、必ずしも否定はしていない。そうではなくて、リベラルな統治形態を成立させる前提である政治秩序は、リベラリズムでは説明できないと言っているのである。

リベラルな統治形態は政治秩序を基礎にしているのであって、政治秩序がリベラルな統治形態を基礎にしているのではない。だから、リベラリズムは、「政府の哲学」でありえても、「政治秩序の哲学」ではありえない。

なお、ハゾニーは保守主義者でもあるが、保守主義もまた、「政治秩序の哲学」である。「リベラル派」対「保守派」という通俗的な分類に見られるように、リベラリズムと保守主義は対立する思想とみなされている。しかし、政治哲学的な観点から言えば、両者は対立するものというよりは、むしろ、カテゴリーが違うものなのである。すなわち、リベラリズムは「政府の哲学」であり、保守主義は「政治秩序の哲学」なのだ。

読者にとくに注意を促したいのは、ハゾニーが批判的なのは、リベラリズムそれ自体というよりは、リベラリズムを「政治秩序の哲学」に適用することだということである。もっと言えば、ハゾニーは、リベラルな統治形態を尊重しているからこそ、そのリベラルな統治形態の基礎にある「国民国家」という非リベラルな政治秩序というものを重視しているのだ。

では、リベラリズムを誤って「政治秩序の哲学」に適用すると、どうなるか。それは、帝国主義を支えるイデオロギーとなる。この点こそ、本書でハゾニーが最も強調する主張である。

詳しくは本書を味読してもらいたいが、簡単に解説すると、リベラリズムに基づいて政治秩序を構築しようとするプロジェクトは、その善意に基づく動機にもかかわらず、帝国主義を正当化するものとなる。それは、リベラリズムの教義に基づく均質な世界秩序を夢想しており、その理想の世界を実現するために、独自の文化伝統をもつ国家を強制的に排除してよいと考えるからである。

リベラリズムとは、寛容の精神を称揚していながら、実のところ、不寛容のイデオロギーなのだ。逆に、国民国家の独立が担保される世界では、各国民国家の独自の文化伝統や価値観が尊重され、世界の多様性が確保される。多様性に対して寛容な世界こそが、真の意味でリベラルだと言うべきであろう。

▼「地政学的大変動下」にある現代日本人必読の書

さて、以上のようなハゾニーの議論は、彼のシオニズムに固有の思想によるものではなく、普遍性を有する政治哲学たりうることは、冒頭に述べたとおりである。にもかかわらず、やはり、イスラエル人という出自と無関係ではないのは、彼の視線が「政治秩序」、就中《なかんずく》、結束し独立した国民国家に注がれているということである。

ユダヤ人は、国民国家というものを望んでも持ちえないまま、迫害されてきた長い歴史をもつ。そして、イスラエルは、常に極度の地政学的な緊張の中に置かれている国家である。それゆえ、イスラエル人は、結束し独立した国民国家というものの重要性にきわめて鋭敏にならざるをえないのであろう。

この鋭敏さは、戦後、軍隊をもたず、自国の安全保障をアメリカに委ね、繁栄を謳歌してきた日本人には決定的に欠けているものだ。

戦後日本は、アメリカの庇護の下にあって、「政治秩序の哲学」について深く考える必要もなく、リベラリズムやグローバリズムの夢想をむさぼるという贅沢を享受することができた。要するに、世界の現実を知らずに過ごせていたのである。

だが、拙著『富国と強兵――地政経済学序説』（東洋経済新報社、２０１６年）でも論じたとおり、そういう時代は終わった。アメリカの衰退と中国の台頭という地政学的大変動によって、もはや日本は、自国の安全保障をアメリカに委ねることができなくなった。[3] われわれは、「政治秩序の哲学」が必須となる厳しい世界を生きなければならなくなったのである。

だから、本書は現代日本人にとって必読だと言ったのだ。

注

（1）会田弘継「アメリカが心酔する『新ナショナリズム』の中身――保守主義の『ガラガラポン』が起きている」、東洋経済オンライン。
https://toyokeizai.net/articles/-/288843

（2）ISI Conservative Book of the Year Award—C-APAN.org.
https://www.c-span.org/video/?459062-1/isi-conservative-book-year-award

（3）中野剛志「米軍は『撤退』中国が『東アジア』覇権」『ＦＡＣＴＡ』12月号。

（ヨラム・ハゾニー著『ナショナリズムの美徳』の日本版解説から収録）

09

「建国の父」を自己批判したアメリカの保守
——リベラリズムが「格差拡大、国民分断」を生む

施 光恒

EU離脱をめぐって渦中にあるイギリスで10万部を超えるベストセラーとなり、世界23カ国で翻訳され、日本でも刊行された『西洋の自死——移民・アイデンティティ・イスラム』。同書は、欧州における移民問題を切り口に、「リベラリズム」がいかに死んでいくのかを、英国のジャーナリストがつまびらかにレポートした本だった。ではリベラリズムの本場であるにもかかわらず、トランプ大統領を生んでしまったアメリカでは、どのような議論が展開されているのか。２０１８年にアメリカで刊行され、ニューヨーク・タイムズをはじめとするさまざまなメディアで取り上げられた『*Why Liberalism Failed*』（邦題『リベラリズムはなぜ失敗したのか』）という本を中心に、レポートする。（編集部）

▼アメリカで大きな反響

『*Why Liberalism Failed*』は２０１８年にアメリカで出版された政治哲学の本で、直訳すれば『リ

ベラリズムが失敗した理由』となる（２０１９年に原書房から『リベラリズムはなぜ失敗したのか』という邦題で刊行）。

著者パトリック・Ｊ・デニーンは１９６４年生まれの55歳。カトリック系のノートルダム大学の教授を務める政治哲学者である。主に保守主義の立場から学術的・社会的言論を積極的に展開している。

リベラリズム（自由主義）の定義は文脈により異なるが、ここでは、個人主義の立場をとり、個人の選択の自由や利害、およびそこから派生するさまざまな権利にもっぱら価値を置き、その保障のために社会や国家が作られたという見方を意味する。

著者であるデニーンは、リベラリズムが現代の主流の思想であり、とくにアメリカはリベラリズムの理念に基づき作られた国だということを認めつつ、リベラリズムを正面から批判する。リベラリズムを基礎とするアメリカの建国の理念や憲法に対してまで疑念を突きつけるという意味で、非常にラディカルな書物だといえる。

だが、リベラル派の牙城ともいえる『ニューヨーク・タイムズ』紙でも出版直後に複数回書評で取り上げられたのをはじめ、さまざまなメディアでその主張が論じられ、ハードカバー版に続いてペーパーバック版も出るなど、アメリカ国内で非常に大きな反響があった。

著者は、「世界の三大イデオロギーはリベラリズム、ファシズム、マルクス主義である」とみなす。「リベラリズムはファシズムやマルクス主義よりも大きな成功を収めてきたが、他の二つのイデオロギーと同じく、最終的にうまくいくことはない」と論じる。

なぜならリベラリズムは、それが前提とする人間に対する見方、つまり理論の根底にある人間観そのものが誤っているからだという。

リベラリズムは人間を自然とのつながり、特定の時（歴史）や場所（風土）とのつながりから切り離し、抽象的、個人主義的、普遍的存在として認識してしまう。こうした見方は、典型的にはジョン・ロックなどの社会契約論の思想において示されている。

社会契約論における人間は、生まれながらにして自由な個人である。個人の同意に基づき、社会や国家が設計され、つくられるし、そうであるべきだとみなす。社会や国家を設立する目的は、個々人の権利を保障し、個人の選択の自由を最大限に実現することである。しかし著者は、そうした人間観は間違っていると主張する。

▼反・文化としてのリベラリズム

著者によれば、リベラリズムは「反・文化」（anti-culture）である。文化とはここでは、非法律的、非政治的でインフォーマルな社会的慣習、規範、常識、人々の培ってきた教養などを指す。社会は法律以前に、慣習や社会的規範、常識といったインフォーマルな秩序で成り立っているとみるのである。

近代以前のヨーロッパで「自由」というとき、それは古代ギリシャ的な意味でのセルフ・ガバナンス（自己統治）の確立を意味していた。つまり自由とは、リベラルアーツ（教養教育）を学び、人格を陶冶《とうや》し、徳（virtue）を身につけて、低レベルの悪しき欲望にとらわれなくなること、つまり、自律的個人としての自己を完成させることを意味した。

それが共同体の統治にもつながる。一人ひとりの個人が公徳心（市民的徳：civic virtue）を身につけたうえで、共通の利益を追求し、共同体の統治を自ら行っていく。ここでも自由とは、自分たちの社会は自分たちで統治していくという自己統治の自由を意味する。

ヨーロッパの教育でリベラルアーツが重視されてきたのは、そのためである。教育の目的は古典文学などの文化に触れさせることによって人格を陶冶し、若者を、個人としても共同体を担う市民としても、自己統治できる存在に育て上げることにあった。

しかしルネサンス以降、リベラリズムというイデオロギーが出現してから、自由の意味は人格を陶冶し、悪しき欲望を抑制し、自己統治することではなく、単に欲望充足への制約をなくしていくことへと変質してしまった。この場合の「制約」には、「文化」も含まれてしまう。さまざまな社会的慣習、規範、常識、教養は、個々人のそのときどきの欲望充足の足かせとなる場合があるからだ。

リベラリズムは自己抑制を旨とする社会規範を、また相互調整によって成り立つ中間的共同体を、個人の自由に対する制約と捉え、これを破壊しようとする。文化からの解放こそ、自由だと考えてしまうのである。だからリベラリズムとは反・文化（アンチ・カルチャー）であり、アンチ・リベラルアーツなのだと著者は言う。

アメリカでも日本でも近年、大学ではリベラルアーツを縮小し、会計学やプログラミングのような、よりわかりやすく実用的な科目に比重を置くようになっている。その根底には上記の自由の捉え方の変化がある。個人の欲望を充足するうえで妨げとなる制約を取り払っていくことが自由であると考えられるようになると、リベラルアーツは不要な文化的・伝統的な制約として退けられ、欲望充足のための実用的な知識が重視されるようになるからである。

リベラリズムやその基礎にある個人主義が蔓延した結果、社会は欲望を追求する個人の集合体となった。共通の社会的規範が失われたことで、自律的な秩序形成は困難になり、かつては文化が担っていた秩序形成の機能をすべて、権力機関が代行しなければならなくなってしまった。その結果、維持すべき秩序を明文化した法律が社会全面に張りめぐらされ、権力に裏打ちされた執行機関がその遵守を人々に強制するようになる。かくしてリバイアサン的な強権国家が誕生する。

一般的には個人主義と国家主義は対立するものだと見られているが、実は個人主義化が進めば進むほど、社会は国家主義的になっていく。個人主義と国家主義は互いに手に手を取り合って、近代社会を形成してきた。そのように著者は主張する。

▼科学技術の発達と自由の喪失

著者によれば、欧州でもかつては人間と自然はつながっており、人は自然界の一部だと考えられていた。しかし、近代以降、自然環境もまた人間の自由を制約するものだとみなされるようになり、人間と自然のつながりを切り離し、科学技術を通じて自然をコントロールし、自然環境の制約を脱することが科学の目的となっていった。

さらに現代では科学技術の進歩は所与の条件と捉えられ、人間はそれを制御できないと思われるようになっている。

著者は宗教的信条のため科学技術と距離を置くアーミッシュの生活スタイルを取り上げ、「人間は本来、どの科学技術を取り入れ、どれを取り入れないかを自ら決めていくべきなのに、その判断を放棄している」とする。

アーミッシュは例えば保険制度を取り入れない。なぜなら共同体内部の相互扶助こそが共同体を成り立たせている絆であるため、保険という匿名の相互扶助システムは共同体を害するものだと考えるからである。

一方、リベラリズムの世界では、そうした選択の力が人間の側にあること自体、まったく想定しなくなってしまっている。そのため、個々人の生活や社会のあり方のほうを、発展していく科学技術に合わせて常に変えていかねばならなくなった。それはかえって人間の自由を損なうことにつながっていると著者は主張する。

著者はまた、リベラリズムは身分や階層なき社会を作ることを目指していたはずだが、結局のところ、経済的格差に基づく新しい階層社会を作ってしまったと批判する。

まず古典的自由主義者たちが市場主義を進め、業績主義的な社会を作った。続いて進歩派リベラルがノブレス・オブリージュ的な社会的義務を否定していき、結果的に「高学歴・高収入のエリートは何にも縛られなくていい」という形になってしまった。

保守的リベラルと進歩的リベラルは同根であり、両者が手に手を取り合ってリベラルな社会を作り上げ、それがポピュリズムの温床となっていると指摘する。エリートを特権的存在にしてしまう現代のリベラルな社会に対する多数の庶民の反発こそ、昨今のポピュリズム運動だというのである。

一般にリベラリズムとデモクラシーは相補的な関係にあると考えられているが、著者は必ずしもそうではないと指摘する。リベラリズムの理念の中には民主政を侵食する考えや制度が含まれている。

リベラリズムは、前述のとおり、文化の破壊を通じてデモクラシーの基礎となるシティズンシップ（市民性）を消滅させ、また人々と特定の歴史、特定の場所とのつながりをなくしていこうとする。そのため、リベラル化が進めば進むほど人々の共同体に対する愛着は薄れ、政治に無関心になり、投票率も下がる。このようにリベラリズムが進めば、デモクラシーは廃れてしまう恐れがある。

また、人々が自律的に社会を形成していくために必要な共通の連帯意識や、社会や仲間に対する愛着が薄れていく分、政府が権力を振るい、管理を強め、社会の秩序を維持していかざるをえなくなってしまう。リベラリズムは、リベラルな社会自体を、損なってしまう危険性があるのだ。

▼リベラリズムへの批判

著者はまた、アメリカ政治は建国以来、民主的なインプットを一貫して制限しようとしてきた。業績主義的な社会を作り、知的エリートや持てる者のみが力を得られるような社会を作っていったとして、建国の父たちも批判している。

アメリカの建国当時、ジェームズ・マディソンやアレクサンダー・ハミルトンなどのフェデラリストは、小さな共同体では派閥政治になってしまう可能性があるとして、なるべく枠組みを大きくし、ローカルではなくフェデラルな制度（連邦制度）を作っていこうとした。

自己陶冶によって己の欲望を調整しうる個人を育成し、彼らの自己統治を通じて秩序を作り出そうとするのではなく、権力を分立させ、多元的な社会を作り、人間同士が互いの欲望を衝突させることによって、勢力が均衡し、結果的に秩序が成立するような体制を考え出すことに注力した。

アメリカとは、元々そういう狙いでできた国だと著者は見る。

以上のように、リベラリズムを批判したうえで、著者はアメリカ再生の途を探る。アメリカは、リベラリズムにとらわれて頭でっかちになってしまった。それを改め、再びローカルな共同体重視の生活実践を信頼し、政治社会の構想を練り直すべきだ。ポストリベラルの新しい社会構想は、理論的に作るというよりも、共同体重視の生活実践にもう一度立ち返って、その生活実践の中から時間をかけて徐々に紡ぎだしていくべきものだというのである。

▼アメリカの自己反省の書

本書を通読して、格差の拡大、国民の分断、民主主義の機能不全、そして秩序形成における文化や自己陶冶の重要性など、著者の問題意識には基本的に共感できる部分が多いと感じた。

共通の社会規範があれば秩序が自生的にできるので、穏健な統治が可能になる。ばらばらの個人、文化的共通性がない人々をまとめようとすると、強権的な管理国家体制が必要になってくるという指摘も、そのとおりだと感じる。

一般に大陸国家は広大すぎて、共通の文化はなかなか育まれない。中国にしろロシアにしろ、大陸の中心部に中央集権的な巨大国家がつねに生まれてしまうのは、文化的にばらばらな国民をまとめるためという必然性からだった。

グローバル化が進めば、こうした伝統的な大陸国家だけではなく、日本やアメリカ、欧州諸国などの他の地域でも、ばらばらになった人々をまとめ、秩序を形成するために強権的な管理国家を作り出さざるをえなくなってしまう。私はそれを懸念する。

もう一つ、リベラリズムの人間観についての指摘も共感できる。特定の時間、特定の場所から人間を切り離して捉えることで、各々の文化的なものが入り込む余地がなくなってしまった。それがグローバル化を称賛することにつながったという点である。

人間は、それぞれ、例えば自分の母国語でこそ、最も自由自在に話し、思考することができるように、特定の文化や伝統と完全には切り離せない一面を持つ。そこを見落としてはならない。各々の文化や伝統には、確かに人間の自由を制約する側面もあるが、それと同時に、人間が自由に思考し行為するために不可欠なものだという側面もまたある。

個々人の自由を重視する立場をとるとしても、各国の政府は、文化や伝統、社会的慣習などを破壊する一方であってはならない。それらを維持し、発展させる必要性もまたあるのである。

他方、著者がリベラリズムの理論全般に疑いを持って、「理論ではなく実践から始めよ」と『大草原の小さな家』のような古き良き共同体重視の生活に戻れというかのごとく主張するのは、やはり少々極端すぎるだろう。

各々の国や地域の文化や歴史、風土を担った存在としての人間観を前提に新たに理論を組み立て、自由を重視する制度を捨て去るのではなく改善し、具体的な制度的変革に結びつけていくことは十分、可能なはずだ。

著者はペーパーバック版の序文で、「この本は多くの人からは無視されるだろうと思っていた」と書いている。それが意外に好評を博し、リベラル派からも真面目に取り上げられる結果となった。

アメリカでこうした反リベラリズムの主張が受け入れられたのは、著者も自己分析しているように、グローバリズムやその根底にある行きすぎたリベラリズムに対する人々の疑念が強まっているからであろう。本書は、アメリカの自己反省の書といった趣も感じさせる。現在の世界の政治情勢を考えるうえで、大変刺激的な本だと言える。

（2019年8月20日「東洋経済オンライン」記事を基に改稿）

10

民主主義は「結論ありき」でこそ機能する

——「不純なリベラリズム」が共同体維持を守る

中野剛志×佐藤健志×施 光恒×柴山桂太

「09『建国の父』を自己批判したアメリカの保守」で、施光恒氏が『*Why Liberalism Failed*』（邦題『リベラリズムはなぜ失敗したのか』）を基に、アメリカのリベラリズムをめぐる現状を論じた。今回は、同氏と中野剛志、佐藤健志、柴山桂太の3氏が、同書をめぐって徹底討議する。（編集部）

▼フェデラリズム論争の行方

佐藤　近代国家の核心にあるのは、実は前近代的なもの、というのが『*Why Liberalism Failed*』（パトリック・J・デニーン著）の面白さだと思いました。これが正しければ、近代国家は近代化を達成することによって、自らの基盤を失うことになる。「成功を可能にした条件は、ほかならぬ成功によって失われる」というのは、世の基本的な真理の一つですが、近代国家も例外ではないのかも知れません。

やはり最近、話題になっているヨラム・ハゾニーの著書『*The Virtue of Nationalism*』（邦訳『ナショナリズムの美徳』、東洋経済新報社、2021年）も、国民国家の起源を旧約聖書に求めています。ハゾニーは政治理論の博士号を持つイスラエル人ですが、『*The Philosophy of Hebrew Scripture*』(ヘブライ語聖書の哲学)という本も出しているくらいですからね。

施　デニーンはフランス革命を否定したエドマンド・バークの保守思想や、キリスト教の伝統文化を高く評価し、逆に社会契約論についてはほぼ全否定という立場です。

中野　本書の主張は基本的には共和主義(リパブリカニズム=共同体に所属する各員が市民としての徳を身につけたうえで、共同体の統治を自ら行っていくべしという政治思想)だと感じますね。共和主義を強調したハンナ・アーレントの場合は、「アメリカは建国したときはよかったのに、歴史とともに歪んでしまった」という立場でした。

　リベラリズム(自由主義)がいきすぎると、共和主義の原点に回帰しようとする。アメリカ思想界の歴史的パターンですね。

施　デニーンの場合、建国期についてもあまり評価していないんです。「アメリカは建国の理念からしてリベラリズムに影響されており、立ち返るべきは建国の思想ではなく、建国当時の生活実践である」と述べている。建国の理念やフェデラリズム(連邦主義)まで強く批判しています。

柴山　僕は建国当時のアメリカの思想家の中では、合衆国憲法を書いたフェデラリストのジェームズ・マディソンやアレクサンダー・ハミルトンが、やはり優れていたように感じます。著者の目から見てフェデラリズムは何がよくなかったんでしょうか。

施　デニーンがとくに問題視したのは、彼らがローカルなコミュニティを重視せずに、より大きなステイトを志向した点です。

フェデラリストたちは、自己陶冶《とうや》した市民がローカルなコミュニティを自己統治していくという形ではなく、統治の単位を広げて社会を多元化し、欲望と欲望を対立させることによって勢力均衡を作ろうという発想だった。「結局、フェデラリストの意見が通って、アメリカはそういう国になってしまった」と嘆いています。

佐藤　独立戦争の際、広く読まれたトマス・ペインの『コモン・センス』（1776年）では、アメリカは各州の緩やかな連合体として構想されていました。州の代表が集まって議会を作り、議長職は持ち回り。「イギリス王ジョージ3世の暴虐許すまじ！」を叫んで立ち上がったこともあり、大統領制の導入は、はじめのうち検討されていなかったんです。それでは独立した意味がないという感じだった。

現にジョージ・ワシントンが初代大統領となるのは、独立宣言から13年も後の1789年4月30日。相当に時間がかかっています。フランス革命勃発（同年7月14日）の直前というのが興味深いところながら、ペインと親しかったトマス・ジェファーソンもリパブリカンでしたね。まあジェファーソンも、結局は第3代大統領になりますが。

柴山　一方のフェデラリストは、「各州の上に連邦国家を作り、大統領を任命しなければ国としてまとまりが保てない」と強く主張したわけですね。彼らが重視していたのは通商と安全保障です。通商国家は外国から狙われやすい。だから安全保障をしっかりしなければいけない。そのためには国家として大きくまとまったほうがいいという発想だった。

中野　最初はマディソンたちもペインに近い考えで、東の旧植民地13州をコミュニティごとの民主的な話し合い、タウンミーティングで統治しようとしたらしいです。ところが現実には乱闘騒ぎになってしまった(笑)。そこで彼らも、「これはダメだ。こんなやつらに任せられない。憲法を作らなきゃいけない」という考えに転じたと聞いています。

佐藤　フェデラリストとリパブリカンの論争は結局、決着がつきません。合衆国憲法は両者の発想を折衷させた妥協の産物です。この矛盾は今に至るまで残っていますね。

▼過激化するアメリカのリベラリズム

佐藤　本書が注目を受けた背景として、近年アメリカのリベラルが過激化したことがあるでしょう。ソーシャル・ジャスティス・ウォリアー(社会正義の戦士、略称：ＳＪＷ)と呼ばれる人々が、自分たちの掲げる「自由」「平等」の概念に反するものすべてをやり玉にあげるようになった。

中野　エマンシペーション(emancipation：社会的、政治的束縛からの解放)ですね。

佐藤　とくに厄介なのがジェンダーの扱い。「男はダメ、女はすばらしい」という形にしないかぎり、差別と見なされかねない。

２０１０年代のブロードウェイを代表するミュージカルに『ハミルトン』(２０１５年初演)があります。アレクサンダー・ハミルトンを主人公にしてアメリカ建国を描いた作品ですが、ハミルトン、ワシントン、ジェファーソンといった役を、黒人やヒスパニックの俳優が演じている。台本・作詞・作曲・主演のリン＝マニュエル・ミランダ(この人は男性です)は、女優が「建国の父」に扮しても全然かまわないと話していました。

これが続けば、いずれ『ジーザス・クライスト＝スーパースター』(１９７１年初演)を、女優のキリストでやるという話になるのではないか。磔の場面をどう処理するか、興味深いところです。

施　著書のデニーンは保守的なキリスト教徒だけあって、そういった傾向を強く批判していますね。進歩派リベラルは性的な解放を進めすぎて、ラディカルなフェミニズム、「自然な肉体からの完全なる自由」というような方向に行ってしまった、と。

一方で「リベラリズムの試みは少し前までは完全には成功しておらず、文化的な伝統が残存しており、そのおかげで社会が機能していた」とも述べています。

柴山　「リベラリズムの成功が今の危機につながっている」ということですか。

施　「リベラリズムは、文化的な伝統や慣習を目の敵にして、徹底的に潰していく」という考えなんですね。著者に言わせるとデモクラシーも、ある種の共通する慣習が残り、連帯意識があり境界線で区切られている一定の範囲内でこそ、実はきちんと機能するものなのです。これまではリベラリズム・イデオロギーの徹底が足りず、伝統文化的なものが残存していたからこそうまくいっていた。

ところがそういう文化をリベラリズムが破壊し、純化していったことで、デモクラシーが成り立たなくなってしまった。そういう認識です。

▼日本人はリベラリズム批判に向き合わない

中野　日本では社会契約論に代表されるリベラリズムこそ、西洋思想そのものという扱いですよね。

大学に入って、法学部で必修の憲法の講義を受けたとき、憲法の教授が「憲法の意義は個人を丸裸にして、国家と直接対決させることにある」などと教えておりました。フランス革命の日を記念日と言って喜んでいた人でしたが。

しかし、共同体から引きはがされてアトム化した個人は群れやすく、多数派権力になびきやすいので、全体主義国家が生まれるのです。これは、全体主義論の通説でしょう。

佐藤　アトム化された個人が、国家と対決して勝てるはずがない。その意味でリベラリズムは、強権的な国家支配への道を拓きますね。極端な自由の追求が、回り回って極端に専制的な政府を生み出すわけです。

中野　彼らからすれば国民国家という形も過渡的なもので、地域共同体と同様にリベラリズムが純化していくと溶解していき、個人と世界政府が直接対峙するという形に昇華していくべきものなのかもしれません。

問題は「『そういうリベラリズムはおかしい』と言っている学者もいるんだ」と教えてくれる人が日本には非常に少ないということです。僕は高校時代、バークやアレクシ・ド・トクヴィルの名前を聞いたこともなかったですよ。みんなで輸入学問を勉強しておきながら、なぜ社会契約論とは違う思想は輸入しないのか。

柴山　近代憲法は社会契約論とセットですからね。「政府を縛るのが憲法だ」という考え方の裏側には、「憲法は人民が政府との間の約束でつくるものだ」という社会契約論のフィクションが張り付いている。とくに今の日本国憲法は、社会契約論によって根拠付けられてきた経緯があるので、批判を許さないところがあるんでしょう。

施　日本の西洋受容にはそういう偏ったところがありますね。高校の公民の教科書を見ても、社会契約論をはじめ啓蒙主義についてはかなりの記述があるけれども、バークのような保守思想はまったくと言っていいほど出てこない。『フランス革命の省察』（1790年）の著者であるというぐらいのことは書かれていても、思想の内容はほぼ紹介されていないんです。

佐藤　気に入らない学説だと、輸入してもまともに向き合わない。「お説ごもっとも。欧米ではそうかもしれません。でも日本はまた別です」という感じで頬かむりする。妙なところで主体性を発揮するんですよ。

施　一つには、ヨーロッパの保守派の議論では西洋人が自分たちの伝統を踏まえて、「もともと俺たちはこうだった」と言っているわけですが、日本にはそれがないわけで。

佐藤　福田恆存は1947年に書いた『近代の宿命』で、すでにその点を指摘していましたね。

> ヨーロッパにおける近代の超克と日本における近代の超克とは、まったく次元を異にするものである。日本に近代などありはしなかった——それゆえにこそ、ヨーロッパの近代がこの極東の島国におよぼした余波に対して、ぼくたちは何らかの防波堤を築かねばならなかったのである。
> （福田恆存『日本を思ふ』、文春文庫、1995年、114ページ。原文旧かな）

> 近代の超克とはなにごとであるか——ぼくたちは超克すべき真の近代をもたず、しかも近代の反逆超克すべき中世をもたなかった。（同、175ページ）

70年あまりが経過しても、事情は変わっていません。そして「日本は欧米とは違う」が、自分のあり方を直視するきっかけではなく、都合の悪い話に耳を塞ぐ言い訳となっているのです。

▼欲望充足に移行した自己陶冶

柴山　僕がこの本で気になるのは、「リベラリズムが文化を壊した、共同体を壊した」というけれども、自由と文化、あるいは自由と自己統治された共同体とはそんなに対立するものなのか、ということです。

中野　自己陶冶とは自律という意味で、そこには近代的文脈で言うところの自由の意味も一部含まれている。自己統治をさせないような専制国家には反対する。その意味ではリベラルといえるでしょう。ただし、リベラリズムにおける「解放」とは違います。

施　おっしゃるとおり、古典的な文脈の自己陶冶とは社会制度からの解放という意味ではなく、バーチュー(virtue：美徳)を身につけ、低いレベルの欲望を自分の力で押し止められるようになることですよね。

柴山　問題は、現代における自己陶冶と欲望充足は、経済的な視点からはほぼ同じに見えるということです。経済的に自己統治するというのは、要はちゃんとしたサラリーマン生活を送るということですから(笑)。

自己統治は近代以前においては政治の言語としてよく使われていた。それは経済の言語としても、同様に使うことができる。共同体という社会学用語も経済に置き換えて、利益共同体と同義とみなすことができる。

例えば企業ですね。合理的に行動する個人は、自らの利益になるのなら共同体に参加するし、ならないなら出ていく。アメリカはまさにそういう形で企業文化を発達させていった。


佐藤　産業革命が物事を決定的に変えたのですよ。それまでは、欲望をどんどん充足させようとしても限界がハッキリしていた。だから人格の陶冶による欲望の抑制が美徳となったのです。

ところが産業革命のあとは、たえざる技術革新を通じた欲望充足の達成こそが正しいということになる。アメリカの新聞漫画『ガーフィールド』の名台詞ではありませんが、「運動で身体を鍛えずにいられないヤツが、自動車のパワーステアリングを思いつくはずがない」という次第です。

昔はアメリカでも、企業城下町的な共同体がありました。ＧＭ（ゼネラルモーターズ）創業の地で、同社の労働者が多かったミシガン州フリント市など、地域ぐるみでＧＭへの感謝パレードをやっています。つまりＧＭとは別に、フリントという共同体があった。

ところが今では、アトム化された個々の従業員が、多国籍企業とじかに向かい合っている。近代国家において、個人が共同体抜きで国家に向かい合うのと同じ構造です。

しかもこれは、グローバリズムと密接に結びついている。アメリカの社会評論家、バーバラ・エーレンライクは『*Bait and Switch: The (Futile) Pursuit of the American Dream*』（２００５年。邦訳『捨てられるホワイトカラー　格差社会アメリカで仕事を探すということ』、東洋経済新報社、２００７年）で、従業員を平気でどんどんクビにする風潮は、こんな理屈で正当化されると指摘しました。

会社が従業員に長期雇用を提供し、健康保険や退職後の福利厚生も充実させる昔ながらの「企業福祉国家」路線は、経済のグローバル化が進んでいなかった時代ならうまく行ったかも知れない。だが今では、それが致命的な重荷になっている。GMがいい例じゃないか、というわけだ。

（原書244ページ、拙訳）

▼かつては企業も共同体だった

柴山　往年のGMのようなやり方こそ近代の企業文化ということでしょう。企業という資本主義のシステムをいちばん発達させたのはアメリカですから。資本主義と矛盾しない、近代社会におけるある種の共同体原理を、ある意味ではみごとに創り上げた。

中野　共同体としての企業については、デニーンもOKなのではないですか。ただ企業文化の下での共同体的な経営スタイルも、リベラリズムを徹底させると消えてしまう。そういう流れが我慢できないと彼は言っている。いつの時代がいちばんよかったというのではなく、「リベラリズムは不純なままであるべきだ」という視点ですね。

施　純化を志向するリベラリズムが制約とみるのは、インフォーマルに育まれ、自生的に発展してきた文化であり慣習なのです。デニーンは「リベラリズムはそういう存在を原理的に許容できず、純化すべき対象とみなしてしまう」と批判します。その実、リベラルな社会、つまり人々の自由を許容する穏健な統治は、文化や慣習といったインフォーマルなものを人々が共有していて初めて可能になるものなのですが、思想としてのリベラリズムはそれを許容しない。

柴山　ただ放っておいても不純なものは入りますよね。企業だって、長年同じメンバーでやっていれば単なる利益では動かなくなってくる。それは市場原理主義から見れば不純なあり方と言える。

施　リベラリズムはそうしたよどみの発生を嫌って、ボーダーレスにして人々を交ぜて、特定の場所や時代の文化、インフォーマルな慣習を極力消していこうとするわけです。

佐藤　問題は先ほど指摘したとおり、「自由」が人格陶冶の概念から欲望充足の概念に移行していったことです。その結果、「自由とは合理性と効率性の追求だ」ということになってしまった。

　わけても産業化を進めるときは、不純なものがないほうが、物事は合理的・効率的に進む。少なくとも理論上はそういう結論が出るはずです。だったら、不純なものを排除すればするほどいいことになる。リベラリズムを純化させたのは産業化の進展だと思います。

中野　その視点は重要ですね。

▼民主主義と「寄り合い」の原理

柴山　デモクラシーにも二つあって、一つは民衆の公共的討議によって国家、社会の進むべき道を決めるという部分。もう一つは、政府が典型ですが、権力者はつねに情報を隠したがるので、意思決定の過程をオープンにしていくという部分。

　ところが現実には情報を公開して意思決定を透明にすればするほど、デニーンの言うリベラリズムの論理が浸透していくんです。「情実で人選するな」「オープンな基準に基づいてやれ」となってきて、人間関係で決まる部分がどんどん排除されていく。これがいきすぎると個々人の共同体的なつながりが薄れて、今度は公共的討議も難しくなる、ということもあるのではないか。

佐藤　歯止めを加えるとしたら、本来の意味での市民主義しかないのでは。シチズン（Citizen：市民）の類義語に「デニズン」（Denizen）がありますが、こちらは語源的には「内側から来た」という意味。つまり「内輪」です。

市民は内輪の者であり、ゆえに政治参加の権利を持つ。言い換えれば「住民」であっても、「市民」でない者には参政権がない。永住権と市民権が区別されるゆえんです。ただし現在の英語だと、デニズンは「住民」の意味合いで使われますが、これは「シチズン」が市民権の概念と深く結びついたせいでしょう。ずばり「シチズンシップ」と言うくらいですからね。

施　著者もペーパーバック版の序文で、「民主主義は本来的には、透明性うんぬんではなく、もっとクローズドな、共有の文化的な絆がある政治共同体の中で機能するものだ」と言っています。

中野　しかし密室であうんの呼吸で決めていくとなると、それこそまさに古い自民党の政治スタイルですね。

施　あんがいそれは正しいデモクラシーのスタイルで、デモクラシーとは本来、中間的な共同体、労働組合、教会といったインフォーマルな合意形成の場が多数存在する状況でないとうまくいかない制度だと言えます。

中野　確かに民主主義がちゃんと根付いているのは、中間団体がたくさん残っている、封建社会があった国です。中国は封建社会がなかったから民主化できないでいる。ちなみに、くだんの憲法学者が理想としていた「丸裸の個人と国家」という社会は、まさに中国ですね（笑）。

施　与那覇潤氏が以前、「民主主義は封建遺制」と指摘していましたが、実際デモクラシーとは、ギルドの寄り合いから始まったやり方を統治に対応させたものとも言えますね。

佐藤　民主主義が機能する条件は、いい意味での「結論ありき」です。大枠が決まっているところで、細部を修正して調整するために議論する。大枠がないのに民主主義をやったら最後、話がまとまらないまま、たまさか多数の支持を得て権力を握った連中が好き放題やることになりかねない。「06　アメリカは『神の国』行きの巨大な列車だ」で紹介した「われわれこそ歴史の主役なんだ」の世界です。だからこそ、文化や伝統によって現実認識を安定させることが重要なのですよ。

中野　結論が決まっていることを、集まって確認するのが民主主義なんだ（笑）。

柴山　会議が長くなるのは、最初から合意が見えていないときですね。おおよそ決まっている結論を修正するためにやっていたのを、結論から決めなきゃいけないとなると、会議が長くなるうえに合意も得にくくなる。

中野　結局デモクラシーとは、共同体運営のための方法論であり、村の原理、寄り合いの原理なのだということになる。

柴山　自由主義（リベラリズム）と民主主義（デモクラシー）が近代の二大原理と言われますが、自由主義が共同体を空洞化してしまうと、民主主義がうまくいかなくなるということは、これから真剣に考えるべき課題でしょうね。

（2019年8月27日「東洋経済オンライン」記事を基に改稿）

11

「トランプ」を動かしたイスラエルの哲学者
――アメリカ保守主義再編や欧州ポピュリズムにも影響

施 光恒

「10　民主主義は『結論ありき』でこそ機能する」で取り上げた『*Why Liberalism Failed*』（邦題『リベラリズムはなぜ失敗したのか』）と同時期にアメリカで話題となった『ナショナリズムの美徳』（ヨラム・ハゾニー著）。トランプ政権の外交基盤となり、アメリカ保守主義再編や欧州ポピュリズムに大きな影響を与えたといわれるハゾニー氏の論考を読み解く。（編集部）

新しい保守主義のマニフェスト

『ナショナリズムの美徳』（庭田よう子訳、東洋経済新報社、２０２１年）は、グローバル化の必要性が叫ばれ続け、また同時にグローバル化が各国で経済的格差の拡大や国民の分断などさまざまな問題を引き起こしている現代世界において必読の書物である。

著者のヨラム・ハゾニーは、イスラエルの政治哲学者、聖書研究家である。１９６４年にイスラエルで生まれたが、アメリカで育ち、プリンストン大学を卒業し、ラトガーズ大学で政治哲学の博士号を得ている。

本書は、現代のアメリカの保守思想に大きな影響を与えている。

例えば、トランプ政権の国家安全保障会議（ＮＳＣ）の報道官を務めたマイケル・アントンは、２０１９年４月に「トランプ・ドクトリン——政権内部の人間が大統領の外交政策を説明する」（"The Trump Doctrine: An Insider Explains the President's Foreign Policy"）という論説を外交誌『フォーリン・ポリシー』に発表したが、その中でトランプ政権の外交政策の理論上の基盤とされ、再三、引用されたのが本書だった。

また、政治ジャーナリストのダニエル・ルーバンも、ネオコン（新保守主義）や新自由主義に代わる新しい保守主義の潮流の中心的人物として、ハゾニーを挙げ、本書を「右派知識人のマニフェスト」の位置にあるものだと論じている（"The Man Behind National Conservatism," *The New Republic*, July 26, 2019）。ルーバンはまた、ハンガリーのオルバーン・ヴィクトル首相のような欧州のいわゆるポピュリズムの指導者にも、ハゾニーが影響を与えていると示唆している。

新しい保守主義の潮流とは、一言でいえば、新自由主義（市場原理主義）に基づくグローバリゼーションの猛威から、国（ネイション）や地域社会の伝統や文化、あるいは庶民の生活を守ろうとするものだ。

これは、ナショナリズムと親和性が高い。グローバリゼーションから人々の生活を保護するため、国民国家の役割を重視するからである。アメリカにおけるトランプ大統領の登場やイギリスのＥＵ（欧州連合）離脱（ブレグジット）、あるいはフランスの「黄色いベスト運動」など反グローバリズムの動向の背後にある思想だとも言える。

例えば、トランプ大統領は２０１９年９月の国連総会の演説で次のように語った。本書の影響が色濃く表れているとみてよいだろう。

> 愛するわが国と同様に、この会議場に代表を送っている各々の国はそれぞれの歴史と文化と伝統を慈しんできました。それらは守り、祝福するにふさわしいものですし、われわれに並外れた可能性や強さを与えるものでもあります。
>
> 自由な世界は、各国の基盤を大切にしなければなりません。国々の基盤を消し去ったり置き換えたりしようなどと試みてはなりません。
>
> （中略）あなたがたが自由を欲するならば、祖国を誇りに思いなさい。民主主義を欲するならば、あなたがたの主権を大切にしなさい。平和を欲するならば、祖国を愛しなさい。賢明なる指導者たちはいつも自国民の善と自国を第一に考えます。
>
> 未来はグローバリストたちのものではありません。愛国者たちのものなのです。主権をもち独立した国々こそ、未来を有するのです。なぜならば、このような国々こそ自国民を守り、隣国を尊重し、そして各々の国を特別で唯一無二の存在にしている差異というものに敬意を払うからです。

▼世界をめぐる二つのビジョン

本書の内容をごく簡潔に紹介していこう。

第1部「ナショナリズムと西洋の自由」では、著者のハゾニーは、西洋の政治の伝統には、理想的世界のあり方について、大別して二つのビジョンがつねに存在してきたと述べる。

一つは、「多数の国民国家からなる世界」である。それぞれが自分たちの伝統や文化、言語を大切にし、それを基盤とした国をつくる。そうした多数の国々からなる世界である。

もう一つは、「帝国」の伝統である。合理的で普遍的な道徳や法を世界にあまねく行き渡らせ、それに基づいて統治が行われる世界である。人類全体が一つの共同体に統合されるという世界像である。

ハゾニーは、グローバル化を礼賛する現代の風潮は、後者の帝国の伝統に含まれると見る。つまり、グローバリズムは帝国主義の現代的形態だとみなす。

この二つのビジョンは、西洋の伝統にはつねに存在してきたが、どちらが優勢であったかは時代によって異なる。「多数の国々からなる世界」の源流は旧約聖書である。旧約聖書には、イスラエル、アモン、モアブなど、さまざまなネイションが登場し、それぞれが自分たちの神を戴き、独自の掟やルールを守って暮らしていた。

「帝国」が強くなったのは、キリスト教が国教化されたローマ帝国の時代に始まる。ローマ帝国は周辺のさまざまなネイションや部族(tribe)を統治下に置いた。「帝国」の時代は、形を変えつつも中世まで続く。

「国民国家」の伝統が復活したのは、宗教改革以降のプロテスタントの興隆の時代である。第二次世界大戦までの近代欧州は国民国家の時代だった。第一次世界大戦後にウッドロー・ウィルソンが「ネイションの自決」(national self-determination)を、追求すべき理想に掲げたことからもわかる。それぞれのネイションが独立国家をつくることが、自由や平等などの進歩的理念の実現、および近代化への道だと考えられたのだ。

だが、第二次世界大戦中のナチス・ドイツの蛮行がナショナリティの評価を一変させる。ナチスの蛮行はドイツのナショナリズムに由来するものだと欧米の知識人が受け取ったためである。

ハゾニーは、ナチス・ドイツを動かしたのは「第三帝国」という表現に表れているように「帝国」のビジョンと見るべきだと論じる。しかし、欧米知識人の大半はナショナリズムこそナチスの蛮行の要因だと解釈してしまった。

そのため、現在に至るまで第二次世界大戦後の欧米では(日本でもそうだが)「帝国」のビジョンが優勢で、例えば、欧州では国民国家を廃し、ＥＵを創設することが人類の希望だと見るようになった。

▼国民国家体制の利点

第2部「国民国家とは何か」では、国民国家の擁護論が展開される。

現在の政治理論の主流であるリベラリズムの前提を疑うところからハゾニーは議論を始める。リベラリズムの理論の前提にある個人主義的な人間観に疑問を呈するのだ。ハゾニーは、人間は社会的存在であるということを強調し、家族、氏族、部族、ネイションといった共同体をつねに形成するものだと捉える。

家族が集まって氏族を作り、氏族がまとまり部族となる。そして部族の集まりをネイションとみなす。ネイションが政府を樹立し国民国家となる。国民国家は、自己利益を望む個人が結びついたものではない。家族がそうであるように、個々人は集団の目的を自分の目的とし、集団に忠誠心を抱くと同時に、ほかの構成員と互いに結びつくことができる。

ハゾニーは、ネイションは、家族や氏族、部族と同様、そうした性格をもつという。ネイションを構成する人々は相互に忠誠心や連帯意識をもつ。連帯意識があるゆえ、防衛や福祉政策など共同の事業も行いやすい。

国民国家の利点を説明する際、ハゾニーは、一方に「無政府状態」、他方に「帝国」を置く。そのうえで、その中間に位置する国民国家こそ、平和と安全を実現し、人々を最も自由かつ幸福にできると論じる。

▼ナショナリストへの憎悪と国民の分断

第3部「反ナショナリズムと憎悪」も興味深い。ナショナリズムは憎悪を生み出すと非難されることが多い。だが、ハゾニー氏は、「帝国」思想も負けず劣らず憎悪を生み出すと指摘する。「帝国」のビジョンに従わず、「多数の国々からなる世界」という理想を手放さない者を野蛮で後ろ向きの者と蔑み、憎悪するというのだ。

この憎悪は、EUや国際機関などを信奉する地球市民的意識をもったエリート層が、国民国家という枠組み、あるいは自国の文化や言語への愛着やこだわりを捨てない庶民層をバカにするといった形で表れることが多い。

例えば、イギリスのジャーナリストのデイヴィッド・グッドハートは、現代の先進国で見られる深刻な国民の分断現象を、高学歴・高収入で地球市民的意識をもち、大都市に暮らす「エニウェア族」と、学歴や収入がさほど高くなく、国や地域社会に強い愛着とこだわりをもつ「サムウェア族」の対立として描き出す(D. Goodhart, *The Road to Somewhere: The New Tribes Shaping British Politics*, Penguin, 2017)。そして、「エニウェア族」が「サムウェア族」を見下す傾向を問題視している。

実際、こうした国民の分断は、現代世界のさまざまなところで見出すことができる。例えば、イギリスのＥＵ離脱の国民投票の直後、大手マスコミの多くは、ＥＵ離脱に賛成した人々をひどく悪し様に罵った。

また、昨年（２０２０年）の米大統領選やその後の報道を見るかぎり、トランプ支持者とそうでない者との間の対立は非常に大きい。ジャーナリストや大学教員といったいわゆる知識人が、トランプ前大統領を人格攻撃も辞さないほどけなすのは珍しくない光景だった。

さきほど見た国連総会の演説でも明らかだったが、トランプ前大統領はナショナリストであり、「帝国」に反対し、「多数の国々からなる世界」を支持する者である。それゆえ、ハゾニーが指摘するように、地球市民的信条をもつ者が多い知識人層から蛇蝎の如く嫌われるのかもしれない。

▼「グローバル化」に対置すべきは「国際化」

本書の意義は数多くある。すでに述べたように、欧米の新しい保守主義を理解するのに資するであろうし、先進各国で進む国民の分断現象を考察する際にも有益な視角を与える。

本書のさまざまな意義のうち、わたしがとくに指摘したいのは、本書の議論が、現行のグローバル化の問題点を認識し、それを克服しうる「ポスト・グローバル化」（グローバル化以後）の世界のあり方を考えるうえで必要な認識の枠組みを与えるという点だ。

現在では、グローバル化やグローバリズムを批判すれば、周囲の者から「孤立主義者」「鎖国主義者」「排外主義者」「極右」「内向き」といったレッテルを貼られてしまうことが少なくない。

しかし、本書の議論のように、グローバリズムを、国境線を取り払うことを目指す「帝国」思想の一形態だと認識し、それに対置すべきものとして「多数の国民国家からなる世界」があることを念頭に置けば、議論の幅が広がる。

「グローバル化」「グローバリズム」の反対は、「孤立主義」や「鎖国」ではなく、いわば「国際化」「国際主義」、つまり多様な異なる国々からなる多元的な世界をつくり出すことだと考えることができる（この点について、私は以前、新聞の論説に書いたことがある。「脱・グローバル化の世界構想を」『産経新聞』２０１９年10月2日付、および『グローバル化』『国際化』区別を」『産経新聞』２０２２年1月11日付など）。

つまり、ハゾニーの二つのビジョンを念頭に、「グローバル化」と「国際化」を区別することが必要だと言えるだろう。

ここで「グローバル化」とは、「国境の垣根をできるかぎり引き下げ、ルールや制度、文化、慣習などを共通化し、ヒト、モノ、カネ、サービスの流れを活発化させる現象、およびそうすべきだという考え方」である。他方、「国際化」とは、国境や国籍の除去を良いことだとはみなさない。「国境や国籍は維持したままで、各国の伝統や文化を尊重し、互いの相違を認めつつ、積極的に交流していく現象、およびそうすべきだという考え方」だと言える。

実際、ブレグジットを推進したイギリスの市民団体は、ＥＵからの離脱は孤立主義を意味するのではなく、自国の行く末を国民自らが決定する国民主権の回復にほかならないと訴えていた。

さらに言えば、現在の日本でも、「グローバル化」と「国際化」は明確に区別されていない。

この点について先頃（２０２１年12月）、私の研究室の学生が興味深い調査を行った。ある高校に協力を仰ぎ、１３８人の高校2年生を対象に外国や外国人との交流や多文化共生に関する考え方を調べたのだ。例えば次の二つのうち、どちらのタイプの交流が望ましいかを尋ねた。①「国境線の役割をなるべく低下させ、ヒトやモノなどが活発に行き交う状態を作り出し、さまざまな制度やルール・文化・慣習を共通化していく交流」、②「国境線は維持したままで、また自国と他国の制度やルール・文化・慣習などのさまざまな違いも前提としたうえで、互いに良いところを学び合う交流」の二つである。

その結果、87％の高校生が、望ましい交流のあり方は②だと回答した。

つまり「国際化」型の交流を望んでいると解釈できる。高校生ではなく成人を対象として調査してもおそらく同様の結果が得られるだろう。日本人の多くは、「グローバル化」ではなく「国際化」を望んでいると推測できる。

ハゾニーの本書の議論を念頭に置き、このように「グローバル化」と「国際化」の概念を区別すれば、例えば、『グローバル化』政策については、経済的格差の拡大や各国における国民意識の分断などさまざまな問題を生じさせているので私は反対だ。しかし、異なる文化や伝統、ルールや制度を有する国々が互いの相違を認めつつ、友好関係を深め、国づくりの方向性は異なれど互いの良き点を理解し学びあっていく『国際化』の推進には賛成だ」と言うことができるようになる。

すなわち、「鎖国主義」「孤立主義」「極右」などという不適切なレッテル貼りを恐れることなく、グローバル化の欠点やその改善を、より建設的に議論しやすくなる。

以上のように、本書は、グローバル化の問題点や、その克服を目指し、グローバル化以後の世界のあり方を考えるうえで、われわれの視野を拡大するのに大いに寄与するはずである。

（2021年4月1日「東洋経済オンライン」記事を基に改稿）

12

アメリカは本当に「反グローバル化」に向かうか
――新しい保守主義の潮流「ハゾニー主義」を探る

中野剛志×佐藤健志×施 光恒×柴山桂太

「11『トランプ』を動かしたイスラエルの哲学者」でも取り上げた、トランプ政権の外交基盤となり、アメリカ保守主義再編や欧州ポピュリズムにも大きな影響を与えたといわれるヨラム・ハゾニー氏の著書『ナショナリズムの美徳』。同書を中心に、国民国家、ナショナリズム、リベラリズムについて徹底討議する。（編集部）

▼新しい保守主義の潮流

中野　バイデン政権にはオバマ政権の外交スタッフたちがそのまま入っているので、アメリカは再びトランプ前に戻ると見られていましたが、現在のところ必ずしもそうはなっていません。

むしろバイデン政権は意外なほどトランプ政権と連続しています。アメリカの民主党は、どこかの国の政党と違って、下野している間によほど反省したんだなという感じがします。トランプがあれほど支持されたことで、民主党系のエリートたちは思いきり横っ面を張られた形になり、どこまで本気かはともかく反省せざるをえなくなったのでしょう。

これは共和党にも言えることです。ネオリベラリズムに魂を売った共和党からすれば、ネオリベラリズムを批判するトランプがあれほど多くの支持を集めたことは大変ショッキングな出来事でした。あれぐらいのショックセラピーでなければ、民主党も共和党も正気に戻ることはなかったと思います。

施　そうですね。その点について考えるうえで参考になるのが、ヨラム・ハゾニーの『ナショナリズムの美徳』（庭田よう子訳、東洋経済新報社、2021年）です。私は中野さんとともにこの本の解説を書きましたが、ハゾニーについて簡単に紹介すると、彼はイスラエルの政治哲学者、聖書研究家です。1964年にイスラエルに生まれ、アメリカで育ち、プリンストン大学を卒業したのちにラトガーズ大学で政治哲学の博士号を得ています。

政治ジャーナリストのダニエル・ルーバンはハゾニーを新しい保守主義の潮流の中心的人物と見ており、『ナショナリズムの美徳』を「右派知識人のマニフェスト」だとしています。

新しい保守主義の潮流とは、一言で言うと、新自由主義に基づくグローバリゼーションの猛威から、国や地域社会の伝統、文化、庶民の生活を守ろうとする動きのことです。これはナショナリズムと親和性が高く、イギリスのブレグジットやフランスの「黄色いベスト運動」など反グローバリズムの動向とも無関係ではありません。

ハゾニーはトランプ政権の政策にも大きな影響を与えていました。例えば、トランプ政権の国家安全保障会議（NSC）の報道官を務めたマイケル・アントンは、2019年4月、外交誌『フォーリン・ポリシー』に「トランプ・ドクトリン――政権内部の人間が大統領の外交政策を説明する」を発表しました。その中で『ナショナリズムの美徳』はトランプ政権の外交政策の基盤とされ、再三引用されています。

▼トランプ演説に見られる影響

施

また、トランプ大統領は2019年9月に国連総会で演説していますが、ここにも、グローバリズムを批判し、多数の国民国家からなる世界秩序を擁護しようとする点でハゾニーの影響が色濃くあらわれています。少し長くなりますが引用します。

> 愛するわが国と同様に、この会議場に代表を送っている各々の国はそれぞれの歴史と文化と伝統を慈しんできました。それらは守り、祝福するにふさわしいものですし、われわれに並外れた可能性や強さを与えるものでもあります。自由な世界は、各国の基盤を大切にしなければなりません。国々の基盤を消し去ったり置き換えたりしようなどと試みてはなりません。(中略)あなたがたが自由を欲するならば、祖国を誇りに思いなさい。民主主義を欲するならば、あなたがたの主権を大切にしなさい。平和を欲するならば、祖国を愛しなさい。賢明なる指導者たちはいつも自国民の善と自国を第一に考えます。
>
> 未来はグローバリストたちのものではありません。愛国者たちのものなのです。主権をもち独立した国々こそ、未来を有するのです。なぜならば、このような国々こそ自国民を守り、隣国を

尊重し、そして各々の国を特別で唯一無二の存在にしている差異というものに敬意を払うからです。

これはいわば「ハゾニー主義」とでも言うべきものです。日本のリベラルな大手マスコミは、トランプはむちゃくちゃな人間だと報じていましたが、かなり自覚的なナショナリストだったというのが私の見立てです。グローバリズムの目指す国境なき世界ではなく、各々の文化的伝統を担った多数の国々が共存する世界秩序を擁護しようという意味でナショナリストなのです。フランスの人類学者エマニュエル・トッドもトランプを支持していましたけども、トランプがそうした秩序を支持し、グローバルな企業や投資家の利益ではなくアメリカ国民のことを第一に考えていたことは間違いありません。

中野　バイデンが勝利した昨年（２０２０年）の大統領選挙では、トランプも７４００万以上の得票数となりました。また、近年アメリカで躍進した左派の外交姿勢は、アメリカの軍事的関与や自由貿易への懐疑という点で、新しい保守主義の潮流と類似しています。言うまでもなく、アメリカの政治思想の変化は日本にも影響を及ぼします。そのため、私たちはハゾニーの議論をきちんと押さえておく必要があります。

▼バイデン政権に期待できるか

柴山　トランプ大統領はワンポイントリリーフだったけども、それこそ「トランプのジョーカー」のような存在で、ゲームの流れを大きく変えました。バイデンもトランプ政権の遺産をうまく利用しているところがあって、例えば中国との関係についても、「トランプ政権が課した関税をすぐに撤廃することは難しい」といったように、身内のリベラル派に批判されそうなことはすべてトランプのせいにしています。

ただ、この30～40年の技術進歩とグローバル化で傷ついたアメリカの国民統合を、バイデン政権がどこまで回復できるかというと、大きくは期待できないのではないか。ここまで資本のパワーが解放されてしまうと、並大抵のことでは資本の動きを制限することはできないからです。

そもそもトランプも、中国に対して高関税を発動しましたが、それでもアメリカの対中貿易赤字は簡単には減らない。コロナ禍でむしろ増えたくらいです。海外に出ていった工場をアメリカに呼び戻すという話にしても、資本はいくらでも規制を迂回できてしまう。トランプの「実験」でわかったのは、関税を上げたくらいでは、行きすぎたグローバリゼーションを元に戻せないということです。

このことはブレグジット後のイギリスを見るとよくわかります。イギリスはすったもんだのあげく、ようやくＥＵ（欧州連合）から抜け出しましたが、そのあと彼らが手をつけたのはＴＰＰ（環太平洋パートナーシップ）への参加申請でした。ＥＵから主権を取り戻したうえで、別の形で自由貿易を推進するということになっている。

グローバリゼーションの一つの問題は、国境を自由に移動できる資本にとっては有利、国内にとどまらざるをえない労働者にとっては不利、というものです。ブレグジットを後押ししたのが旧産業の労働者たちだったことを考えると、イギリスがＴＰＰ参加を申請したというのは、皮肉な話です。結局、イギリスもグローバリズム路線から完全には転換できていないのです。

現在、バイデン政権は通商政策を後回しにし、新型コロナウイルス感染拡大対策に注力しています。途方もない規模の財政出動を行っていて、追加経済対策は１・９兆ドル（日本円で２００兆円）で、ＧＤＰ（国内総生産）の10%にも及びます。コロナ禍で生活苦に陥った人々を救済するという面だけでみれば、これは正しい政策と言えるでしょう。

その一方で、金融経済に大量のお金が流れ込み、もともと過熱気味だった資産市場にさらに火がつきました。その結果、テスラのイーロン・マスクをはじめ、富裕層たちはコロナ禍の中にもかかわらず資産を増やしています。貧困層の救済のために財政出動を行い、その目的は一定程度達成されつつある一方で、格差もとてつもなく広がってしまった。

現在のバブルは、近いうちに弾けると思います。貧困層を助けるための政策が、別の危機を呼び込んでしまっているわけです。

バイデンは高所得層に税金をかけたり、社会保障を増やすなど、健全な福祉国家の再建を目指しているのかもしれませんが、今の資本主義の仕組みそのものを見直さないかぎり、新たな問題が次々と出てきて、また大きな危機に発展してしまう。

中野　その点は私も同意見です。しかし、バイデン政権がグローバリズムと距離をとり始めたこと自体はいいことだと思います。一例をあげると、バイデン政権で大統領補佐官（国家安全保障問題担当）に登用されたジェイク・サリバンは、オバマ政権のスタッフでしたが、ＴＰＰは誤りだったとして、強力な産業政策が必要だと明言しています。

ただし、一言だけ言わせてもらうなら、10年遅い。柴山さんがおっしゃるように、ここまでグローバリゼーションが進んでしまった以上、この路線を切り替えるのはそう簡単なことではありません。
また、過去の民主党の振る舞いからすると、バイデン政権の任期途中か、あるいは次の政権になってから、再びグローバリズムに舵を切る可能性がないとは言い切れません。

施　私も民主党には期待できないと思います。マーク・リラというコロンビア大学教授が『リベラル再生宣言』（早川書房、２０１８年）という本で、リベラル派、つまりアメリカの民主党はしばらく前から、国民に呼びかけ、議会を通して社会を改善していくことをほぼやめてしまったと嘆いています。その代わり、彼らは大学町に逃げ込み、立法ではなくもっぱら司法を通して社会改革を行おうとするようになったというのです。

これは国民の連帯を重視し、国民の意思で社会の針路を決めていこうとするナショナリズムとは真逆な態度です。バイデン政権にもそれが表れていると思います。彼らがナショナリズムを重視するとは到底思えません。

▼ナショナリズムの評価が落ちた理由

柴山　バイデン政権が直面している困難はもう一つ、アメリカはナショナリズムに回帰し始めたと言われていますが、それと同時に「ナショナリズムなど時代遅れだ」という風潮も依然として根強いということがあげられます。グローバリゼーションが格差をもたらしたことは広く知られるようになりましたが、だからと言ってナショナリズムを掛け値なしに信じられる段階に戻ったわけではありません。

この点について、ハゾニーは第一次世界大戦と第二次世界大戦を比較し、ナショナリズムの評価が下がった理由を説明しています。第一次世界大戦の前まで、知識人たちは基本的にナショナリストで、彼らが国民国家形成の先頭に立っていた。日本も例外ではなく、戦前の日本のエリートたちはみなナショナリストでした。

しかし、第二次世界大戦では、ナチスのホロコーストをはじめ大変な事態が起こりました。それは人類の心に深い傷を残し、ネイションに対する異常なまでの警戒心をもたらしました。「贖罪意識」と言ってもいいと思います。そのため、20世紀後半になってグローバル化の波が来たとき、ネイションは防波堤として機能しなかったのです。

これに対して、ハゾニーがこれほどネイションの重要性を訴えることができるのは、彼がネイションの精神的支柱を旧約聖書に見出しているからです。『ナショナリズムの美徳』には、旧約聖書の中に独立したネイションを基盤にすべきだという考え方があらわれていると記されています。ユダヤ人のハゾニーがネイションの基礎を旧約聖書に置くのは、日本人がネイションの基礎を天皇に置くようなものです。ハゾニーが日本人だったら、間違いなく天皇主義者になっていたでしょう。

しかし、ここまで確信をもって旧約聖書の世界観を信じられる人は少ないと思います。ハゾニーの議論がアメリカ全体の共感を呼ぶとは思えません。ネイションの価値を再確認するには、もう少し別の何かがいるように思います。

▼原爆投下は「世の終わり」と呼ばれた

佐藤　まず『ナショナリズムの美徳』が「右派知識人のマニフェスト」と位置づけられたという話ですが、これには留保をつけねばなりません。ダニエル・ルーバンの記事「The Man Behind National Conservatism」（国家保守主義の仕掛人）は、２０１９年7月26日の「ザ・ニュー・リパブリック」に発表されましたが、該当箇所の原文は「*the closest thing* the movement has to an intellectual manifesto」。ルーバンの言う「the movement」（運動）とは、新しいナショナリズムを盛り上げようとする動きのことで、記事タイトルにもある通り「国家保守主義」と規定されます。しかるに「the closest thing」（最も近いもの）とある以上、『ナショナリズムの美徳』について「右派知識人のマニフェスト」だと認めたわけではない。

「国家保守主義の運動にからんで出てきた書籍の中で、知的マニフェストに最も近いものがあるとしたらこれだろう」というニュアンスなのです。現に記事を読むと、ルーバンはハゾニーの主張をロクに評価していません。ちょっと引用しましょう。

> 結局のところ、この本は「社会に束縛されない自立した個人」という昔ながらのおとぎ話を、国家に当てはめたものにすぎない。国民国家は純粋で気高く、みなが和気あいあいとしている。強制支配や征服とは縁がなく、歴史は持っているものの政治的対立は実質的に皆無。ところが国際社会では、さまざまな「帝国」が自分の意向を押しつけようとするせいで、「うるわしい共同

体」たる国民国家は無理やり屈従させられる。だからこそ各国は、国際社会の束縛から自由になるべく、立ち上がるに至ったという次第。
　今や世界では超国家的な機関が機能不全に陥っている、この手の主張をわれわれは繰り返し耳にしてきた。だが現在の世界では、国民国家も同じくらい機能不全に陥っている。なぜか？　ずばり言ってしまおう。ハゾニーが夢想するような「和気あいあいとした共同体としての国民国家」など、実際にはほとんど存在したことがないからである。（拙訳）

　要するに「国家保守主義のマニフェストもどきなど、しょせんこの程度」と切り捨てているのです。この評価が妥当かどうかはともかく、ルーバンがそう書いたのは事実なので、彼がハゾニーに否定的であるという点はハッキリさせておきましょう。

　つけ加えるなら、ハゾニーの国民国家観をめぐるルーバンの指摘は非常に興味深い。「09『建国の父』を自己批判したアメリカの保守」で施さんが述べているように、「社会に束縛されない自立した個人」はリベラリズムの人間観です。ところが同じ発想を国民国家に当てはめると、保守主義だという話になる。国家保守主義の主張の中で、知的パラドックスに最も近いものがあるとしたら、これかも知れませんね。

　さて、20世紀半ばに生じたナショナリズムの名誉失墜に話を戻します。ナショナリズムのイメージが失墜した契機として、ハゾニーがもっぱらホロコーストをあげるのは、彼がイスラエルに住むユダヤ人であることを思えば納得できる。ただしすべてをヒトラーのせいにするのは、私に言わせれば過大評価のそしりをまぬかれません。ナチスがユダヤ民族を丸ごと抹殺しようとしたことの重大性は看過しがたいとしても、です。

むしろ決定的だったのは、核兵器の出現ではないか。ハゾニーは国民国家が互いに尊重、ないし牽制しあう国際秩序（実際には同じことです）を最善と見なしますが、当の秩序は戦争によってしばしば脅かされてきた。

まして核保有国同士が正面からぶつかったら、国際秩序どころか人類そのものの存続が危うい。「もはやナショナリズムを抑え込まねばならない、グローバルな政治主権が必要だ」という話になるのは当然の帰結でしょう。

第二次世界大戦後、自由主義諸国の発展をもたらしたＧＡＴＴ（関税および貿易に関する一般協定）体制について、政治経済学者のジョン・ラギーは「埋め込まれた自由主義」と評しました。市場経済が、政府の管理や制約のもとに埋め込まれていたというわけですが、ならばナショナリズムにしても、グローバルな政治主権の管理や制約のもとに埋め込むべきではないのか。「国家主権の失敗」がもたらす弊害は、「市場の失敗」と比べても甚大です。

ハゾニーはナショナリズムを旧約聖書（ユダヤ教）、グローバリズムを新約聖書（キリスト教）に結びつけるものの、核兵器の出現は後者にがぜん説得力を与えました。広島への原爆投下について、ウィンストン・チャーチルは「これこそキリスト再臨だ。彼は怒りの神となって戻ってきた」と語っています。つまりは聖書に予告された世の終わりが来たということですが、キリストの教えに従えば、そのあと全世界は「神の国」によって統一されるはず。第二次世界大戦という「地獄の黙示録」が、ナショナリズムに引導を渡したのです。

▼アメリカの連帯は回復しない

施　ナショナリズムに危なっかしいところがあるというのはそのとおりだと思います。ただ、私はハゾニーにならい、もう少しナショナリズムの味方をしたいですね。ネイションを構成する人々は相互に忠誠心や連帯意識を持つため、防衛や福祉政策などの共同事業が行いやすくなります。グローバル化が進むにつれて福祉も行いにくくなり、秩序も不安定化しています。ネイションに人々を結束させる力があることは間違いありません。少なくとも理念のレベルではそう言えます。

ただ、アメリカに関してはもう手遅れという気がします。先の大統領選挙を見ても、トランプ支持者たちは「あの選挙は不正選挙だ」として、民主的な選挙を信じなくなっています。

一方、バイデン支持者たちはトランプ支持者たちの主張を「それは陰謀論だ」と一蹴し、まったく相手にしません。調査もしません。それだけでなく、マスコミをはじめとするバイデン支持者たちはトランプ支持者の言論を封殺しています。彼らのツイッター(現・X)やユーチューブはどんどん閉鎖されていますし、トランプ自身もツイッターから永久追放されました(その後、復活)。

私は情報収集の一環で、トランプ支持者たちが集うパーラー(Parler)というSNSを利用していましたが、これもしばらく使えなくなっていました。その間、アメリカの保守派は、アメリカのSNSから締め出され、彼らの言論が規制されない場を求めた結果、ロシアのテレグラム(Telegram)というSNSを用い情報交換するという皮肉な状態が出現していました。

トランプ派とバイデン派の対立は深刻で、もはや対話が成り立ちません。トランプ支持者の中には、テキサスがトランプ派の牙城ということもあって、テキサスに引っ越したがっている人がたくさんいるそうです。そういう意味では、アメリカのナショナリズムがどこまで有効に働くかは疑問です。

（２０２１年４月９日「東洋経済オンライン」記事を基に改稿）

13

「中国の脅威」なしにアメリカは復活しない

――神話が支える「暫定協定」で分断や対立を超えよ

中野剛志×佐藤健志×施光恒×柴山桂太

「12　アメリカは本当に『反グローバル化』に向かうか」に続き、ヨラム・ハゾニー氏の著書『ナショナリズムの美徳』を中心に、国民国家、ナショナリズム、リベラリズムについてさらに深掘りして徹底討議する。（編集部）

▼反グローバリズムの危険な顛末

佐藤　アメリカの現状から浮かび上がるのは、「ナショナリズムかグローバリズムか」という図式で物事を考えるのがもはや不適切だということです。２０２０年の大統領選挙は、ナショナリズムを唱えたドナルド・トランプの敗北に終わりましたが、だからといってグローバリズム、ないしグローバリストが勝利したわけではない。

大統領就任演説でジョー・バイデンが強調したのは国民統合です。「アメリカの物語」を一緒に作ろうと呼びかけたのです。現時点で断定はできませんが、過去の民主党政権のようにグローバリズムを推進することはない（あるいはできない）でしょう。
ところが今、起こっていることはナショナリズムへの回帰でもない。主観的にはナショナリストだと思っている人たちが、ナショナリズムの名において、自国の国民統合を破壊する振る舞いをしているのです。端的な例は、２０２１年１月６日に起きたトランプ支持者の連邦議会襲撃。あれはアメリカというネイションの正統性を否定するものと評さねばなりません。

議会を襲撃した連中は、下院議長のナンシー・ペロシや、上院院内総務のチャック・シューマー（ともに民主党）のみならず、副大統領のマイク・ペンス（もちろん共和党）まで狙っていました。アメリカでは副大統領が上院議長を兼ねますが、ペンスは大統領選挙の結果、つまりバイデン勝利の認定を阻止するつもりはないと発言したからです。

しかもトランプはこれにどう反応したか。この日の朝、彼はワシントンに集結した支持者に対して「死にものぐるいで戦わなければ、君たちは祖国を奪われるだろう」と告げています。襲撃発生後こそ、とりあえず「暴力はいけない！」とツイートしたものの、「君たち（注：議会に乱入した支持者）は特別な存在だ、愛している」とも語りました。そして「この日は永遠に記憶されるべし！」ともツイートしたのです。

アメリカの政治学者バーバラ・Ｆ・ウォルターは著書『*How Civil Wars Start*』（２０２２年。邦訳『アメリカは内戦に向かうのか』、東洋経済新報社、２０２３年）で、分断の深刻化した社会では、対立勢力への実力行使を煽って人気を集めたがる「暴力対決仕掛人」（Violent Conflict Entrepreneurs）が出現すると論じました。トランプの取った行動は、ずばり暴力対決仕掛人そのものであり、内乱の発端となりかねません。それが「国家保守主義」だと言うのなら、うかつに国家保守主義など肯定すべきではないでしょう。

近い将来、アメリカが機能不全に陥る危険性については、オンライン講座『2025年、日本が迎える巨大な分岐点』(経営科学出版。https://in.38news.jp/satowa_teika)で詳しく論じました。ですから、そちらも是非ご覧いただきたいのですが、とまれこの問題はどう捉えればよいか。じつはこれもヨラム・ハゾニーの議論、より正しくは彼の議論に潜む矛盾や破綻から説明できます。

『ナショナリズムの美徳』(庭田よう子訳、東洋経済新報社、2021年)で、ハゾニーは国民国家を「帝国」の反対概念と位置づける。ネイションの枠を尊重するか、それを越えた覇権を目指すかの違いです。さらに彼は、国民国家の長所として「帝国主義的な征服に走ったりしない」ことを挙げました(137ページ。訳文では「帝国による征服に価値を見出さない」となっているが、比較すれば明らかなように、これはハゾニーの主旨を適切に伝えていない)。

しかるにハゾニーは同じ章、わずか9ページ後の箇所で何と書いたか？

(注：19世紀末から20世紀の初め、アメリカは帝国主義的な支配権の拡大に走ろうとして、結局それを放棄したが)では、ヨーロッパの国民国家はどうだろうか？　イングランドやオランダのようなプロテスタントの国民国家でさえ、当初帝国主義的野心の対象としなかったのは、ヨーロッパ大陸のみだった。カトリックのスペインは、海外の広大な領土から得た富のうえに成り立っていた。プロテスタントの新勢力とフランスは、経済的・軍事的に対抗するために自ら帝国へと向かった(注：

> イギリス、オランダ、スペインといった諸国に対抗すべく帝国主義を目指した、の意）。（１４６ページ）

この話のどこから「国民国家は帝国主義的な征服に走ったりしない」などという結論が出てくるのか。国民国家であることと帝国であることは、対極に位置するどころか、何の矛盾もなく両立すると見なければなりません。

『ナショナリズムの美徳』には、関連して傑作な特徴があります。アメリカは国民国家なのか、それとも帝国なのかという点について、ハゾニーはついに一貫した立場を取れず、その場その場で評価をコロコロ変えているのです。国民国家と帝国の峻別がそもそも不可能なのですから、そうなるのも仕方ありませんが、だったら議論を根底から練り直すのが筋のはず。

ハゾニーはグローバリズムについても、帝国主義の一種と規定します。しかるに国民国家と帝国の間に、きっちり線を引くことはできないのですから、これはナショナリズムの中にもグローバリズム的要素があると主張するにひとしい。国家保守主義も何もあったものではないのです。

そして、この話にはいかなるオチがつくか。同書１４６ページから引用しましょう。

> 国内ではナショナリストでありながら、アジア、アメリカ、アフリカの人々を征服するという点では帝国主義者という、ヨーロッパ列強のこのような二面性は、多くの点で驚愕すべきである。

「驚愕すべき」は、原文では「appalling」ですから、正しくは「ギョッとさせられる」ですが、真に驚愕すべきはハゾニーの不誠実さです。自分の本の基盤をなす前提が間違っていると認めつつ、「ギョッとさせられる」と言うだけでシレッと議論を続ける。なりふりかまわぬ居直りと批判されても、抗弁できた義理ではありません。

19世紀イギリスの名宰相ベンジャミン・ディズレーリは、労働者階級の利益のためにも帝国主義が必要だと主張しました。ネイションの福利を最大化したければ、国民国家は世界規模の覇権を追求すべきだと説いたのです。ところが『ナショナリズムの美徳』には、ディズレーリの名前すら出てこない。ハゾニーにとって、ディズレーリの名を出すのは何とも都合が悪いのです。キリスト教に改宗こそしていますが、ディズレーリはユダヤ人だからです。「Disraeli」から最初と最後の文字、つまり「D」と「i」を取ると「Israel」(イスラエル)になるのも、たぶん偶然ではないでしょう。

ナショナリズムのルーツをユダヤ教に求めようとする議論も、こうなると眉唾物と評さねばなりません。解説を書かれた中野さんと施さんには大変申し訳ないのですが、私はこの本を評価できないのです。

▼ナショナリストは「部族主義」に走る

佐藤　国民国家と帝国は表裏一体という不都合な真実は、現代でも生き続けています。先進国同士は、互いに相手を自由なネイションとして尊重するか、とりあえずそのふりをする。ただし先進国のレベルに達していないと見なした国に対しては、平気で帝国主義的な態度を取ります。国民国家か帝国かというハゾニーの二分法は、ナショナリズム賛美のための方便としてならいざ知らず、現実には成り立ちません。

ゆえに「アメリカ・ファースト」というトランプ式のナショナリズムも、すぐジレンマにぶつかる。ディズレーリにならえば、アメリカというネイションの福利を最大化するためにも、グローバリズムは無視できないのです。しかしハゾニー的な二分法を信じている（であろう）トランプ支持者にとって、これはまことに都合が悪い。彼らの視点に立つかぎり、ネイションがグローバリストに乗っとられているとしか見えないはずです。

このジレンマをどう解決するか。既存のネイションは信用できない以上、「グローバリズムを全否定できるネイション」の存在を新たに想定、ないし夢想するしかない。それはアメリカというネイションより小規模になりますが、「トランプ派のネイション」と言ってもいいし、ハゾニーの議論を踏まえて、ネイションの下位集団、トライブ（部族）と規定することもできます。

ナショナリズムを信奉しているつもりのトライブが、ナショナリズムの名のもとネイションを壊しにかかったというのが、連邦議会襲撃事件のメカニズムです。けれどもバーバラ・F・ウォルターを引き合いに出すまでもなく、これが内乱なのは明らか。ネイションの暴力的崩壊を煽る理念に、どこまで美徳を見出すべきかは疑問でしょう。

襲撃の直後、ワシントンの議事堂には州兵が入って警備する事態になりました。南北戦争以来のことと伝えられますが、あれはアメリカが分裂の危機に瀕した戦争でしたから、事の本質を表しています。「ナショナリズムを唱える者ならネイションを肯定するはずだ」という考えは、甘い幻想として捨て去らねばなりません。

現在起きているのは、グローバリズムとトライバリズム（部族主義）によって、ネイションが引き裂かれる事態です。「反グローバリズムはトライバリズムへの道」こそ、２０２０年代の真実なのです。

中野　確かに議会を襲撃した人たちの中には、部族の格好をした人もいましたね。まさにトライバリズムです。

佐藤　彼は「ジェイク・アンジェリ」を名乗る人物（本名ジェイコブ・A・チャンスリー）で、「Qアノンのシャーマン」とも呼ばれます。あの場には迷彩服を着て武装した人たちもいましたが、アンジェリのほうが注目を集めた。彼が象徴するトライバリズムこそ、トランプ支持者の本質だと見なされたのでしょう。

しかもアンジェリは「天使」の意。近代的・合理的な世界に、神話的・宗教的な世界が乱入したのです。私は２０２１年に制作したオンライン講座『自滅的改革が支持されるメカニズム』（経営科学出版。https://pages.keieikagakupub.com/satonh2_99800/）と『閉ざされる再興への道』（同。https://pages.keieikagakupub.com/satonh3/）で、時代や社会は神話で動くと論じたところですが、きれいに裏書きしてくれましたね。

『ナショナリズムの美徳』の問題点についても、やはり経営科学出版で行ったオンライン読書会『READ INTO GOLD～黄金の知的体験』で、さらに徹底して論じました。アーカイブ動画（https://pages.keieikagakupub.com/satobc-v2/）が配信されていますので、興味のある方はぜひご覧ください。

▼保守主義の利点か、現状維持の美徳か

中野　もともと国民国家は非常に脆弱なものです。何か確固たる根拠のもと成り立っているのではな

く、統合や分裂を繰り返し、たまたま現在のようになったというのが実情です。

イギリスを例にとると、四つの国からなる連合国ですが、明確な根拠があって一つになったわけではありません。さまざまな歴史的経緯の中で現在の形に落ち着いただけです。

そのため、「国民国家の根拠は何か」ということを争えば、無根拠性が暴かれ、バラバラになってしまいます。国内に複数のトライブ(部族)を抱えていれば、トライバリズムに向かっていき、社会が分裂する恐れもあります。そうした事態を避けるためには、国家の根拠を問うことをやめ、いまある国家秩序をひとまず受け入れるしかありません。

ハゾニーはこの問題を、「政府の哲学」と「政治秩序の哲学」という区分を用いて説明しています。「政府の哲学」とは、内部が統合されて安定した独立国家を前提とし、そのもとで政府の最良の形態を究明しようとする政治哲学のことです。例えば、リベラリズムは政府の最良の形態として自由の保障を求めるものですから、「政府の哲学」に当たります。

もっとも、「政府の哲学」はあくまで安定した独立国家の存在を前提としています。そのため、「独立国家はいかにして可能か」という問いに対しては適切な答えを出すことができません。

これは民主政治について考えればわかりやすいと思います。民主政治とは、簡単に言うと「みんなで話し合って物事を決める政治」のことです。それでは「みんな」とは誰のことか。「みんな」が誰かを決めなければ話し合いは始まりませんが、「みんな」の範囲を「みんな」で話し合って決めることはできません。

この点を追究するのが「政治秩序の哲学」です。先ほど述べたように、国民国家の範囲は歴史的経緯の中で決まったのであって、自律的な個人の合意や民主的手続きなどによって決まったわけではありません。

これに対して、ハゾニーは、現在の秩序には明確な根拠はないけれども、今のところバランスがとれているのだから、この秩序を維持していこうと考えます。いわば「暫定協定」として政治秩序を守ろうとするわけです。このような思想は保守主義と言っていいと思います。

仮にトランプ派と反トランプ派が内戦を起こせば、アメリカという国民国家は分裂しますが、トランプ派のネイションからなる国民国家と反トランプ派のネイションからなる国民国家ができるだけの話で、国民国家そのものが消えるわけではありません。

しかし、ハゾニーはそれをよしとしているわけではありません。彼は国民国家一般を擁護しているのではなく、現に存在する国民国家を擁護しているのです。彼は現在の政治秩序を重視し、それを守ることに利益を見出しているのです。だから彼が主張しているのは、「ナショナリズムの美徳」というよりはむしろ「保守主義の利点」なのです。

佐藤　なるほど。ただしその場合、現に存在する帝国についても、安定しているものは擁護しなければなりません。帝国の中のネイションが独立しようとするのも、不安定になるから望ましくないと否定すべきでしょう。

ハゾニーが国民国家一般を擁護しているのでないとすれば（本を読むかぎり、議論の構成はそうなっていませんが）、帝国一般を批判することもできなくなるのです。しかしこれでは、国民国家と帝国を比較して、どちらに美徳があるとかないとか言うことにも、いよいよ意味がなくなってくる。両者の間に線を引くことなどできない点を別としても、ハゾニーが擁護するのは「現に存在する」国民国家だけなんですから。

中野さんのおっしゃるとおりであれば、この本の題名はみごとに間違っている。『現状維持の美徳』でなければなりません。ただしその場合、現に存在する国民国家が（例えば）人種差別を行っていても、美徳や利点を見出す必要が生じる。ここで言う人種差別には当然、反ユダヤ主義も含まれます。

実際、「01『脱成長』論が実は『経済成長』を導いてしまう逆説」で指摘したとおり、この点についてハゾニーはみごとに自分の首を絞めた。議論を展開するうちに、アパルトヘイトや、かつてのアメリカの奴隷制を正当化しかねないところまで行き着いてしまい、そのたびに釈明しています。「現状維持の美徳」は、「御都合主義の美徳」と紙一重であると評さねばなりません。

他方、国民国家という「暫定協定」には、論理とは異なる無意識的な基盤があります。つまり神話。神話とは、無意識の願望を言語化・物語化することで、意識的に共有できるようにしたものです。多分に偶然によって成立した国民国家の枠が、こうして「必然的なもの」と見なされるようになる。暫定協定の永続化が図られるわけです。

「神話を学ばなかった民族は例外なく滅ぶ」とは、アーノルド・トインビーの名言とされる言葉ですが、神話が共有されればネイションはまとまり、共有されなくなれば解体する。神話に支えられる形で、普遍性・永続性を得るに至った現実認識こそ、安定した国家の礎石と言えるでしょう。

中野　アメリカだと、リンカーン像などが非常に神々しく作られていますね。また、ジョージ・ワシントンが子どもの頃に父親の桜の木を傷つけてしまったことを正直に告白した話が語り継がれています。あの話自体はつまらない訓話ですが、国をまとめるにはあの手の神話が必要なのでしょう。

施 そうですね。歴史的に見ると、ネイションは30年戦争という宗教対立が終わったあとに台頭しました。当時のヨーロッパ人は神学論争やイデオロギー対立に疲れ果て、精神的安定を欲していました。そのため、イデオロギーや階級対立を超えて人々をまとめるネイションが求められたのです。ネイションが神話のようにフィクショナルなものだとしても、人々はどうしてもネイションを必要とするのです。

▼国民国家が生き延びる道

柴山 中野さんのおっしゃるとおり、国民国家はさまざまな歴史を経て現在の形になりました。私たちはそれを「暫定協定」として受け入れてきました。これに対して、今起こっているのは、その歴史を道徳的な悪をたっぷり含んだものと考え、過去を断罪する運動です。

日本でもしばしば報道されているように、アメリカでは奴隷制度に関わった人物の銅像が次々に打ち倒されています。同様のことはイギリスでも起こっています。先日、イギリスのエディンバラ大学の留学から帰ってきた学生に聞いて驚いたのですが、エディンバラ大学にあった「デイヴィッド・ヒューム・タワー」の名前が変わったそうなのです。18世紀の哲学者ヒュームの名前を冠した大学の中心的な建物ですが、ヒュームがあるエッセイで黒人差別的な文章を書いたことがあったため、問題になったようです。

中野 実にばかげていますね。

柴山　ヒュームが活躍したのは、今から２００年以上前の話です。社会規範が今とはまったく違った。たとえそれが許しがたいことだったとしても、歴史とはそういうものだから、そこは与件として見なければならないはずです。

しかし、人権問題を重視する人たちは、そうは考えない。現代のリベラルな価値観を過去にも遡行的に適用しようとしている。もちろん、そうした反省に意味がないとはいいませんが、この流れでいくと、従来の「暫定協定」をそのままの形で維持することはできないでしょうね。

佐藤　国民国家の中には、グローバリズムに進む方向性とトライバリズムに進む方向性がともに潜んでいる。両者が同時に勢いづいたら、「暫定協定」が崩れるのは避けられません。それが今、起きている事態の本質です。国民国家が生き延びる道があるとすれば、両方の要素を取り込んだ新しい「暫定協定」を作るしかない。２０２０年代は、ネイション（国民）とステート（国家）をめぐる新たな神話が必要とされる時代なのです。

施　私もそう思います。グローバリズムとトライバリズムの両方を意識し、どちらか一方に傾くことなく、うまくバランスをとることが重要です。

中野　アメリカは世界中の国々をリベラル化することを使命とし、そういうリベラリズムをナショナル・アイデンティティとしてきました。そのため、国力がどれほど落ち込もうが、中東にも首を突っ込まなければならないし、ロシアにも首を突っ込まなければならない。ミャンマーにも首を突っ込まなければならない。自らのアイデンティティを強調すればするほど、オーバーストレッチになって自滅する構造になっているのです。自分で自分の足を食ってしまうようなところがあるわけです。

しかし、だからと言って、この使命を放棄し、トランプ支持者たちのようにトライバリズムを進めていけば、それはそれでネイションの崩壊を招きます。これまで議論してきたように、リベラリズムであれトライバリズムであれ、いずれにせよアメリカという国家の内部崩壊を招く危険性があるのです。

それでは、アメリカが統一を回復するためにはどうすればよいのか。情けないことに、いくらアメリカが自ら統一を回復しようとしても、アメリカ自身にはそんな力は残っていません。私が思うに、もしアメリカが再びまとまるとすれば、共通の敵が出現したときでしょう。

その典型が9・11テロです。当時もアメリカは多くの問題を抱えていましたが、あのテロをきっかけに一気に国内がまとまりました。日米戦争の際もアメリカは国内が一つにまとまりました。アメリカは共通の敵がいれば団結する国です。もっと言うと、国が分裂しそうなときはあえて共通の敵を作り出そうとすることさえしかねない国なのです。

現在のアメリカにとって共通の敵とされているのは、中国です。そういう意味では、トランプもバイデンも同じように中国を脅威と見なしているのは非常に興味深いことです。バイデン政権で国務長官に就任したブリンケンは、公聴会に出席した際、トランプの外交政策は対中関係に関するかぎり正しいと明言しました。

これはリベラル派にとっては気に入らないでしょうが、アメリカがまとまるためには中国の脅威が必要なのです。したがって、習近平がもっと頑張ってアメリカを脅かすことが、アメリカの復活のためには最も望ましいというのが私の結論です(笑)。

(2021年4月15日「東洋経済オンライン」記事を基に改稿)

III

コロナ禍以後の国家と世界

第III部の新型コロナ禍に関する座談会は2020年夏、コロナの第一波が収束した段階で行われたものです。感染の波が繰り返し訪れることは、当時まだ判明しておらず、ワクチンの接種も始まっていませんでした。

そのため一部、内容的に古い箇所があるものの、「パンデミックの初期にどのような議論がなされていたか」の記録として、本座談会は貴重なものと考えます。上記の点を留意のうえ、お読みいただければ幸いです。（編集部）

14

「専門家会議は経済無視」という的外れの批判
――「不確実性」が突出していた新型コロナ危機

中野剛志×佐藤健志×施 光恒×柴山桂太

コロナ後の社会・経済・国家はどうなるのか。各国のウイルス対策の相違とは。「専門家会議」「ロックダウン」などをキーワードに徹底討議する。（編集部）

▼後出しジャンケンの勝手放題

中野　緊急事態宣言は（２０２０年）5月に解除されたものの、今（２０２０年8月）は第二波が来ているのではないかという状況で、東京でも大阪でも感染者が増えています。

佐藤　宣言は4月に発令されましたが、月が変わると感染拡大が収束しそうな気配があった。「収束」は流行が下火になることでしかないので、コロナが完全に制圧される「終息」とはそもそも違うのですが、多くの人が「これで終わった」と安心しました。政府まで、そう思っていた節があります。しかし実際は、これからが本番ではないのか。改めて現実と向き合わなくてはいけませんね。

中野　緊急事態宣言が終わって専門家会議が解散したとき、「専門家会議の議論が正しかったのか、接触の８割削減が本当に必要だったのか、事後検証する必要がある」という声が上がりました。自称専門家がぞろぞろ出てきて、後出しジャンケンの安心感丸出しで、勝手放題言っていた。しかしみな、根本的なところで的を外していました。

柴山　どのあたりが外れていたのでしょうか。

中野　今回のコロナ対策の最も重要なポイント、すなわち専門家会議は何と戦っていたのか、それは、新型コロナウイルスというよりは、「不確実性」だったのです。つまり、「よくわからない脅威が来たときにどう対処するのか」という問題が問われていた。

　中国で新型コロナウイルスが発生したという情報が伝わってきたとき、「ちょっとした風邪だ」と言う人もいれば、「いや、深刻な疫病だ」と言う人もいて、実態がよくわからなかった。専門家会議が直面した事態とは、すでに正体がわかっている相手ではなく、正体がよくわからないし、データも十分ではない未知の感染症による危機だった。そういう認識がまず必要です。

「パンデミック不確実性指数」という指数があります。パンデミックにまつわる不確実性、つまり正体不明である度合いを指数化したものです。実は、今回の新型コロナウイルスは、過去のＳＡＲＳやエボラ、ＭＥＲＳ、新型インフルエンザなどと比べても、不確実性指数が圧倒的に高かったんです。感染力や毒性では、ほかのウイルスのほうが恐ろしいかもしれないが、不確実性という点では新型コロナウイルスは突出していた。これが、新型コロナウイルスの最大の怖さです。

　例えば、最初は、高齢者等の重症化率が高いけれど若者はほとんど軽症なので、それほど心配しなくていいように言われていましたが、その後、重症化しなかった若者でもつらい後遺症が残ることがわかってきた。最初のうちは「集団免疫を獲得すればいい」と唱えていた人もいましたが、最近では「一度抗体ができても数カ月で消えてしまう」という研究結果が出てきた。ワクチンにしても、いつできるのか、本当に作れるのかどうかもわからない。変異するかもしれないという不確実性もある。

そういう得体の知れないものに立ち向かったという視点から見ると、専門家会議はよくやったと思います。いろんな情報が飛び交い、何が正解なのかわからない中で、なんとか第一波を乗り切ることに成功した。これはすごいことです。

そこに思いを致さないと、新型コロナウイルスの正体がある程度わかってから後知恵でやった批判や反省などは、次に変異したコロナによる第二波が来たり、コロナ以外のウイルスによるパンデミックが起きたりしたときには、何の役にも立ちません。

▼ロックダウンできないハンディの克服

佐藤 専門家会議のみならず、政府の対応をめぐる事後検証自体は大いに結構。問題は、検証の必要性を説く人の多くが、危機管理の基本を知らないとしか思えない言動を平気ですることです。

感染症に限らず、こういうときは「ミニ・マックス法」で対処するのが鉄則。最悪の事態を想定し、その場合でも被害や犠牲が最小限となるように行動することです。「想定される最大《マックス》の損害」を最小《ミニ》にしようとするから「ミニ・マックス」なのですが、ならば専門家会議のやったことは正しい。

ところが後知恵批判組の大半は、「ここまで最悪の事態を想定しなければ、結果はもっとよくなっただろう」と文句をつけている。「なぜ、もっとコロナを見くびらなかったのか」というわけです。

危機をナメてかかるのが正しい危機管理と構えるようでは、まったく話にならない。この手の主張は検証にあらず、コロナへの不安、および行動制限への不満をまぎらわせたいがゆえのヒステリーと見なすべきでしょう。

中野　加えて日本の場合、「ロックダウンができない」というハンディがありました。行動制限を強制できない。だから、自主的な行動変容を促さなければいけなかった。これは非常に難しい。結局、啓蒙するしかないわけです。専門家会議のメンバーや西浦博先生は何度も記者会見して接触機会の削減や外出自粛を訴え続けていましたが、あれはそういう難しい状況をマネージするために、前面に出ざるをえなかったんです。

かつ、言葉のインパクトで行動変容を促さないといけないので、あえてコロナの脅威を強調せざるをえなかった。そうやって、擬似ロックダウン状況を作ろうとしたわけです。

どれも必要があってやっていたことなのに、それに対して「大げさなことを言って不安をあおっている」などと、「不確実性」という状況もわきまえずに無責任な批判をする自称専門家たちがかなり出てきた。

佐藤　ついでに自粛や予防をめぐる呼びかけをすれば、人々はそれを１００%遵守するだろうと考えるのは、人間社会について何もわかっていないと告白するにひとしい。いくら徹底的に呼びかけたところで、実際の達成率はせいぜい6割ぐらいと見なくてはなりません。

言い換えると、現実に（例えば）１００の結果を出すためには、どれくらいのレベルの自粛や予防を呼びかける必要があるか。１００を０・６で割れば、約１６７です。つまり7割増しぐらいに厳しくしておいて、ようやく目標が達成される。これを大げさと批判するのであれば、例によって「危機をナメてかかるのが正しい危機管理」ということになるでしょう。

中野　専門家会議を批判した人たちの中には、楽観論に立って「集団免疫戦略でいいんだ」と言っていた者もいた。しかしそれをやったイギリスがどうなったか。感染者が激増したために、あわてて方針転換したが時すでに遅く、首相自身がコロナにかかって入院する事態になった。

専門家会議では、その目標を明確に決めていました。具体的には「医療崩壊を起こさないこと」で、重症者の数とか死者の数とか、オーバーシュートの防止ではなく、医療という堤防を決壊させないことを主眼にしていた。

医療崩壊の危険があるかどうかは、ベッド数の余裕や各地の病院からの報告を聞いていればわかる。4月には医療崩壊ギリギリで、危なかったと言われています。しかし医療機関が「このままだと崩壊する」と必死で訴えているのに、楽観派は「重症化するのは高齢者や基礎疾患の持ち主だけ」「まだ数百人しかかかっていない」というレベルの議論で、専門家会議を批判していた。

専門家会議を批判するのだったら、「医療のキャパは余裕で、医療崩壊の心配などなかった」という証拠を示さなくてはいけない。ところが批判者たちは、「緊急事態宣言発出時では、すでに新規感染者数が減っていた」とか、的外れの議論ばかりしています。新規感染者数が減っていても、入院患者数が累積して増えていけば、医療機関はいっぱいになってしまうのに。

▼経済的ダメージをどう制御するか

柴山　新型コロナは初期の時点の不確実性が非常に高かったので、専門家会議も難しい判断を強いられたとは思います。

医療の専門家が集まる専門家会議が、「医療崩壊を起こさないこと」を目的関数に政策を提言すること、それ自体はいい。だけど、国家全体の方針としては、もっといろいろなことを考えなければいけなかったのではないか。

雑誌『フォーリン・アフェアーズ』に、世界で30億人がロックダウンなどで外出制限の状態にある、という記事が出ていました。これだけの人口が、何カ月という単位でステイホームを強いられたというのは、人類の歴史でも前例がない。僕は個人的には、コロナ対策で世界各国がロックダウンに走ったことには疑問を持っています。

施　それはどういった理由からですか。

柴山　現代経済は高度に専門分化した分業の体制です。フリードリヒ・ハイエクの言うように有機的な秩序になっていて、いろんなものが複雑につながった生態系のようになっている。そこで全体の動きを何カ月も止めてしまうと、予想もつかないような破壊が次々に起きかねない。

日本の失業者はおよそ２００万人ですね。緊急事態宣言が実施された4月は、職場から給料はもらっているが仕事は休んでいる休業者が６００万人も出ました。仮にすべて失業者となっていたら、失業率は11%、リーマン・ショックのときの2倍になっていた。わずかひと月の自粛で大量の失業者が出てもおかしくない、それぐらいのすさまじい破壊力があるんです。

中野　ロックダウンの経済破壊力が大きいことは、公衆衛生関係の人たちもみな知っているでしょう。

それでもロックダウンをするのはなぜか。それは、早く感染拡大を収束させることで、結果的に、経済へのダメージも小さくできるからでしょう。

西浦先生の試算が示していたのも、「接触を8割削減すれば短く済む。7割削減だともうちょっと長くなり、6割だとさらに長く頑張らなければいけない」というものでした。厳しい措置を短期間だけやるほうが、緩い措置を長期間やるよりも、経済的なダメージは小さいという判断ですね。とくに、休業補償など財政支援を手厚くするならば、なおさら前者のほうがよいでしょう。

柴山　このウイルスが出回った当初は、まだ致死率なんかがわからなかったわけで、パニックを抑えるためにも緊急事態宣言を出して、感染収束を最優先するという考え方はわかります。ただ、ロックダウンによって感染者がどれくらい減るかだってわからない。

ロックダウンが長期化した場合、経済や社会にどれほど深刻な影響が出るのか、また解除の基準をどこに設定するのかもあわせて考えないといけない。ただそれは専門家会議より、政府の上のほうが考えるべきことでした。

専門家会議に注文があるとすると、もしコロナが想定された水準よりも弱毒だとわかったら、すぐに行動制限の緩和を要請するということをやってほしいですね。そうでないと、みんなが「コロナ怖い」モードに入ってしまっている中で、簡単には自粛レベルを下げられない。

確かに初動では危険レベルを高く設定するのがリスク管理のセオリーだとしても、「これはそこまでではない」となった瞬間にすぐに設定を下げるようにしないと、経済へのダメージがどんどん大きくなってしまう。

▼医療と経済のトレードオフは見せかけだ

中野　専門家会議ももちろん、緊急事態宣言を必要以上に続ける気はまったくないでしょう。もともと緊急事態宣言は、ソーシャル・ディスタンスをとって新規感染の拡大を抑えて時間を稼いでいる間に、ベッド数を増やしたり、軽症者の隔離施設を確保したりして、対コロナでの医療のキャパシティを上げていこうという戦略だったわけです。それができれば感染者数が増えても、厳しい措置をとらなくてもよくなる。

7月以降、4月時点以上に感染者数が増えているのに緊急事態宣言を再発出しない理由も、そこにあります。すべては医療のキャパシティ次第で、それを引き上げるための時間を稼ぐために緊急事態宣言を発出し、さらに延長した。

「専門家会議は経済無視で感染症退治のことだけ考えている」と批判をする人がいるけれども、それは間違いです。彼らは医療と経済の両方を気にしていたし、だからこそ、厳しい措置を唱えて短期間で終わらせようとした。また、西浦先生は「政府は休業補償などの経済的な措置をやってほしい」と言っていました。

柴山　経済の被害を抑えるために、政府が一時的にお金を出すことはできるでしょう。僕も、国民の一律給付には賛成でした。だけど、給付金が行き届くのに時間がかかりましたね。日本のシステムは、国民一人ひとりに迅速にお金を配れるようにはなっていないわけです。

さらに、「8割削減」の最終的な影響はおそらく、補償政策で対応できる範囲を超えてくると思います。世界全体がこういう状態で、輸出や海外投資など外需に関わる部分が落ち込んでいるうえに、内需の動きまで止めてしまうわけですからね。短期で見ても天文学的な規模の経済損害が出ると考えています。

これから世界的に予想もしないような危機が起きてくると思いますが、どんな形で次の危機が始まるのかということまでは予測できない。今の経済は地球規模の複雑系システムで、いろいろなところでいろいろなことが玉突きのように連鎖するからです。経済という生態系が壊れるときは、われわれの想像を超えた形で壊れていく。相当悲観的なシナリオを設定して対策を考えていくことが必要になってくるでしょう。

佐藤　コロナをめぐっては、医療に関する破局的なシナリオと、経済に関する破局的なシナリオをともに回避しなければならない。ただしこれは「医療と経済、どちらに重点を置いてもいい」ことを意味しません。感染被害が拡大し、医療崩壊も起きて、なお経済が回ると本当に思いますか？　感染被害の抑圧なくして経済被害の抑圧なし、行動制限緩和論者はここを見落としている。

感染被害と経済被害について、トレードオフの関係ばかり想定することが間違っているのです。トレードオフなら「ある程度の感染被害に耐えるかぎり、経済被害を一定レベル以下に抑え込める」という話になる。自分は感染しても重症化しないと思っている人にとって、これはなかなかの朗報です。高齢者や基礎疾患のある者に犠牲を押しつければいいわけですからね。

ところが、そういう話にはならない。パンデミックによって生じる経済被害には、「感染被害を抑え込もうとすることによって増大する」側面と、「感染被害が深刻化することによって増大する」側面があるのです。そして感染対策を緩めれば、コロナの流行は長期化しますので、いずれ後者が前者より大きくなるでしょう。

これは何を意味するか。ずばり「感染被害もひどければ、経済被害もひどい」という顛末に陥るのです。下手に賢く立ち回ろうとしたばかりに、自分の首をきれいに絞めてしまう次第。われわれは「01『脱成長』論が実は『経済成長』を導いてしまう逆説」で、経済成長にばかりこだわると、かえって成長しなくなるという結論に達しましたが、それと完全に同じです。

平時ですら、利益や豊かさだけを追求していては経済が成長しない。ましてパンデミック下において、経済を回そうとしさえすれば経済が回るなどということがありうるか。そんな発想は、新自由主義的な幻想として捨て去らねばなりません。２０２０年3月、ブルッキングス研究所は「ＣＯＶＩＤ－19が世界のマクロ経済に与える衝撃〜7つのシナリオによる予測」というレポートを発表しましたが、著者のウォーウィック・マッキビンとローシェン・フェルナンドも、以下のように述べました。

> 本レポートの目的は、各国の政策担当者に対し、『何も手を打たず、感染の拡大を放置したらどれだけの被害が生じるか』について、具体的なイメージをつかんでもらうことなのだ。(Warwick J. McKibbin and Roshen Fernando, “The Global Macroeconomic Impacts of COVID-19: Seven Scenarios”, p.9)

ところが不安に耐えられないせいで、危機をナメてかからずにいられない人々は、もっぱら「手を打ちすぎて、感染の拡大を抑え込んだらどれだけの被害が生じるか」にこだわる。これはプラグマティズムを装った現実逃避です。そんな態度のもと、有効な危機管理ができるとは信じがたい。
おまけに柴山さんが述べたとおり、今回の経済被害は世界規模。一国の政府がやれることには限界があります。まして政府の財政出動まで不十分だったら、リスク想定を下げて、自粛を緩めたところでどうにもならない。経済対策としては焼け石に水で、感染拡大を促進させるだけ。

　事態が想像以上に厳しい点を直視したがらない者が多すぎるのです。このままでは医療と経済の双方について、破局的なシナリオが実現してしまう危険だってあるでしょう。そうなったらそうなったで「これくらいの被害は仕方ない」「ほかの選択肢はなかった」「ベストを尽くしたが、結果としてうまく行かなかった」などと自己正当化の理屈を並べるのでしょうが、危機に対処できなかったことが変わるわけではない。

　先にも触れたとおり、現実逃避はしばしばプラグマティズムの装いのもとになされます。そして現実逃避したがる者が、自己の言動に責任を取ったためしはない。プラグマティズムと御都合主義は、ずばり紙一重なのです。

▼コロナウイルス対策に見る国柄

施　私が今回のコロナ問題を見ていて興味深く思ったのは、危機への対処にも国柄が出るというところでした。

　欧米は法律の裏付けをしたうえで非常に厳しい罰則を設けました。イタリアは外出禁止に違反したら日本円換算で35万円程度の罰金、アメリカのカリフォルニア州ではマスクをしないだけで300ドルの罰金だそうです。法律に基づく厳しい罰則で感染拡大を防ぐというのが、欧米のやり方でした。

柴山　アメリカやヨーロッパを見ていると、エリートと庶民の対立が深刻だと感じます。コロナへの対応についても、エリートは「リスクを高めに設定して、ロックダウンで感染を終息させる」と考えていますが、庶民は「それでは生活できない」と強く反発している。

ヨーロッパの国の多くはエリートのほうに合わせて厳格なロックダウンを実施した。アメリカは州によって対応がさまざまですが、「マスクもしたくない」という人が結構たくさんいて、もともとそういう層に支持されて大統領になったトランプは、ロックダウンに否定的だった。

施　中国など日本以外の東アジア、東南アジア諸国では、「デジタル権威主義」的手法というか、個人情報の保護など無視して、テクノロジーで管理してコロナを封じ込めていくやり方が採られました。中国は一時それでコロナの封じ込めに成功して、「欧米の自由民主主義よりも、中国のデジタル権威主義のほうが優れている」と言わんばかりの宣伝をしていましたね。

日本は憲法の縛りもあって、法律に基づく罰則を課すこともできず、デジタル権威主義的な統制もできず、結局は国民の規律意識や伝統的な衛生観念といった「文化的なもの」「共同体的なるもの」に頼ることになりました。世界的な調査を見ると、政府のコロナ対策に対する信頼度は、日本が主要国の中でいちばん低かったらしいですね。

ところがふたを開けてみたら、人口当たりのコロナの感染者の割合や重篤化した患者の割合という指標では、日本の成績は非常によかった。これも実に日本的というか、「政府のリーダーシップにはさほど期待できないけれども、国民の自発的な協調性や高い規範意識のおかげで対処できた」という形ですね。

中野　日本がなぜ第一波をそこそこコントロールできたのかは、いまだに不明だったりもしますね。おそらく新型コロナウイルスの情報がはっきりしなかったから、対策も国によって違ってきたんでしょう。今振り返ると、新型コロナウイルスの脅威自体が、アジアとヨーロッパ、アメリカで全然違っていた。ウイルスもナショナリティを帯びているなという気がちょっとしますね（笑）。

柴山　ヨーロッパでもスウェーデンのようにロックダウンを採らなかった国があって、よくスウェーデンの政策が正しかったのか、間違っていたのかという話が出ます。最初、死者数が増えたので批判する人が多かったのですが、経済まで含めて長い目で見たらわからないですね。それぞれの国の対策がどういう結果になるか、どの国のやり方が正解だったかということは、今の段階では断定できないでしょう。

ヨーロッパのコロナ対策で評価できるのは、早めにロックダウンを解除したことです。フランスはまだ感染者が1日６００人も出て、死者も１００人単位で出ているという状態でも解除している。

感染の波がピークアウトしたということもありますが、何よりロックダウンによる経済への影響がすさまじかったからでしょう。ＥＵ（欧州連合）が１００兆円規模の財政支出を決めたのも、これは大変なことになる、存亡の危機だということに気がついたからではないですか。

（２０２０年9月1日「東洋経済オンライン」記事を基に改稿）

15

コロナ危機が導く「グローバリズム以後」の世界
――「東京五輪」と「大阪万博」を諦めない日本の末路

中野剛志×佐藤健志×施 光恒×柴山桂太

「14『専門家会議は経済無視』という的外れの批判」に続き、コロナ後の社会・経済・国家について、東京五輪、大阪万博への評価なども交えて徹底討議する。（編集部）

▼グローバリズムの弊害、ナショナリズムの限界

佐藤　コロナのパンデミックは、グローバリズムの弊害という特徴を持ちます。ジェット機による交通と輸送の発達抜きに、ここまで感染が急速に拡大するなどありえません。経済にしても、国境を越えてサプライチェーンが広がったせいで、ドミノ式に大きな打撃を受ける下地ができていた。

ところがナショナリズムに回帰しさえすれば、それで問題が解決するわけではない。交通や輸送のレベルを、１００年前に戻すなど不可能です。病原体にしてみれば、世界は一つになって久しいんですよ。

裏を返せば、世界全体の健康なくして自国民の健康もない。そうなると、ナショナリズムだけでは

十分ではありません。つまりこのパンデミックは、ナショナリズムの限界も突きつけている。一筋縄ではゆかない話です。

柴山　僕もこのコロナ危機が起こったとき、「グローバル化の終わりがはっきり見えてきたな」と感じました。

実は統計的にはグローバル化の流れは、２００８年のリーマン・ショック以後、止まりつつあったんです。世界の貿易の伸びは２００７年をピークに停滞しているし、直接投資に至ってはピーク時の４割に落ち込んでいます。ただ世界的にそうなってきた中で、貿易と投資を増やしている国もいくつかあって、日本もその一つですね。

ヒト・モノ・カネの中で唯一ヒトの移動だけは、金融危機以降も相当な勢いで伸びていた。主因は観光客の増加です。人の移動が増えていたので、グローバル化が終わったという感じはなかった。しかし今回、そのヒトの移動が完璧に止まってしまった。国境封鎖を解けない状況が長期にわたって続き、当分は回復しないでしょう。

今後はどの国も、それを前提に経済政策、社会政策を考えざるをえない。貿易や投資、人の移動が年々伸び続けていくという意味でのグローバル化の時代は、終わりのときを迎えています。

僕はこれまで「グローバル化の時代はいずれ終わる」と言っていた立場ですが、「こういう形で終わるんだな」ということが感慨深かったですね。

佐藤　ところが政府は、まだ２０２０年東京オリンピック大会の開催にこだわっている。１年延期しても名称は「２０２０年」のまま変更しないようなので、時間を止めてでもグローバリズムにしがみつきたいらしい。

施　執着していますね。昔のアマチュアリズムの時代に戻って簡素にやるというのも一つの手かなという感じもしますが、いずれにしても今から1年ではまずコロナは終わらないでしょう。

柴山　僕もまったく同意見ですね。少なくともオリンピックを通常どおり開催するということは考えられない。

▼東京オリンピックを中止せよ

施　延期された東京オリンピックの開催の是非を日本人に尋ねたアンケートの結果を見ると、「中止すべきだ」という意見も、3割ぐらいに増えているようです。そういう意味では、国民は常識的な感覚で危機を認識している。

　ところが政府のほうはオリンピックだとか、「GoToトラベル」だとか、「そろそろ外国人観光客を入れ、インバウンド需要を回復しよう」という話をしている。政策の作り手の感覚は、コロナ以前と全然変わっていないようです。

佐藤　2020年東京オリンピック大会は本来、「復興五輪」と位置づけられていました。東日本大震災からの立ち直りをアピールするはずだったのに、ここに来て開催の理念が「人類が新型コロナウイルスに打ち勝った証」に変えられる。直前になって被災地を切り捨てたものの、東北の再起を東京でアピールするという発想自体に無理があったことを思えば、もともと震災うんぬんは口実にすぎなかったのでしょう。

だとしても、「新型コロナウイルスに打ち勝った証としてのオリンピック開催」とは具体的に何を意味するのか。世界の人々を東京に招いて、パンデミックの終息（２０２１年までに終息するとしての話ですが）を祝うつもりだとしか思えません。「国境を越えたヒトの移動を再び増やし、インバウンドで経済を刺激するんだ！」という、新自由主義型グローバリズム復活のアピールにしたいらしいのです。今回の事態から何も学んでいないと批判されても、抗弁できた義理ではない。

柴山　ヒトの移動をコロナの前に戻すという考えは、はっきり諦めるべきなんです。コロナをきっかけに、これまでの路線を変更するタイミングに来ています。しかも、遅かれ早かれ世界的な不況が来ますからね。この30年、40年続けてきたやり方を大きく転換させないといけない。

佐藤　２０１２年、政権を奪還した頃の自民党は「日本を、取り戻す。」がスローガンだった。古き良き時代に戻ろうというわけですが、前回の東京オリンピックは高度成長のさなか、１９６４年に開催されている。

東北の再起を東京でアピールするという今回の五輪の奇妙さも、こう考えると納得がゆきます。震災復興をダシにして、高度成長期への回帰という夢にひたりたかったのではないか。つまりは平成以後の衰退からの復興。２０１０年代を通じてそれを成し遂げ、五輪開催で祝うつもりだったんでしょう。

復興というと前向きに聞こえますが、過去に戻りたがっている以上、根本の姿勢はみごとに後ろ向き。「ノスタルジア五輪」なんですよ、内実は。そしてこの点は今なお変わっていません。人類がウイルスに打ち勝つのは「パンデミック以前への回帰」ですからね。

けれども現実には、高度成長期への回帰も、パンデミック以前への回帰も不可能。過ぎ去った時代に戻ることはできないのです。新自由主義型グローバリズムからナショナリズムに転換することのアピールにするのなら別ですが、五輪自体がグローバリズムの性格を強く持っているのでそれも無理。アスリートのみなさんには申し訳ないものの、すっぱり中止するのがベストでしょう。

中野　しかし、来年のオリンピックを中止しても、4年後に今度は大阪万博があるわけです。「昔に戻りたい」という夢を絶対に諦めない人たちが、いかに多いかということでしょうね（笑）。

柴山　日本は詰んでるんですよ（笑）。

▼新自由主義志向が強まる危険性

佐藤　コロナのパンデミックによって、グローバリズムの見直しが不可欠になったのは明らかです。しかし政府は、新自由主義型グローバリズムの復活という夢にまだしがみついている。

ならば、落としどころはどうなるか。「新自由主義型グローバリズム」からグローバリズムを取り去ると、残るのは新自由主義です。言い換えればウィズコロナの時代においても、わが国はナショナリズムに向かわず、国民の分断や、弱者切り捨てを容認する新自由主義的方向に向かう恐れが強い。

ナショナリズムの発想でパンデミックに立ち向かうとは「同じ国民であるかぎり、どんな感染者も見捨てない。日本企業であるかぎり、どこも倒産させない」と構えることです。むろんそうすべきなのですが、実践するには思い切った積極財政が必要になる。ところが、わが国はあいかわらず緊縮志向。コロナ対策の予算をケチるばかりか、感染収束後、財政再建のために増税することまで論議されています。

ここまで本末転倒だと、新自由主義的な開き直りに徹したい誘惑に屈しても不思議はありません。「国民のみなさん、感染対策は自己責任です。行動制限による経済被害の補償もしません。給付金をあてにするのは甘えの証拠、自助努力でコロナを乗り切りましょう」という次第。政府債務の増加を抑えるには、とりあえずベストですからね。

論より証拠、感染が収まってからやるはずだった「GoToトラベル」キャンペーンを、よりによって感染拡大期（２０２０年７月）に開始した。世界恐慌以来の危機が生じているのに、クーポンをちょっと出すだけで、経済を回す役割を国民に押しつけたのです。しかも看過しえないのは、これに対する反発があまり目立たないこと。

国民は国民で、自己責任で何が悪いと割り切りたい誘惑に駆られているのではないか。コロナ制圧のため、みんなで一丸となって頑張らねばならないとなったら、当然ながら行動制限の度合いはきつくなります。すると、どうしてもストレスが溜まる。「もう自粛はイヤだ。たいていは感染しても無症状か軽症で済むんだから、運悪く重症化したヤツが死んだって知ったことか」、少なからぬ人々が内心そう思っていても驚くにはあたりません。

政府と国民の利害は、意外に一致しているんですよ。「高齢者や基礎疾患のある者が犠牲になるのは仕方がない。経営体力のない中小企業が潰れるのも仕方がない。ある程度の淘汰が起きたほうが、最終的には国民の健康レベルも上がるし、経済も活性化するんじゃないか」、こんなふうに構えたほうが、どちらも気が楽になる。大向こう受けを狙って「コロナは別に怖くない、だから今までどおりに行動して構わない」などと極論を言う者すら出てくるでしょう。
おまけに新自由主義に徹するのは、平成の日本が取った方向性。つまりパンデミック以前に回帰する意味合いも生まれます。くだんの回帰は「人類がウイルスに打ち勝った証」のはずですから、自己責任と自助努力こそコロナ制圧の道ということになる。
もとより、このすべては現実逃避です。感染症である以上、政府と国民が一丸とならないかぎり、コロナ制圧はうまくいきません。自己責任で押し通したら、感染被害と経済被害がそろって拡大するだけでなく、国民の連帯意識もガタガタに崩れます。
目先のコストやストレスに耐えきれず、なりふりかまわぬ弱者切り捨てに走ったわけですから、ずばり「今だけ、カネだけ、自分だけ」。仮になんとか乗り切れたとしても、そのあと日本が再度、発展することはないでしょう。

柴山　新自由主義との関連で言うなら、今回の危機では小さな政府を志向して行政コストを削減してきた国ほど、被害が拡大しているという印象がありますね。イギリスしかり、アメリカしかりです。
日本も同じで、学校の先生の非正規化を進めたり、行政に関わる職員も非常勤に切り替えたりするようなことを続けてきた。医療でも効率化と称して、保健所を統廃合して数を減らすようなことをやってきた。

中野　専門家会議のある先生も、「なんで韓国みたいにＰＣＲ検査をやらないんだ」と言われて、「この20年間、保健所の数を減らしておいて、そんなこと簡単にできるか」と怒ってましたね。

柴山　大阪でも、これまでずっと保健所を減らしたり職員を削ったりしてきて、それを改革の成果だと誇ったりしてきたわけですね。ニューヨークも同じです。行きすぎたコスト削減の結果、危機が起きると全然対応できず、医療崩壊を招いてしまった。

日本の給付金の遅配についても、ただでさえ少ない職員で業務をやればパンクしてしまうところが出てくるのは避けられない。この30年間の行政改革で、いろんな問題が次々に出てきている。

佐藤　わが国は目下、「敗戦このかたナショナリズムを否定してきたうえ、新自由主義的な構造改革まで30年も進めたあとで、ナショナリズムなしには対処できない国家的危機に直面するとどうなるか」という、恐るべき社会実験をやっているんですよ。

柴山　問題はそういう状態になっているにもかかわらず、官民ともに反省の声が全然上がってこないことですね。行政改革の流れがまずかったという話にはならず、むしろ「行政はしっかりしろ」という話になっている。社会の複雑化で行政需要は増える一方なのに、数を減らしてきたわけですから、いくら現場が努力してもいつかパンクするのは目に見えています。

▼政府には責任を果たす意志がない

施　今回の危機で官邸は、「専門家会議がそう言っているから」という理由付けばかりで、少々逃げの姿勢が表れていましたね。

柴山　安倍政権のいつものやり方ですね。こういう責任逃れは一番批判されるべき点ではないかと感じます。危機にあたって責任を果たす意志がないということですから。

中野　今度のコロナ危機では、イギリスのジョンソンのように失敗したとしか見えないケースも含めて、ほとんどの国で政治のトップの支持率が上がったのに、日米では下がったらしいですね。とくに日本は、少なくとも第一波については、うまくやったのに。

柴山　ベッドの数を増やすとか医療者を増員するといった機動的な対応をせず、言葉の力で国民を安心させることさえしてないわけですから、そりゃ支持も落ちますよ。

佐藤　「カネは出さず、責任も取らず」では、今後、感染の急拡大が生じたとしても、政府が緊急事態宣言を出すのは難しくなる。これ以上、補償もなしに休業や自粛を全国規模で要請したら、さすがに不満が爆発するでしょう。

柴山　ただ、コロナ対策を政府がトップダウンで指揮したとしても、うまくいったかはわからないですね。今回改めて感じたのは、トップの政策形成能力の恐るべき凋落ぶりです。「GoToトラベル」が典型で、もう名前からしてひどい。

佐藤　エドマンド・バークがフランス革命を批判した表現にならえば「バカげた理念を、行き当たりばったりの実践でどうにか埋め合わせようとする過程」ですね。ちなみに話はこう続きます。

> （注：当該の過程について）いちいち追いかけて何になろう。だいたいキリがない。事態は日を追って収拾がつかなくなっている以上、革命政府は唖然とするようなトンデモ政策を次々と打ち出さざるをえないのだ。それらをまともに論じる意味はない。（エドマンド・バーク著、佐藤健志編訳『新訳　フランス革命の省察』、ＰＨＰ文庫、２０２０年、22～23ページ）

バークの主張が持つ現代的な意義については、オンライン読書会『READ INTO GOLD～黄金の知的体験』（経営科学出版、２０２１年～２０２２年）で詳しく取り上げました。そのアーカイブ動画も、ぜひあわせてご覧下さい（https://pages.keieikagakupub.com/satobc-v1/）。

『READ INTO GOLD』では、あるべきコロナ対策をめぐっても、スーザン・ソンタグの著書『隠喩としての病い』（みすず書房、１９８２年）や、拙著『感染の令和　またはあらかじめ失われた日本へ』（ＫＫベストセラーズ、２０２１年）を題材に論じています。こちらも大いに参考となるでしょう。アーカイブ動画のＵＲＬは、それぞれhttps://pages.keieikagakupub.com/satobc-v3/（『隠喩としての病い』）と、https://pages.keieikagakupub.com/satobc2-v2/（『感染の令和』）です。

▼非常時における「ボトムアップ型」とは

柴山　意思決定をトップダウン型にするというのが行政改革の目的だったのですが、これなら昔のボトムアップ型のほうがまだよかったのではないか、とさえ思える。官邸の思いつきに行政が振り回されている。中野さんも被害者の一人じゃないですか。

中野　ノーコメント（笑）。

佐藤　とはいえ、こういう危機的状況で国全体の意思決定を行うとき、ボトムアップで対応できますか？　個々の現場対応ならともかく、国全体となると規模が違う。すり合わせしていては間に合わないのでは。

柴山　非常時においては「のるかそるか」だから、意思決定が早いトップダウンが向いている。それは確かですね。ただ、ここで僕が言いたいボトムアップ型とは、時間をかけてすり合わせて意思決定をするというより、組織の下から上がってくる声を聞いてプラグマティックに修正を重ねていくということです。

医療や教育など、行政の最前線にいる人の声を踏まえて改善の手を探していく、となるべきだと思うんですが、今は逆にトップの思いつきに現場が振り回されているように見えます。

施 緊急の危機対応は別として、佐藤さんも指摘されたように、国民の分断を抑えて一体感を守っていくという視点からは、政治の意思決定システムにしても、国民各層の意見をきちんと聞いて採り入れ、合意を取ったうえで政策を進めていくボトムアップのスタイルを重視すべきでしょう。日本は、かつてはそれが自然にできていたのに、最近は全然できなくなっている印象があります。

昨年の大学入試の英語改革も、現場の意見を聞かずに進めたために混乱してしまいました。少し前に議論されていた9月入学の問題も、当初、安倍政権は「前広に」などと言って進める強い意欲を見せていましたが、結局は「やっぱりやめよう」という話になりました。現場の声に耳を傾けずに拙速に判断してしまう傾向は変わっていませんね。

中野 現場の声をトップが吸い上げていくうえでは、実はその間をつなぐミドル層の働きが重要です。集団で行動する場合、トップダウンだけでは全体にうまく意思が伝わらない。ミドル層が現場から声を吸い上げて上に伝え、上からの指示を噛んで含めるように部下に伝えて合意形成をしないと、集団がスムーズに動けないということがある。トップが早く適切な決断を下しやすいように情報を集約し、オプションをいくつかに絞って渡すというのも、ミドルの役割です。

ところが、この何十年か、企業でも官庁でも、「余計な中間管理職はいらない」「迅速な意思決定が必要だ」などと言って、ミドルを薄くするのが流行ってきた。コスト削減のための中抜きですよ。今でもみんな「マックス・ウェーバー的な階層組織はもう古い。これからは分散型だ」とか「フラット組織で」などと言っている。

しかし中間層がしっかりしていないと、組織というものは、日本に限らず、きちんと機能しない。意思決定は迅速になるかもしれないが、間違った意思決定が迅速になるだけ。次世代のトップがミドルでの経験で育つという面もある。

行政で言えば、官邸と業界をつなぐ役割として官僚組織があったものが、それを解体して機能を奪ってきたことで、かえって、うまく機能しなくなっている。企業でも同じだと思いますよ。

佐藤　平成の30年間、緊縮路線で効率にこだわりすぎたあげく、危機に際してみごとに非効率な対応をやらかす行政組織をつくりあげたわけですね。平時でもギリギリ一杯の状態で、どうにか回しているとしたら、有事にはどうしようもない。まあ、有事があること自体を否定したがるのが、戦後平和主義の特徴ですから、論理的必然と言えば必然なのですが。

施　集団が集団として機能するには、やはり一体感が不可欠でしょう。しかしこの20～30年の日本では、政治も企業も、そういった視点をまったく持っていませんでした。新自由主義を無自覚に採り入れ、コスト削減のために安易にリストラしたり、格差の拡大や貧困の増加を放置したりし、日本の本来の強みである共同体的な意識やボトムアップの意思決定のシステムを破壊するようなことばかりやってきた。

今回のコロナ危機ではまだ過去の遺産で、罰則なしでもどうにか国民が協調行動をとってくれましたが、あと10年もすると、そういう貯金もなくなってしまうのではないかと思います。

柴山　10年後にもっと強力な感染症が来たとしたら、今の状態ではとても持ちません。

（2020年9月5日「東洋経済オンライン」記事を基に改稿）

16

観光を成長戦略にする政策はもうやめるべきだ
——緊縮財政を超えて求められる「新しい政策様式」

中野剛志×佐藤健志×施 光恒×柴山桂太

「14 『専門家会議は経済無視』という的外れの批判」「15 コロナ危機が導く『グローバリズム以後』の世界」を踏まえ、コロナ後に求められる政策は何か、観光立国化への動きや積極財政への転換などを中心に徹底討議する。（編集部）

「民度」頼みの危機対応

施 『フォーリン・ポリシー』『ガーディアン』といった海外の報道を見ると、「日本でなぜコロナ対策がうまくいっているのかよくわからないが、やはり国民の規範意識や衛生観念、協調性などの文化的なもののおかげだろう」というのが、だいたいの結論ですね。

柴山 イタリアでは、ロックダウンは2カ月目ぐらいから機能しなかったそうです。みんな働こうとし始めて。

中野 いかにもイタリア人らしいですね。

柴山　ある人から聞いた話では、学生寮で留学生はみんなおとなしくしていたけど、イタリア人の学生は飲みに行っていた、というんですよ。政府が命令したってダメなんです。

施　麻生大臣あたりはそれに乗っかって、「『うちの国民は民度が高いから、おまえのところとは違うんだ』と外国の政治家に言ってやった」などと、国会で誇っていたらしいですね。まあ理解できなくもないですが、政治家としては外国人に自慢するだけでなく、「高い民度」がなぜ培われてきたのか、それを現代的状況の中で維持するにはどういう政策を練ればいいかを考える方向にいってほしい。

柴山　ただ「国民の行動は政府の命令だけでどうにかなるものではない」ということは、別にイタリアに限らず、どこの国でも言えると思います。レストランへの営業自粛要請にしても、ひと月休むぐらいなら、「新メニューを考えるのにいい時間だ」ということになるかもしれませんが、2カ月、3カ月休業となると顧客も離れますし、ウーバーイーツなど自粛で逆に伸びているところに顧客を取られてしまう恐れもありますから、無理をしても店を開けるところも出てくる。生活がかかってきたら、政府が何を言おうがルールは破られ始めるんです。

中野　日本で国民の行動が決定的に変わったのも、専門家会議が声を上げたからとか、安倍首相が学校の授業を休止させたからというより、志村けんが亡くなったことが大きかったですね。あれで「これはやばい」とみんなが思って、急に自粛し始めた。自分の周囲に感染者がいるわけでもないので、危険性が実感できなかったのに、一人の国民的コメディアンの死によって事態の深刻さを瞬時に認識し、即座に行動変容を実行した。これは特筆すべきことで、説明は難しいですが、私はこれこそ国民の智慧だと思って感動した。

施　国難と言われるような出来事に遭遇したとき、日本で為政者が頼るのは結局、民衆の自発的行動なんですね。普通の人々が半ば無意識のなかで身につけてきたものといってもいい。国民の賢さとか、「文化的なるもの」「共同体的なるもの」「伝統的なるもの」に頼らざるをえない。そうだとすれば政治も、それを維持・発展させていくことを考えてやっていかなければならないはずです。

▼求められる「新しい政策様式」

施　政府は「新しい生活様式」を国民に求めていますが、実は求められているのは「新しい政策様式」のほうではないかと私は思っています。

　数年前からクルーズ船観光が「観光立国」政策のなかで重視され、「クルーズ船が発着できるような港をどんどん造りましょう」ということで、日本各地で港湾設備を整えることが公共事業の一つの柱になっていました。でも常識的に考えて、どの国でもクルーズ船に乗りたがる人は少なくとも今後5年ぐらいはほとんどいないでしょう。

　しかし、ここに至ってもまだ政府からは、「インバウンド需要の見通しを改めよう」という話は出てこないですね。クルーズ船観光も観光立国政策も修正する気配もありません。

中野　「この道しかない」ですか。

施　報道によれば、クルーズ船は莫大な維持費がかかるそうで、クルーズ船を廃船にするところも多いようです。クルーズ船の寄港を嫌がる住民も今後増えるでしょう。そういった現状を見れば、クルーズ船観光重視という政策はもう撤回せざるをえないでしょうし、クルーズ船にかぎらず、観光やインバウンドを成長戦略の柱に据える政策は、もうやめたほうがいい。

そもそもなぜ観光立国のようなアイデアに頼ったのかと考えると、デフレ不況が続き、日本の実質賃金も世帯当たりの平均所得も１９９０年代半ばをピークにどんどん低下し、購買力が落ちてきていたということがあります。

とりわけ地方は、新自由主義に基づくグローバル経済の下では、必然的に衰退していく。ＴＰＰ（環太平洋パートナーシップ）もあって、農業はもう将来が見えない。新自由主義に政治家も官僚もとらわれているので、緊縮財政主義から脱却できず、公共投資を増やし、経済を刺激するという手も取れない。

そのような中で「だったら外国人を呼んできて、金を使わせ、経済を回していこう」というような、安易な発想があったと思います。

しかし、コロナでもうそれは成り立たないわけです。コロナ危機でグローバル経済の流れが変わり、それに呼応する形で大規模な政策のパラダイム転換をやらなければいけないのに、そういった話が政府からは全然出てこない。このままではまずいですよ。新しい政策様式への転換を、政府に提案したいですね。

柴山　施さんもおっしゃるように、僕も社会の中でとくに傷みが限界に来ているのがどこなのかを把握したうえで、政策を練り直すべきではないかと思います。

コロナで今、対応する医療の現場がひどい状況になっていて、お医者さんも看護師さんも大変という話があります。それはそのとおりとしても、ひどい状況にあるのは医療だけではありません。

例えば教育の現場です。私自身が大学で若い人たちをずっと見ているので肌で感じるんですが、彼らの苦境はひどいですよ。大学生がキャンパスに行けていないわけですから。

今回のコロナ危機でも、若者世代がいちばん犠牲になっています。コロナのリスクは高齢者のほうがあるので、自粛政策による便益を相対的に多く受ける。若者はそれに協力する立場のはずですが、誰にも感謝されないうえに、マスコミからは感染拡大の戦犯扱いまでされる始末。

学生は授業に出られないだけでなく、現状ではアルバイトもできない。家計が苦しくなった学生向けの奨学金制度もできたんですが、あきれるぐらい使い勝手が悪くて、全員が利用できるわけではない。「コロナうつ」も増えているようです。

小中学校の先生に話を聞いても、本当に大変そうです。休校分の遅れを取り戻さなければならないうえに、感染症対策もしなければならず、クラスターでも出ようものなら責任を取らされてしまう。過重労働なうえに薄給で、コロナ前から教師になりたい人が減っている社会になっていたものが、コロナでさらにひどくなってしまった。もちろん、現場は必死に努力されていると思いますが、予算措置を含めて、体制を立て直す必要がありますね。

▼治水もできなくなった日本

施　最近、「日本はボロボロになっている」と思うことが本当に多いですね。今年7月の九州の水害でもそう感じました。福岡県や大分県にまたがる筑後川流域は、ここ3、4年、ほぼ毎年7月になると水害が起きているんですよ。まるで夏の風物詩で、毎年同じ時期に、同じように氾濫している。福岡市の南に小郡《おごおり》市というところがあるんですが、そこのイオンモールは一昨年、昨年と冠水し、今年も危ぶまれていました。治水事業は国の基本だと思うんですが。

中野　秦の始皇帝の時代からそうですからね。

施　その治水すら、まともにできなくなっている。そういう点でも、緊縮財政にこだわりすぎて行政がおかしくなっているのかもしれません。今後も大雨が降るのはわかっているのだから、いいかげん堤防を高くするとか何か対策を打たなければいけないのに、ほぼ何もできずにいる。このままだと、また来年も必ず水害が起きますよ。

中野　治水という国家の基本中の基本をほったらかして、クルーズ船の港湾整備をやっていたわけですか。

施　予算が増やせないと言うのなら、もうオリンピックはやめて、災害対策に充てたらどうでしょう。東京だって昨年、台風でひどい目に遭っているわけですから。近いうちにまた、多摩川が氾濫するかもしれませんよ。変えるべきところを真剣に変えていかないと、疲弊する一方の国民に頼るだけでは、いずれ限界がくるだろうという気がします。

▼緊縮はすべてに破局をもたらす

中野　「14『専門家会議は経済無視』という的外れの批判」でも話に出ましたが、今回のコロナ対策をめぐる議論は、医学的な破局、経済的な破局、財政的な破局の三つのうちの全部は避けられないトリレンマだと思われているようです。例えば医療崩壊を防ぐためにロックダウンをすると、大不況になるので、財政出動をすると、財政破綻する……といったように。それがまた議論をややこしくしている。

でも実はこの三つ目の財政の破局というのは、嘘なんですね。ＭＭＴ（現代貨幣理論）を持ち出すまでもなく、自国通貨を発行する日本政府が財政破綻することはありえませんし、財政赤字の拡大が将来世代にツケを回すことになるという話も、間違いです。

政府の債務というものは、将来の増税で返済しなければならないものではない。むしろ、財政赤字を無意味に恐れ、治水や医療体制の整備などを怠ることのほうが、よほど将来世代へのツケ回しでしょう。

佐藤　医療と経済の両方について、われわれは破局を回避しなければならない。しかしここにもジレンマ、ないしパラドックスがあります。感染を収束させなければ経済は回りませんが、感染拡大を抑え込もうとしても経済被害が大きくなってしまうのです。

ただし経済被害は、政府の財政出動によって軽減できる。ひきかえ国債を発行したところで、医師がすぐに増えることはないし、ワクチンがいきなり完成することもない。したがって「感染の収束を優先させつつ、財政出動で経済被害を軽減する」が、最も効果的な対処法となります。どんな対処法が正解なのか、今の段階では断定できないなどと主張するのは、責任逃れのための言い訳にすぎません。

問題はわが国の政府が、あれこれ理由をつけてそれをやろうとしないことです。すでにジレンマが存在するのに、「財政の破局」という存在しない危機まで持ち込んで、物事をいっそう厄介にしている。「感染収束よりも経済優先」の姿勢は、医療と経済の両方に破局をもたらす危険がありますが、「財政健全化にこだわったまま、感染収束よりも経済優先」となると、医療・経済・財政のすべてについて破局を引き起こす。

中野　サマーズ、クルーグマン、スティグリッツ、ブランシャールなど、アメリカの主流派経済学の大物たちも、「もう政策手段として残されたのは財政出動ぐらいしかないし、それがいちばん効く」「日本の財政赤字は心配する必要はない」と言っているのに、日本政府は事ここに至っても「財政規律を堅持します」と言っているわけです。

施さんの言う新しい政策様式にしても、柴山さんご指摘の教育の問題でも、政府がやるべきことはたくさんあるはずです。でもそのためには最低限の前提条件として、財政出動を行い、財政赤字が拡大することを認めなくてはならない。そうでないかぎり、新しいことは何もできない。

例えば地方に外国人を連れてきてお金を使わせるという安易なやり方ができなくなったときに、どうすれば雇用を守れるのか。いちばん簡単なのは、予算をつけてやって地方公務員を増やすことです。

柴山　公務員に関しては、日本は人口比であまりに少ないわけです。需要が増えているのに公務員を増やさないで、コストをどんどんカットしていったのがこの20年の日本の行政です。増えていく行政需要に対して、逆に行政供給を絞ってきたことで、あちこちで機能不全が起きている。

地方では地方公務員が安定的な雇用先で、女性の雇用比率も高い。しかもこれからはコロナ危機に対して給付金を配るといった行政需要は増えることが予想されるわけですから、これを増やすのが本来は正しい。

その地方行政の改善の中には当然、地域医療の充実や、学校の先生の待遇改善も含まれるべきです。教育を無視して国家の未来はありえないのだから、そこはとくに優先して考えるべきことだと思いますね。

▼大きな政府に向けた転換を

中野　大きな政府の方向に舵を切るということこそ、ポストコロナで経済の破局を回避するための唯一の解です。少なくとも、これまでの財政規律路線を捨てて財政を拡大しないと、日本経済を立て直すためにどれほど知恵を出したところで、全部画餅に終わってしまう。平成の30年間が、まさにそれだった。

柴山　おっしゃるとおりです。日本社会の疲弊は、政府が財政再建にこだわっていることに、大きな原因がある。

中野　実際は学者より政治家のほうが、積極財政には理解があるんです。選挙区で国民と直接接して、貧困や格差、地方の衰退を目の当たりにしている政治家の先生たちには、「このままでいいのか」という強い動機があるからでしょうね。逆に、財政均衡論者の学者たちは、国民生活の実態を知りません。

佐藤　医療でも教育でも、現場の声を聞いたら最後、財政均衡重視の緊縮路線をやめて、積極財政路線に転換しなければどうしようもないという結論が出る。しかるに政府は「どうせ対策を打つカネがないんだから、どこに問題があるか調べたって仕方ない」とばかり、開き直って耳を塞いでいる感が強い。

ただし見過ごせないのは、戦後日本に「積極財政は戦争につながる」という通念が根深く存在すること。財政の単年度均衡を定めたのは、１９４７年に制定された財政法の第四条ですが、当時の大蔵省主計局法規課長・平井平治は、これについて「憲法の戦争放棄の規定を裏書き保証せんとするものであるとも言いうる」と位置づけました。

「であるとも言いうる」などと、歯切れの悪い表現をしていることが示すとおり、どうも平井課長、ないし大蔵省の真意は「軍備以外の目的のためなら積極財政をしてもいいはずだ」と暗に主張することだったようです。現にこのとき、政府は石橋湛山蔵相のもと、しっかり積極財政をやっていた。だからこそ2年後の１９４９年、いわゆる「ドッジ・ライン」によって、財政均衡が強引に進められたのです。

けれども、世間はそうは受け取りません。積極財政によって戦争を遂行したあげく、無残な敗北を喫したのだから、緊縮路線に徹することこそ平和国家として繁栄を目指す道だ、そんなふうに解釈したのです。つまりは間違った答えを過剰に学び取ったあげく、金科玉条と見なした。かつての左派など、財政法第四条について、憲法九条と並ぶ平和主義の縛りなどと呼んだくらいですからね。

国民が新自由主義にうんざりしつつあるのは間違いないところです。しかし同時に、平和主義のためには小さな政府でなければいけないとも思い込んでいる可能性が高い。日々の生活を営む中で生まれる声と、戦後日本人としてのアイデンティティとが分裂していると言ってもいいでしょう。個々の政治家は積極財政の必要性にめざめつつあるのに、政府全体としてはあいかわらず緊縮志向に固執しているのも、そう考えるとよくわかる。

中野　だから、政治が国民の声を汲み取って、さっさと「大きな政府にする」と言ってしまえばいいわけですよ。財政赤字が心配だという人には、ＭＭＴという説明がちゃんと用意してある。

柴山　コロナ以降にアメリカの経済学者が書いたものを見ると、ずいぶん風向きが変わってきたなと思います。ＦＲＢ（連邦準備制度理事会）のパウエル議長までが「財政出動が必要だ」と言い出している。

　もう一つ、これはコロナ以前からそうなってきていますが、「もう株主資本主義ではダメだ」ということは、ほとんどコンセンサスになりつつありますね。

中野　そう思いますね。30年遅いけれど。

▼国の基盤を復元せよ

柴山　産業政策についても、最近は中国がそれで力をつけてきたということもあって、研究が増えてきましたね。私のところで、このテーマで論文を書いている学生も、あまりにたくさん出ているんで読み切れないほどだと言っていました。

　ほかにも「レジリエンス（復元性）が重要だ」という話になってきている。今回のような危機が起きた場合、すぐに回復できる体制が必要だという考え方です。このあたりのことは、われわれも東日本大震災の頃から指摘してきたことです。危機の不確実性を考慮したら、効率性のみを追求するより、少し余裕を持たせたほうが長い目で見ると合理的になる。

　これらは、もともと日本企業が、長期的視点に立った経営という形で追求してきたことですね。株主重視ではなくステークホルダーを重視するという話にしても、産業政策にしても、ずっと日本がやってきたことだったわけです。日本に限らない。どの社会でも経験的に知られてきたことのはずです。むしろ、この30年、40年がおかしかったんです。

コロナのおかげかどうかはわかりませんが、新自由主義型経済の本家であったアメリカでも、それまでの主張が急速に崩れてきて、それぞれの国が本来持っていた、伝統的な知見とでも言うべきものに回帰する流れが始まっている。もっとも、日本はアメリカが変わってしばらくしないと変わらないので、そこがもどかしいところなんですが。

施　今回のコロナ危機は、日本という国が依って立つ基盤を明らかにした一方で、その弱体化が進行していることも同時に示唆したのではないかと感じます。しかし政治の世界を見ていると、過去の遺産に頼るだけで終わっていて、肝心の基盤が揺らいでいることや、どうすればこれを守っていけるのかという点については、残念ながらほとんど議論されていないですね。

世界から称賛を受けた日本人のいわゆる「民度」を保つためには、「文化的なるもの」「共同体的なるもの」を伝えていく場である家庭や近隣共同体、地域社会を守っていかなければなりません。政治の面でも、国民が一体感を維持し、結束・協調してコロナのような難局に対処していくために、格差の是正や教育の充実、あるいはボトムアップの意思決定システムの再生といった政策を能動的に進めていく必要があるはずです。

こうした課題をきちんと意識し、解決していくことが、すなわちコロナ危機を克服することだと言っていいのではないでしょうか。

（2020年9月9日「東洋経済オンライン」記事を基に改稿）

17

感染症とボディ・ポリティック
——国家は「巨大な身体」である

佐藤健志

新型コロナウイルス感染症（COVID-19）は、われわれの身体のみならず、社会の統合も脅かしている。コロナ危機の本質を、「ボディ・ポリティック」という概念を用いて読み解く。（編集部）

感染症対策を考えるうえで、重要な意味を持つにもかかわらず、見過ごされやすい概念があります。

ボディ・ポリティック。

普通は「国民」や「国家」と訳されますが、直訳すれば「政治的身体」です。

この概念には、面白い歴史がある。

中世ヨーロッパでは、王は二つの身体を持っているという発想がありました。

一つは王自身の肉体で、これは「自然的身体」、ボディ・ナチュラルと呼ばれます。

もう一つが、「政治的身体」ことボディ・ポリティック。

政治的身体は目に見えないものの、政府と政策から成り立ち、人々を導いて経世済民を達成するものと位置づけられる。
王の自然的身体は、そのような政治的身体を象徴的に具現化したものと見なされました。

この段階のボディ・ポリティックには、王の支配下にある人々、つまり国民が含まれていなかったようですが、主権国家の概念ができあがるにつれ、彼らも政治的身体に含まれてゆく。

国民とは同じボディ・ポリティックから生まれた者同士にほかならず、だからこそ「同胞」なのです。

「胞」には「胎児を包む皮膜」という意味がありますし、「同胞」も本来、兄弟姉妹を指す言葉なんですから。

何やら抽象的・観念的なように思われるかも知れませんが、そんなことはありません。日本国憲法の第一条には、こう記されています。

> 天皇は、日本国の象徴であり日本国民統合の象徴であって、この地位は、主権の存する日本国国民の総意に基く(原文旧かな)。

天皇の身体は、日本という国のみならず、日本国民の統合までを象徴的に表しているのです。
ボディ・ポリティックの発想が盛り込まれているのは明らかでしょう。

『リヴァイアサン』表紙（出典：ウィキペディア）

関連して紹介したいのが、イギリスの哲学者トマス・ホッブズが、1651年に刊行した著書『リヴァイアサン』。

近代の政治思想に大きな影響を与えた古典ですが、表紙には剣と笏《しゃく》を持った巨大な君主が描かれ、国土を睥睨《へいげい》(あたりをにらみつけて勢いを示すこと)しています。

しかるにご注目。

君主の身体は、よく見ると無数の人々によって成り立っている!

ずばりボディ・ポリティック。

現在の天皇には政治的権力こそないものの、天皇が国民の統合を象徴するという憲法の規定は、『リヴァイアサン』に描かれた君主の姿から、そうかけ離れたものではありません。

つまりわれわれも、自分自身の自然的身体

を持つと同時に、「日本(国民)」という政治的身体の一部をなす。

国民であるかぎり、誰の身体にも二重性が備わっているのです。

▼二つの身体を病から守れ

事実、社会的な集団や組織について、われわれはしばしば「ひとつの巨大な身体」のイメージで捉えます。

だからこそ、企業や団体、あるいは組合が「法人」と位置づけられる。法律によって「人」のごとく見なされる存在ということながら、法人の反対概念は「自然人」です。要は自然的身体を持っているか、「法的身体」(とも呼ぶべきもの)を持っているかの違い。

「日本の病」や「社会を蝕《むしば》む問題」のような表現にしても、国や社会が「身体」だとする前提なしには成り立ちません。

そもそも「国体」という言葉が存在するではありませんか。

国の指導者は「元首」であり、元首同士の話し合いは「首脳会談」と呼ばれます。

そして感染症の流行においては、ボディ・ポリティックは比喩にあらず、文字どおりのものとなる。公衆衛生とは、ボディ・ポリティックの健康水準を維持・向上させようとする試みにほかなりませんが、疫病が社会に広まる際には、個々の患者の身体、すなわち自然的身体のみならず、政治的身体の健康までが、目に見える形で脅かされるのです。

この二重性を逆手に取って感染症を抑え込もうとするのが、いわゆる集団免疫の方法論。

ある社会集団を構成する人々の大部分が、特定の病原体に対して免疫を持つことで、病原体が広まりにくい状態をつくることです。

当の状態が達成されれば、何らかの理由で免疫を獲得できない人であっても感染をまぬかれる。ボディ・ポリティックのレベルで免疫が獲得されれば、免疫を持てない自然的身体まで保護される（＝免疫を持ったのと実質的に同じ状態になる）という仕掛けなのです。

「自粛疲れ」も、ボディ・ポリティックの存在を踏まえて成立する概念。

外出を控えたり、仕事を休業したりする人々の自然的身体、個々の身体が疲労しているわけではありません。

たいていの場合、運動量は減っているはず。

ただし緊急事態宣言などによって、社会全体のレベルで行動が制限されると、人々のストレスはどうしても高まる。

それが疲労感として集合的に認識されるのです。

「自粛疲れ」とはボディ・ポリティックの疲れ、そう評さねばなりません。(1)

この例が示すとおり、自然的身体に比べて、ボディ・ポリティックは比喩的・象徴的な側面が強い。われわれの身体も、心理的な要因で病気になる場合がありますが、ボディ・ポリティックの健康となると、そちらのほうが主流です。

新自由主義やグローバリズムの理念は、経済的な格差を拡大させ、社会統合を弱めることで、ここ数十年間、日本のボディ・ポリティックを少なからず衰弱させました[2]。

コロナウイルス対策においても、感染者はもとより、感染リスクのある医療従事者やその家族に対する差別が問題となり、日本赤十字社が「ウイルスの次にやってくるもの」という動画を配信するにいたります[3]。

ウイルスの次にやってくるのは、恐怖に基づく社会の分断なのですが、終わり近くに「人は、団結すれば、恐怖よりも強く、賢い」というメッセージが出てくるのは、じつに意味深長。ボディ・ポリティックは、人々の団結、つまり社会的統合が弱まるだけで病んでしまうのです。

▼予防措置は徹底されなくて当然

コロナの流行を、まず収束させ、ゆくゆくは終息させるためには、われわれは自然的身体とボディ・ポリティックの両方を、病から守らねばならない[4]。

その際にポイントとなるのが、以下の三つの原則です。

（1）「身体（＝ボディ・ポリティック）でわかっていないこと」「身体が慣れていないこと」は、論理的・合理的に見えようと失敗するリスクが高い。
（2）ボディ・ポリティックの一体性を無視した対処法は、非現実的な観念論にすぎない。まして一体性を損なうような対処法は、国や社会に永続的な後遺障害を残すことを覚悟せよ。
（3）国境を越えたヒトや物の移動が当たり前になった現在、あらゆるボディ・ポリティックは、他のボディ・ポリティックとつながっている。

順番に見てゆきましょう。


一番目の原則は、おそらく多くの方が、個人レベルで実感された経験をお持ちのはず。「頭でわかっていること」と「身体でわかっていること（＝実際にできること）」の間には、しばしば巨大なギャップが存在します。

これを失念して、理屈は正しいのだからうまく行くはずだと構えると失敗する。

ボディ・ポリティックは、人間の巨大な集団です。

個人レベルでうまく行かないことが、ボディ・ポリティックのレベルでうまく行くことがありうるでしょうか？

政府とか専門家といった「頭」が、感染対策のために国民という「身体」を制御しようとしても必ず限界がある、そう前提してかかるべきです。

例えば「感染予防措置を徹底すれば」という条件設定のついた見解や予想は、まず間違いなく外れると見なしたほうがよい。

どれだけ予防措置の啓蒙に努めたところで、以下のような人々は一定数、確実に存在するのです。

(1)最初から耳を貸さない。

(2)予防措置の内容について、誤解、ないし不適切な解釈をする。

(3)措置について正しく理解したが、うっかりミスをしでかす。

(4)正しく理解し、うっかりミスも避けたが、さまざまな事情によって予防措置を取れないハメに陥る。[5]

感染対策は「予防措置が徹底される」ことではなく、「措置が徹底されない」ことを前提に立てねばなりません。

緊急事態宣言の解除など、行動制限を緩和するにあたっても、当初は「医療現場を逼迫させないためにも、リバウンド、新たな感染者数の急増を起こしてはならない」という呼びかけがなされました。

しかしワクチン接種などによって集団免疫が形成されるか、有効な予防法が確立されるまで、行動制限の緩和はリバウンドにつながって当たり前。

そうなっても対処できるだけの余裕が医療現場にないかぎり、そもそも制限を緩和すべきではないのです。

そのせいでしょう、コロナ禍が長引くにつれて、これは「リバウンドは必ず起きるから、解除後もしっかり備えなければならない」に変わってゆきました。

同様、行動制限を緩和したからといって、そう簡単には元に戻らないのが経済活動。

ボディ・ポリティックにはコロナへの不安が浸透しています。

コロナ禍が終息するか、簡単にリバウンドしえないくらいに収束したのならともかく、感染拡大の波が引いたぐらいで、流行が発生する前と同じように振る舞うと考えるほうが間違っている。

だいたい日本は、コロナ禍の前からデフレ不況に苦しんでいたのですぞ。

経済を活性化させるには、政府の積極財政によって、まずは生じた損失を補償、さらには需要を新たに創出することが不可欠なのです。[6]

片やわが国において、コロナによる死者が比較的少なく抑えられているのは、もともと(冬場には)マスクをする習慣があったからだとする見解があります。

これは「身体でわかっていなければうまく行かない」の、幸運な裏返しと言えるでしょう。日本国民は、マスクの必要性について、ボディ・ポリティックのレベルで慣れていたのであり、ゆえにうまく行ったのです。

▼国民を分離できると思うな

続いて二番目の原則。

理屈ではうまく行きそうに見えても、実際には失敗する点において「感染予防措置の徹底」といい勝負なのが、分離型行動制限緩和論です。

コロナに感染したところで、高齢者や基礎疾患のある者以外は大して心配することはないのだから、それら「コロナ弱者」さえ隔離して保護すれば、あとの人々は自由に行動してよいはずだ、という考え方。

この発想、「コロナについて心配すべきは死亡リスクと重症化リスクのみであり、かつそれらのリスクがふいに高まることはない」という前提の上に成り立っています。

ゆえに後遺症の存在が明らかになり、さらに変異株まで出現した後では、根本が崩れ去っているのですが、それを脇に置いたとしても、やはり使い物にはなりません。

何がまずいかはおわかりですね。

コロナ弱者と、そうでない人々の分離が達成できると決めてかかっていることです。

わが国のコロナ弱者には、みな「巣ごもり」に徹するだけの余裕があるのか？

同居している家族が感染予防を徹底するというのは本当か？

独り暮らしの場合は、「家族」が「ヘルパーや訪問看護、介護に関わる者」に変わるだけの話。

この点がクリアーされないかぎり、分離型行動制限緩和論はコロナ弱者に負担を押しつけるだけの結果に終わります。

「ひとつの巨大な身体」である以上、ボディ・ポリティックには文字どおりの「一体性」が備わっている。

都合に応じて、適宜分離できるように構えるのは、頭でっかちの観念論にすぎません。

予防措置と同様、コロナ弱者の隔離も、徹底できないことを前提にしなければならないのです。

これを裏付けるのがスウェーデンの事例。

スウェーデンは他の北欧諸国よりも感染者が早く増加したのですが、都市封鎖、いわゆるロックダウンについては、エビデンスがない、副作用が大きいせいで持続しえない、移動の自由を謳った憲法の原則に反する、といった理由で行いませんでした。[7]

その代わり、コロナ弱者に該当する人々を隔離したうえで、ソーシャルディスタンスや手洗いの徹底、500人以上のイベントの禁止（のちに50人以上に強化）、医療施設での面会禁止、介護施設の訪問禁止といった措置を講じる。[8]

分離型行動制限緩和論に基づく対策を取ったのですが、結果はどうだったか。
２０２０年春の段階で、死亡率はアメリカや中国の2倍あまりに達しました[9]。むろん、その多くは高齢者[10]。

単身世帯が全世帯の47・9％を占めるなど（ちなみに日本は32・4％）、コロナ弱者の分離がしやすいはずなのにこのありさま[11]。

レーナ・ハッレングレーン保健・社会大臣は同年4月30日、「ウイルスから高齢者を守ることができなかった」と認めます[12]。

スウェーデン公衆衛生局の疫学者で、コロナ対策の責任者であるアンデシュ・テグネルも、以下のようにコメント。

> ここまで死者が増えるという前提の計算は、初期の段階ではしていなかったと認めざるをえない。
>
> 感染して発症する人が増えることは計算済みだった。だが死者数がここまで増えるとは本当に驚きだ。
>
> （高齢者施設から）疫病を遠ざけておくのは非常に難しい。われわれがベストを尽くしたとしても、十分でなかったのは疑いえない[13]。

２０２０年の上半期、スウェーデンにおける死者数は、過去１５０年間で最高を記録しました。[14]

同年のスウェーデンにおけるコロナの死者は９８１５人。[15]

わが国は３４１４名ですから、約２・８７倍です。

しかるにスウェーデンの人口がどれくらいか、ご存じですか？

約１０２２万人[16]！

わが国の人口は１億２５００万人あまりですから、その８・２％弱にすぎません。

にもかかわらず、死者数は２・８７倍。

日本で言えば、約12万の死者が出たのと同じになります。

同国のカール16世グスタフ国王は、２０２０年12月、このように発言しました。

> 私たちは失敗したと思う。
> 私たちは多くの死者を出した。それはひどいことだ。私たち全員を苦しめるものだ。亡くなる家族に温かい別れの言葉を告げられなかった人たちのことを思う。つらく、心に傷を残す経験だろう。[17]

ステファン・ロベーン首相も国王の発言に賛同、「これほど多くの死者が出たという事実は失敗以外の何物でもない」と認めます。[18]

ボディ・ポリティックを分離できるなどとうぬぼれたら最後、何とも無残な結末が待っているのです。

わが国におけるコロナの死者が、比較的少なくてすんでいるのは、欧米諸国に比べても高齢者の隔離ができていなかったからだという指摘すらあります。

なまじ高齢者施設が充実していないため、自宅で暮らせなくなった高齢者は、しばしば病院に長期入院する。

病院が高齢者施設がわりになっていたのですが、これがプラスに作用した次第。

介護老人保健施設(老健)や、特別養護老人ホーム(特養)といった高齢者施設は、前者が主に医療法人、後者が社会福祉法人によって運営されます。

どちらも病院を運営できる組織。

老健も特養も、医師が必ず配置されますし、老健については施設自体が病院に隣接していることも珍しくありません。

介護付き有料老人ホームにしても協力医療機関との連携が定められており、一般の有料老人ホームでさえ看護師の配置義務がある。[19]

このように医療と介護が分離していなかったおかげで、高齢者施設でのクラスター発生が少なくてすんだのです。

▼切り捨て肯定は亡国への道

「ボディ・ポリティックを分離できる」という発想には、もっと重大な危険が潜んでいる。

分離が可能なはずである以上、これは「必要に応じて、ボディ・ポリティックを分断しても構わない」へと容易に移行しかねないのです。

何のことか、わかりますね。

「高齢者はどうせ老い先短いのだし、基礎疾患のある者はしょせん身体が弱いのだから、こういうときに犠牲になるのは仕方ない」と開き直ることです。

スウェーデンでは、政府が高齢者を犠牲にしてコロナを切り抜けようとしているのではないかという批判があがりました。

アンデシュ・テグネルはこれに対し、「われわれは誰の命であれ、他の人々より大事に扱うことはしない。そのような発想に基づいて、対策を実施しているのではない」と弁明していますが、そう言わねばならないことが、すでに多くを語っている。[20]

わが国でも、分離型行動制限緩和を主張する者たちから、「医療体制が逼迫したら、75歳以上の後期高齢者については、重症であろうと救急病棟やＩＣＵに搬送しないようにして、医療現場への負担を軽減すべきだ」という旨の提言が出ています[21]。

「最も助かる可能性が高い人々や、余命が最も長い患者を優先する必要」が生じうるからとのこと。

要するに国家規模の「姥捨《うば》て」です。

提言者たち、いわく。

くだんの状況では、PCR検査の体制も余裕がないと思われるので、コロナウイルスに感染したかどうかの判断は症状の診察のみで行う。結果的に、感染していない肺炎患者についても切り捨ててしまう事例も生じるだろうが、それは仕方がない。

ただし遺族から訴えられる危険があるので、政府はあらかじめ、医療機関に対して誰も訴訟を起こせないようにしておく必要がある。

ボディ・ポリティックの一部を、あえて犠牲にしなければ生き残れないほどの危機というのは、確かに存在しえます。

しかしそれは身体の一部を切断するのと同じですから、助かったあとも後遺障害が残る。

後期高齢者の多くには、子どもや孫、あるいは若い親族がいるに違いない。

だからこそ訴訟対策の話が出てくるわけですが、「おじいちゃん（おばあちゃん）が国の方針で見殺しにされたうえ、病院を訴えることまで禁じられた」となったとき、国民統合や社会的連帯が無事ですむと思いますか？

そんな国家がふたたび一体性を回復し、経世済民を達成できるなどと、虫のいい期待を抱くべきではありません[22]。

「亡くなる家族に温かい別れの言葉を告げられなかった人たちのことを思う。つらく、心に傷を残す経験だろう」という、スウェーデン国王カール16世グスタフの言葉を思い起こして下さい。

高齢者切り捨てを提言したがる者たちには、このような想像力がみごとに欠落している。頭でっかちのうえに酷薄、そう批判されても抗弁できた義理ではないでしょう。

おまけに高齢者だけを犠牲にすればすむ保証はない。

「最も助かる可能性が高い人々や、余命が最も長い患者を優先する」という発想を突き詰めると、高齢者でなくとも、重症化リスクの高いコロナ弱者は必要に応じて切り捨てられることになります。日本赤十字社の動画「ウイルスの次にやってくるもの」が警告したとおり、社会の分断が進んでゆくのです。

ボディ・ポリティックが解体されてゆけば、国家のまとまりも維持しえなくなりますので、これはずばり亡国への道。

だとしてもくだんの分断は、恐怖に駆られた結果のものだったはず。

弱者切り捨てを肯定してでも、分離型行動制限緩和を唱える者たちは、何に怯えているのでしょう？

問題の提言には、これを素直に告白した箇所があります。

どうぞ。

プランC（注：分離型行動制限緩和）は社会活動や経済活動への制約を最小限にとどめられるというメリットがある[23]。

「社会活動や経済活動への制約」などと、もっともらしい表現を使っていますが、要は行動制限が強まった結果、好きなことができなくなるのもイヤなら、経済的な損失をこうむるのもイヤという話[24]。

だから高齢者を犠牲にすることで、できるだけ今までどおりに行動したがっているのです。

18世紀イギリスの政治家・文人、エドマンド・バークの言葉にならえば、さしずめこんなところでしょう。

こんな錯覚に陥った者たちは、祖国を台なしにすることで、悲しくも貴重な教訓を後世に残すだろう。

教訓とはこうである――メチャクチャな政治は大惨事を引き起こす。とりわけ傲慢で近視眼的、ついでに了見の狭い「英知」というやつに気をつけろ[25]。

▼世界の健康と自国の健康

さて、三番目の原則。

パンデミックとは、国境や国籍を超えた感染症の拡大です。

国際的なヒトや物の移動が盛んになればなるほど、発生のリスクは高まる。

グローバル化の負の側面と言わねばなりません。

ならばコロナウイルスの流行によって、ナショナリズムへ回帰しようとする動きが生じるのは必然のなりゆき。

中野剛志が的確に要約しています。

> パンデミックが勃発するや否や、世界各国は、国境の壁を引き上げ、人の出入国を厳しく管理して、自国民をコロナウイルスから保護しようとした。とりわけ、ＥＵ（欧州連合）各国が、域内の自由な人の移動という理念をかなぐり捨てて、厳格な国境管理を導入したことは、象徴的であった。
>
> 世界各国は、自国民を守るために、マスク、消毒液、人工呼吸器などの医療物資を奪い合い、輸出を規制する国も現れた。少なくとも医療物資に関して、自由貿易の理念はあっさりと踏みにじられ、どの国も、自国民優先のナショナリズムに走った。

しかし、それに異を唱える声は皆無に等しかった。貿易による互恵的な利益や他国民の生命よりも、自国民の生命を優先することを、誰も疑問視しなかったのだ。[26]

疫病の流行は国家的危機。
戦後日本は長らく、安全保障に力を入れてこなかったわけですが、これを機にナショナリズムの原則に基づいた「感染症に強い社会づくり」を進めねばなりません。
いわばボディ・ポリティックの体質改善。
これにはインバウンドの見直しはもとより、食料自給率の向上、先端医療への投資、経済格差の是正、社会保障の充実なども含まれます。

けれども問題は、交通・輸送手段の発達を否定するなど、結局は誰にもできないこと。人間がナショナリズムに回帰しようと、ウイルスをはじめとする病原体の側がグローバリズムにめざめてしまったのです。

これはどの国のボディ・ポリティックであれ、感染症予防に関しては、他のボディ・ポリティックと否応なしにつながっていることを意味する。

病原体の側にしてみれば、今や人類は地球規模のボディ・ポリティックをつくるに至った、そう形容しても良いでしょう。

主導権は病原体の側にある以上、このボディ・ポリティックについても、人間の都合で分離することはできません。

「世界は本当に一つの村のようなものなんだ。世界のどこであれ、疫病を放っておいたら、明日はわが身と思わなければならない」とは、ノーベル賞受賞者ジョシュア・レーダーバーグの言葉ですが、こうなるとナショナリズムは、パンデミックを生き抜く必要条件ではあっても、十分条件とは言えない。

今後の疫病発生を封じ込めるには、「世界全体の健康なくして、自国民の健康はない」というグローバリズムに基づいた、国境を越えた地球規模の連携が求められるのです。[27]

まずは自国のボディ・ポリティックを守ることが最優先としても、世界が一体とならなければ、結局はウイルスに勝てない。

われわれが直面する状況には、そんなパラドックスがひそんでいます。

ボディ・ポリティックの概念を媒介として、ナショナリズムとグローバリズムの間に、新たなバランスを見出さねばならない、そう要約することもできるでしょう。

この現実から目を背け、他国の人々、わけても貧しい途上国の人々を切り捨てて生き残ろうとしたら、いかなる事態が待っているか？

そうです。

遅かれ早かれ、グローバリズムにめざめた病原体によって、われわれの自然的身体が冒されることになるのです。

注

（1）拙著『感染の令和　またはあらかじめ失われた日本へ』（ＫＫベストセラーズ、２０２１年）第四部収録「二〇一〇年代末、世界はみな疲れている」を参照のこと。なお以下ではサブタイトルを省略、『感染の令和』とする。

（2）そもそも戦後平和主義自体が、国家否定と政府不信という形で、ボディ・ポリティックを弱体化させる特徴を持つ。拙著『平和主義は貧困への道　または対米従属の爽快な末路』（ＫＫベストセラーズ、２０１８年）、および『感染の令和』第三部収録「戦後史最後の政治的選択」を参照のこと。

（3）２０２０年4月21日配信。２０２３年4月4日以後は、下記ＵＲＬで視聴できる。
https://www.youtube.com/watch?v=ZW25vEeGze4

（4）「終息」は感染症の流行を完全に制圧すること。これに対し、制圧までには至っていないが、かなり抑え込んだ状態が「収束」である。

（5）『感染の令和』第五部収録「予言された疫病の記録」の「Ⅲ　理性の限界を直視せよ」を参照のこと。

（6）「予言された疫病の記録」の「Ⅰ　コロナ対策の王道は何か」を参照のこと。

（7）スウェーデンの首都ストックホルムにあるカロリンスカ大学病院で、泌尿器外科のシニアコンサルタントを務める宮川絢子が、「スウェーデンの対新型コロナウイルス政策」（武見基金ＣＯＶＩＤ－19有識者会議、２０２０年10月23日)で述べるところによれば、同国における感染拡大が早かったのは、毎年２月、「スポーツウイーク」と呼ばれる休みの期間があることに起因している可能性が高い。２０２０年のスポーツウイークには、人口の約1割にあたる１００万人が国外に旅行したものの、人気の高い旅行先には、すでに感染拡大の始まっていたイタリアをはじめ、アメリカやイギリスが含まれていたのだ。

https://www.covid19-jma-medical-expert-meeting.jp/topic/3743

(8) さらにスウェーデンは、少しでも風邪の症状を見せた児童の通学禁止、同じく風邪の症状を見せた者の出勤禁止といった措置も取った。宮川絢子によれば、同国では「『部分的ロックダウンが現在(２０２０年10月)まで継続している』と言って良い」とのことである。

(9)「『集団免疫』作戦のスウェーデンに異変、死亡率がアメリカや中国の2倍超に」、『ニューズウィーク日本版』、２０２０年5月1日。

「集団免疫」作戦とは、コロナ弱者に該当しない人々はあえて行動制限を取らないことで、集団免疫の達成を早めようとする方法論を指す。ただし宮川絢子は、スウェーデンがそのような戦略を採用したことはないと主張している。

https://www.newsweekjapan.jp/stories/world/2020/05/post-93307.php

(10)「スウェーデンの対新型コロナウイルス対策」によれば、２０２０年10月12日までに集計されたコロナ死者のうち、70歳以上の高齢者が占める割合は90%。その半分は介護施設に居住していた。

(11) 藤森克彦「血縁を超え公的にも地域的にも支え合っていける社会に」、『オムニ・マネジメント』２０１５年12月号。これは２０１４年の数字である。

(12) 鐙麻樹(あぶみあさき)「スウェーデン『集団免疫』作戦の効果は? 感染防止につながる信頼文化と高い代償を払う高齢者」、Yahooニュース、２０２０年5月2日。

(13) "Head of Sweden's No-Lockdown Coronavirus Plan Says Country's Heavy Death Toll 'Came as a Surprise' 1,500 Deaths in Aged Care", The Weekly Source, May 9, 2020. 拙訳。

https://www.theweeklysource.com.au/head-of-swedens-no-lockdown-coronavirus-plan-says-countrys-heavy-death-toll-came-as-a-surprise-1500-deaths-in-aged-care/

(14) ＣＮＮ、２０２０年８月21日。

https://www.cnn.co.jp/world/35158470.html

(15) 統計サイト「Wordometers.info」。２０２１年９月19日時点での累計は１万４７７０人となっている。もっとも「スウェーデンの対新型コロナウイルス対策」によれば、同国のコロナ死者数に関する統計は、他国であれば「コロナによる死」と診断されないものまで含める形になっているため、実際よりも多い可能性があると言う。

(16) 外務省「スウェーデン王国基礎データ」。これは２０１８年の数字であり、現在は約１０５２万人（２０２２年）となっている。

https://www.mofa.go.jp/mofaj/area/sweden/data.html

(17) 「コロナ対策『失敗』、スウェーデン国王、異例の政策批判」、朝日新聞アピタル、２０２０年12月18日。

https://www.asahi.com/articles/ASNDL2BYGNDKUHBI044.html

(18) 「スウェーデン国王、新型ウイルス対策は『失敗だった』」、ＢＢＣ、２０２０年12月18日。

https://www.bbc.com/japanese/55359146

(19) 「医療依存度が高い高齢者…介護施設で医療行為はどこまで受けられる?」、情報サイト「有料老人ホーム検索探しっくす」、２０１８年８月９日。

逆に宮川絢子は「スウェーデンの対新型コロナウイルス対策」において、同国でコロナ死者が増えた背景には、医療と介護を異なる自治体が管轄するせいで（医療は「県」の管轄なのに対し、介護は「市町村」の管轄となる）、両者の分離が進んでしまったことを挙げる。介護施設に常駐の医師はおらず、看護師の数もわずかとのことだった。

https://www.sagasix.jp/column/beadhouse/post-12/

(20) "Head of Sweden's No-Lockdown Coronavirus Plan Says Country's Heavy Death Toll 'Came as a Surprise' 1,500 Deaths in Aged Care".

(21) 木村もりよ、関沢洋一、藤井聡「高齢者と非高齢者の2トラック型の新型コロナウイルス対策について」、独立行政法人経済産業研究所、２０２０年4月23日。
https://www.rieti.go.jp/jp/columns/a01_0584.html

(22) 戦後日本においてナショナリズムを否定的に捉える風潮が支配的なのも、太平洋戦争の顛末により、政府への信頼が大きく失われたことに起因する。『感染の令和』第一部収録「失われた政府への信頼」を参照のこと。

　すなわち戦後平和主義は、敗戦体験がボディ・ポリティックに残した後遺障害なのだ。そして同書のプロローグ「令和はすべてが許される」で述べたとおり、戦後日本は本来ならば発展・繁栄するはずのない「あらかじめ失われた国」だったのである。

(23) 「高齢者と非高齢者の2トラック型の新型コロナウイルス対策について」。

(24) 感染被害が拡大すれば、行動制限を強めなかったところで、経済被害も拡大する恐れが強い。さらに政府が積極財政を実践すれば、行動制限を強めたところで、経済被害は相当に軽減される。

「経済活動への制約を最小限にするために行動制限緩和を」という主張は、じつのところ論理的根拠に乏しいのだ。これについては、『感染の令和』第五部収録「予言された疫病の記録」の「Ｉ　コロナ対策の王道は何か」を参照のこと。

　提言者たちは、社会全体のため、理性的なコロナ対策を考案しているつもりなのだろう。けれども理性的な対応にこだわることと、個人的な利益に執着することは、何ら矛盾するものではない。

　理性は自我と密接に結びついている以上、おのれの理性的能力を過信する者は、おのれの利益の普遍性についても、しばしば過信するようになる。「自分（の自我）にとって都合がいいこと」と、「みんなにとって都合がいいこと」がイコールであるかのように錯覚するのである。「予言された疫病の記録」でも論じたとおり、危機的事態への対処は、理性への信頼ではなく、理性への懐疑に基づいてなされねばならない。

(25)『新訳 フランス革命の省察』、ＰＨＰ文庫版、２０２０年、３７０～３７１ページ。

(26) 中野剛志「『論語と算盤』は『ナショナリズムと経済』だった」、東洋経済オンライン、２０２０年5月10日。カッコは原文。
https://toyokeizai.net/articles/-/348473

(27) ここで言うグローバリズムとは、新自由主義に基づくものではなく、地球規模の政治的リーダーシップ形成を目指した世界政府型のものである。『感染の令和』第五部収録「予言された疫病の記録」の「II 疫病対策と政府の役割」を参照のこと。

（佐藤健志著『感染の令和 またはあらかじめ失われた日本へ』、ＫＫベストセラーズ、
２０２１年、４４６～４６７ページより、細部を改稿のうえ再録）

18

プーチンが覚醒させた世界各国のナショナリズム

——ウクライナで「民族浄化」が起こる危険性

中野剛志×佐藤健志×施 光恒×古川雄嗣

2022年2月24日から始まったロシアのウクライナ侵攻。一進一退が続くウクライナ情勢をめぐって、「ナショナリズム」の視点から徹底討議する。（編集部）

▼それでもナショナリズムを否定するのか

中野　ロシアのウクライナ侵攻は世界にとって非常に大きな事件です。日本のメディアも連日のようにウクライナのことを報じていますが、ウクライナのゼレンスキー大統領の発言や、ロシアが破壊したマリウポリの悲惨な状況など、日々の情勢を追いかけたものが多いという印象を受けます。

　しかし、この戦争にはもっと論じなければならない問題がたくさんあると思います。そこで、この座談会ではもう少し違う切り口から議論できればと思っています。

　まずは古川さんから、この戦争をどのように捉えているかお話しいただけますか。古川さんは北海道の大学で働いていますから、私たちの中でいちばんロシアの脅威を感じていると思います。

古川　いや、ほんとに(笑)。北海道から本州へ陸路で逃げるのは無理ですからね。攻められたら死ぬしかありません。

それはともかく、私もウクライナ関連の報道に関しては中野さんと同じ印象を持っています。とにかく「ロシアはひどい」「ウクライナはかわいそうだ」といった感傷的な報道ばかりで困ったものだなと。

私はこの戦争で日本人が問われていることの一つは、ナショナリズムとどう向き合うか、ということだと思います。

戦後の日本では、「ナショナリズムは戦争につながるから危険だ」などということが言われ続けてきました。さすがにそんな幼稚なことを言う人はもういないだろうと思いきや、さにあらずで、とくに私がいる教育学の世界では、いまだにナショナリズムはタブー中のタブーです。

確かに、今回の戦争を引き起こしたのはロシアのナショナリズムであるという側面はあります。しかし、そのロシアに抵抗しているのもまた、ウクライナのナショナリズムです。

「ナショナリズムは危険だ」と言うのは簡単ですが、それならロシアに対するウクライナ人の抵抗もまた、「危険なナショナリズム」として批判されなければなりません。

実際、そう批判したのが、「ウクライナは抵抗せずに降伏すべき」と主張した日本の一部のコメンテーターです。しかし、言うまでもなく、それは結局、ロシアの帝国主義的なナショナリズムを無抵抗に是認することにしかなりません。だから、彼らの主張は、多くの常識的な国民の怒りを買ったわけです。

単純にこう考えてみるだけでも、われわれはいい加減、ナショナリズムを主体的に引き受けることを、真剣に考えていかなければならないということがわかるはずだと思います。

中野　ナショナリズムがテーマになりましたが、施さんはどうですか。

施　私は2月24日にロシアがウクライナに侵攻するまで、多くの人たちと同じように、おそらく戦争は起きないだろうと見ていました。しかし、大方の予想に反し、戦争が始まってしまいました。戦争は始まるときには始まるんだなというのが、今回の戦争について最初に抱いた感想です。

　ナショナリズムに関して言えば、古川さんのご意見に私も同意します。いまアメリカやヨーロッパはロシアを強く非難し、軍隊は送っていませんが、武器の供与や後方支援、ロシアに対する経済制裁を行っています。これはウクライナの人たちが命懸けで戦う姿を見せたからだと思います。もともと西側諸国の中にはウクライナに武器を送ることさえ躊躇していた国もありましたが、ウクライナの人々の姿を見て、彼らを見殺しにすることができなくなったのです。ウクライナのナショナリズムが国際社会を動かしたということです。

▼ウクライナを見くびったプーチン

中野　今回の戦争で意外だったのは、ロシアが各所でウクライナに押し負けていることです。２０１４年のクリミア併合の際には、ロシアが「ハイブリッド戦争」を仕掛け、あっという間にクリミアを占領してしまいました。ハイブリッド戦争とは、正規軍だけでなく、非正規軍も含めてさまざまな手法を複合的に用いる戦争のことです。

これに対して、いま行われているのはまるで古典的な戦争で、兵士たちが塹壕を掘る様子も報じられています。第一次世界大戦当時のような戦い方です。そのオーソドックスな戦争でロシアは劣勢に立たされています。むしろウクライナ側のほうがハイブリッド戦を駆使し、非常にうまく戦っているようにも見える。

これにはさまざまな要因があると思いますが、プーチンがウクライナをなめてかかったことが大きいと思います。言い換えれば、プーチンはウクライナのナショナリズムを過小評価していたということです。ゼレンスキー大統領はちょっと脅されれば国外に逃亡するだろうと見ていて、あそこまでやるとは思っていなかったのでしょう。

この点について、佐藤さんはどう見ていますか。

佐藤　クリミア侵攻が迅速な成功を収めたのには、二つ理由があります。まずウクライナで政変が起きたばかりで、政府がロクに機能していなかったこと。次にクリミアはもともとロシア系住民の比率が高く、親ロシア感情が強かったこと。

1954年まで、クリミアはロシアの一部でした。ソ連崩壊直後の1992年にはいったん独立を宣言していますし、それが認められなかった後も「自治共和国」の地位を得ている。2014年の侵攻に際しても、現地で投降したウクライナ軍人の多くは、ロシア軍での勤務を希望しているのです。

1990年代、ソ連に属していた国が次々に独立したため、数千万のロシア人が他国に取り残される形になりました。ロシアに関連した紛争に際し、「親ロシア派」と呼ばれる人々が現れるのもそのためです。そしてロシアは、このような同胞の権利も守ると宣言している。プーチンの行動は帝国主義的に見えますが、根底にはナショナリズムがあるのです。
　他方、ウクライナは過去20年近くにわたり、NATO（北大西洋条約機構）加盟による欧州への統合を謳ってきました。「ウクライナのナショナリズム」と言うものの、それは国内にいる親ロシア派の人々の意思を抑圧したうえ、米欧の帝国主義的な覇権戦略とつながることで成立している。ロシアに徹底抗戦する姿勢には感服しますが、ウクライナが一枚岩の愛国心でまとまっているかのごとく見なすのは間違いです。

施　ウクライナは地域によって違いがあり、ロシア系住民やロシア語を操る人たちもたくさん暮らしています。ゼレンスキーもロシア語を得意としています。そのため、プーチンとしても、まさかここまで抵抗されるとは思っていなかったんでしょうね。

佐藤　おそらくプーチンは、かつてのソ連がハンガリーやチェコを制圧したように、たやすくウクライナを圧倒できると見くびっていたのでしょう。北京でパラリンピック冬季大会が開催される3月4日までに首都キーウを陥落させてゼレンスキー政権を倒し、傀儡政権を樹立させたらすぐ撤退、というぐらいに構えていたのではないか。ところがゼレンスキーは各国の議会でリモート演説をやり、国際社会を巻き込んで反撃に出た。
　ウクライナの奮闘は、米欧にとっても予想外だったようです。現に3月初めの時点では、ゼレンスキーをキーウから脱出させ、ポーランドに亡命政権を樹立させるプランを米欧が検討しているという報道が出ました。今回の侵攻をめぐっては「米欧がウクライナを使ってロシアを追い詰めた」といった論調がありますが、これはウクライナの主体性を過小評価している点で、プーチンの誤算に通じるものと評さねばならない。米欧に操られるまでもなく、ウクライナは親アメリカ・親ＥＵ（欧州連合）、つまり反ロシアの姿勢を見せてきたのです。もっとも、それが国を不安定にしている恐れが強いのですが。

▼ロシアをなめてかかったアメリカ

古川　私は今回の戦争では、ナショナリズムと帝国主義とが二重に絡み合っているように思います。確かに現状としては、ウクライナを併合しようとするロシアの帝国主義的なナショナリズムに対して、国民国家としての独立を目指すウクライナのナショナリズムが抵抗している、という図式でみてよいでしょう。しかし、もとをたどれば、むしろアメリカの対ウクライナ政策におけるリベラル帝国主義が、ロシアのナショナリズムを刺激して戦争を引き起こした、という側面もあるわけですよね。

中野　プーチンがウクライナのナショナリズムをなめていたように、アメリカもロシアのナショナリズムをなめていたということですね。

　プーチンが戦争に踏み切った一因は、ＮＡＴＯの東方拡大にあると言われています。アメリカは冷戦が終結したあと、リベラルな国際秩序をつくろうということで、どんどんＮＡＴＯを拡大していきました。これに対して、かの有名なジョージ・ケナンは、当時すでに90歳を超えていましたが、「そんなことをやれば必ずロシアの反発を招く」と強く反対していました。

　おそらくアメリカは、ＮＡＴＯを拡大しても、まさかロシアが戦争を仕掛けてくるとは思っていなかったのでしょう。ロシアのナショナリズムが理解できていないから、そういうことになるわけです。

施　フランスのエマニュエル・トッドもＮＡＴＯの東方拡大がロシアを刺激し、戦前の日本が国際社会から追い詰められた結果として真珠湾攻撃に踏み切ったように、ウクライナ戦争の引き金になったという見方をしていますね。

中野　私もトッドと同意見です。とくにバイデン政権はこの点がまったく理解できていなかったと思います。私はバイデン政権が発足したとき、この政権はロシアと衝突する可能性が非常に高いと感じました。というのも、バイデンが国務次官にビクトリア・ヌーランドを任命したからです。彼女は２０１４年にウクライナで起こったマイダン革命に関わっており、ウクライナの親ロシア派政権を打倒するための裏工作に従事していたと疑われていました。それを裏付けるかのような音声データも流出しています。バイデンはそんな人物を国務次官に据えたわけです。

　プーチンもバイデン政権の顔ぶれを見て、ウクライナ侵攻の準備を始めたのではないかと思います。そういう意味では、バイデン政権の誕生が運命を決めてしまったと言ってもいいかもしれません。

　もともとアメリカは自分たちの国力が低下していることがわかっていたので、世界各地で起こる問題に何でもかんでも首を突っ込むことはやめようとしていました。トランプ前大統領はかなり明確にそうした姿勢を打ち出していましたが、バイデン政権もアフガニスタンから撤退するなど、当初はトランプ政権と似たような方針をとっていました。それで私も、さすがに民主党のおめでたい連中も一度トランプに政権を取られたことで目が覚めたのかと思ったのですが、必ずしもそうではなかった。その結果、ロシアのウクライナ侵攻を招いてしまったのです。

▼戦争後に待ち受ける民族浄化リスク

中野　ナショナリズムという切り口から今後の戦争の展開について考えてみたいと思います。この戦争により、ロシアでもウクライナでもナショナリズムが非常に高まっています。これはそう簡単に収まるものではありません。そのため、お互いになかなか軍を引くことができず、戦争が長期化する可能性は高いと思います。

また、このままウクライナのナショナリズムが高まっていけば、ピュアな排外主義、よく言われる「偏狭なナショナリズム」に変質していくかもしれません。そうなれば、仮にロシア軍がウクライナから撤兵したとしても、ウクライナ各地で衝突が起きる恐れがあります。

ウクライナや東欧はナショナリズム研究でよく取り上げられる地域で、ロシア系住民をはじめ多くの民族が暮らしています。ゼレンスキーのようにユダヤ系の人たちもいます。同質性の高い国民国家で暮らしている私たち日本人からすれば、想像を絶するような世界です。

そうした地域でウクライナのナショナリズムが強まれば、ウクライナ人以外の民族が排斥される危険性があります。最悪の場合、ウクライナで民族浄化が起きる可能性も否定できません。ロシア軍が撤退すれば平和が訪れるとは限らないのです。

施　中野さんのおっしゃることはとても腑に落ちます。ナショナリズムがいちばん強くなるのは外敵が出現したときです。現在のウクライナはそうした状況に直面していて、いままさにネーションビルディングが行われていると言ってもいいくらいナショナリズムが盛り上がっています。ここまでウクライナが団結したのは、歴史上初めてのことかもしれません。

このナショナリズムは、ロシアが撤退したあと、国内の異民族に向かっていく可能性があります。民族浄化のようなことが起こることはいまから想定しておくべきです。

古川　先日、「論壇チャンネル『ことのは』」で同志社大学の立石洋子先生が解説してくださっていましたが、現在のウクライナのナショナリズムは、とくに親米政権の時期に、かなり人為的につくり出されたもののようですね。

例えば「国家記憶研究所」なるものを設立して、民族独立の英雄を祭り上げるような国家的記憶を人為的につくり出し、それを歴史教育などを通じて国民に植えつける政策をとったりしたそうです。そこでソ連やロシアに対して敵対的な歴史観を描いたことが、ロシアの反感を買ったという側面もあるようです。

中野　まるで、ウクライナは、ナショナリズム研究者として著名なベネディクト・アンダーソンのナショナリズム論を読んで、それに基づいてナショナリズムをつくっていったかのようですね。

▼関わっても地獄、手を引いても地獄

中野　プーチン政権が弱体化すれば、もちろんロシア国内も大変な混乱に陥ると思います。ロシアは昔から強力な皇帝がいなければまとまらないような国です。プーチンが失脚すればロシアが自由民主的な平和国家になるわけではありません。それはフセインがいなくなったあとのイラクを見れば明らかです。プーチンがいるロシアは地獄かもしれませんが、プーチンがいなくなればロシアはもっと地

獄になるというのが実際のところでしょう。

　また、ロシアが弱体化し、それまで介入していた地域から手を引けば、力の真空状態が生じ、紛争が起こる可能性が高まります。まずシリアが混乱するのではないでしょうか。それから西アジアや中央アジアも混乱するかもしれません。


佐藤　「自然は真空を嫌う」は不変の真理です。その意味でソ連崩壊後、米欧が東方への勢力拡大に動いたのは必然。他方、プーチンも２０１１年以来、「ユーラシア連合」という独自の地域覇権秩序構想を提唱、２０１５年には「ユーラシア経済連合」を発足させました。当然、ウクライナもこの連合に加入させるつもりだったのです。

　先ほど古川さんが、ウクライナ戦争ではナショナリズムと帝国主義とが二重に絡み合っているように思えるとおっしゃいましたが、これは重要なポイントです。「13『中国の脅威』なしにアメリカは復活しない」で指摘したとおり、国民国家と帝国とを明確に区分することなどできません。言い換えれば、ナショナリズムと帝国主義を峻別するのも無理。この点を無視して、ナショナリズムばかり擁護しようとすると、ヨラム・ハゾニーのように議論が破綻して支離滅裂になります。

　現に中野さんは、ウクライナのナショナリズムが国内の民族浄化に向かう危険性を懸念している。少数派のネイションを抹殺しにかかるということですが、これは明らかに帝国主義的な振る舞いでしょう。ナショナリズムが高まれば、帝国主義に至る種子も不可避的に撒かれるのです。

　ユーラシア連合構想が示すとおり、プーチンは旧ソ連の枠組みを「ロシアの勢力圏」と見なし、圏内における影響力を確保することにこだわっています。これについてもオンライン読書会『READ

INTO GOLD～黄金の知的体験』で、小泉悠の著書『「帝国」ロシアの地政学――「勢力圏」で読むユーラシア戦略』(東京堂出版、２０１９年)を題材に詳しく論じましたから、アーカイブ動画(https://pages.keieikagakupub.com/satobc2-v1/)をご覧いただきたいのですが、何にせよ、アメリカやＥＵが余計な真似をしなければ、ロシアがウクライナを放っておいたとは信じがたい。否、もっと早く「西方進出」に動いたのではないか。

先ほどアフガニスタンからのアメリカ軍撤退の話が出ましたが、私はあれこそ今回の事態の引き金だったと思います。カブール陥落を見てプーチンは「侵攻してもアメリカは動かない」と踏んだに違いない。ウクライナのＮＡＴＯ加盟を最初に提案したアメリカ大統領は、共和党のジョージ・Ｗ・ブッシュ(２００８年)ですが、世界各地の問題に関わっても地獄、手を引いても地獄が真実でしょう。

施　ロシアが入国禁止にした日本人の中に、ロシアに詳しい政治学者の袴田茂樹さんがいました。袴田さんはロシア社会には信頼が欠けているため欧米型の自由民主主義や市場経済になじまないと言っています。冷戦が崩壊したあと、ロシアは西側のような国をつくろうとしたけども、うまくいかなかった。例えば契約一つとっても、ロシアは契約という観念が希薄だったので、マフィア的勢力が契約を保証しなければうまく機能しなかった。

だから、欧米や日本からすると、プーチンのような政治家は国民を弾圧しているように見えるけども、実はロシアでは人気が高いわけです。ロシアでは強い政治家がある程度強引に秩序をつくらなければ、国民生活が回らないのです。

中野　もう一つ指摘すると、ロシアが弱体化したあと、ＥＵも混乱すると思います。ついこの前まで、ブレグジットをはじめＥＵから分離する動きが見られました。いまはロシアという共通の敵を前にして団結していますが、ロシアの脅威が後退したり、あるいはウクライナ戦争が長引いてＥＵが疲弊して結束が弱まったりすれば、再び遠心力が働くでしょう。先日大統領選挙が行われたフランスも、現職のマクロン大統領が勝利したとはいえ結構危なかったですからね。

　これもナショナリズムの問題です。ＥＵが加盟国のナショナリズムを抑えられなくなっているのです。今後もしウクライナがＥＵに加入することになったとしても、今回、ロシア侵攻で高まったウクライナのナショナリズムがＥＵに対して反発を持つようになるかもしれません。

　そういう意味では、プーチンの始めた戦争はプーチンが思っている以上に世界に影響を与えたと言えます。後世、プーチンは世界各国のナショナリズムを刺激した人物として歴史に名を刻むことになるでしょう。

（２０２２年6月13日「東洋経済オンライン」記事を基に改稿）

19

「九条論者」と瓜二つの「核武装論者」

——「保守と左派」どちらの御都合主義も危機には無力

中野剛志×佐藤健志×施 光恒×古川雄嗣

「18　プーチンが覚醒させた世界各国のナショナリズム」に続き、一進一退が続くウクライナ情勢をめぐって、日本の言論状況について徹底討議する。（編集部）

▼ロシアの侵攻が揺るがしたもの

中野　ロシアのウクライナ侵攻は日本にも大きな影響を与えています。メディアの世論調査を見ると、「東アジアで同じようなことが起きたとき、どうするのか」という不安がかなり強くなっていることが読み取れます。

「憲法九条があるから大丈夫だ」という声は今回ばかりはさすがにあまり出ていません。一部の軽率なタレントがウクライナは降伏すべきだなどと言っていましたが、視聴者からは、日本で有事が起こったときも同じことを言うのかと、大変なひんしゅくを買いました。一昔前なら「降伏する勇気を持とう」などと主張する連中がもっと出てきたはずなのですが、日本の雰囲気もだいぶ変わったなと思います。
　日本政府の対応も結構踏み込んでいて、ウクライナに防弾チョッキを送ったり、NATO（北大西洋条約機構）の外相会合に林芳正外務大臣（当時）が出席したりするなど、昔ならもっと大きな問題になったようなことを立て続けに行っています。ロシアに対する経済制裁も、サハリンの問題があるにせよ、躊躇なくやっている印象を受けます。戦後の秩序が壊れつつあるというか、風穴が開いた感じがします。

佐藤　戦争とは「力による現状（＝既存の秩序）への挑戦」です。したがって戦争が世界に与えるインパクトの強さは、どんな秩序に挑戦しているかに左右される。今回の事態について「世界では他にも紛争が多々あるのに、なぜウクライナばかり大騒ぎするのか」という声がありますが、こう考えれば何も不思議なことはない。
　現在、ロシアが挑戦している秩序は、まずアメリカの覇権であり、さらには自由民主主義体制の優越です。第二次世界大戦後、わけても冷戦終結後の基本的な枠組みをくつがえそうとしている。ついでに世界的なエネルギー不足や、食料危機が生じる恐れまであるのですから、大騒ぎにならないほうがおかしい。日本国内の反応に見られる特徴も、これと無縁ではないでしょう。つまりは自分たちの存立の基盤が揺るがされているのです。

▼保守派の言説に対する違和感

施　そこで私が気になるのは、保守派の人たちの言説です。日本では保守派もロシアを厳しく批判していますよね。リベラル派の人たちがロシアを批判し、「ロシアが戦後の国際秩序を力によって破壊しようとしている。われわれはロシアを批判し、戦後秩序を守らなければならない」と主張するのはよくわかります。彼らはリベラルな戦後秩序を重視しているわけですからね。

しかし、保守派が何の留保もつけずに戦後体制や戦後の国際秩序を守る側に立っているのを見ると、現実的に考えればそういう立場を取らざるをえないということなのかもしれませんが、違和感を覚えます。

古川　私も同感です。ウクライナが表明している歴史観に立つなら、今回のロシアの侵攻はアメリカを中心とするリベラルな国際秩序に対する挑戦ですから、ゼレンスキーが真珠湾や昭和天皇をもち出して、ロシアを戦前の日本になぞらえるプロパガンダを発信するのは当然です。

そのウクライナを支持するということは、要するにいわゆる東京裁判史観を受け入れることになってしまいますから、本来、保守派はそう安易に全面的なウクライナ支持は表明できないはずです。せめて苦々しい思いくらいは持っていないとおかしいと思うのですが、昭和天皇の写真が出て慌てている人たちなんかを見ていると、どうもそのへんのことがわかっていないんじゃないかという気がしましたね。

佐藤　国のあり方について、どちらも真剣に考えてこなかったことが露呈されたと見るべきでしょう。左派が信奉する平和主義とは「アメリカの覇権に依存しながら、自立したつもりになってダダをこねる」というもの。だからロシアが当の覇権に正面切って挑戦し、武力なしには国際秩序が守れない現実に直面させられると、アイデンティティが破綻してしまう。できることと言えば、戦時下では守られるはずのない「人道」に執着し、「今すぐウクライナに平和を！」と叫ぶくらい。

ならば保守はどうか。彼らは国際秩序に挑戦した戦前の日本を評価している。にもかかわらず日米同盟重視で、アメリカの覇権に支えられた戦後の国際秩序を肯定することにもこだわっている。となれば「プーチンにはプーチンの正義があるのではないか」などと主張できるはずがない。冷戦の勝ち組という、自分たちの足場まで揺らぎますからね。

けれども国際秩序への挑戦を否定したら最後、戦前の日本も肯定できなくなってしまう。この点を頬かむりしてすませることができればいいのですが、ゼレンスキーがアメリカ議会の演説で、ロシアの侵攻を真珠湾攻撃と重ねてみたり、ウクライナ政府が昭和天皇をヒトラーやムッソリーニと同列に扱ったりして、矛盾を突きつけてくる。するとこちらもアイデンティティが破綻してしまい、感情的に反発する。

左派が「理想主義を装った御都合主義」なら、保守は「現実主義を装った御都合主義」だったのです。危機の前にはどちらも無力、そういうことではないでしょうか。

▼アメリカは日本をどこまで守るのか

中野　今回の戦争で明らかになったように、アメリカは海外に自国の軍隊を送ることに後ろ向きになっています。彼らはウクライナに武器は供与していますが、当初から軍隊を直接送ることは明確に否定していました。そのため、仮に台湾や日本で有事が起こった際、アメリカがどこまで関与するのかが見通せなくなっています。

施　日本にとって喫緊の課題は、中国が尖閣諸島に攻め込んできたときにどうするかです。日本は総理大臣が新しくなるたびにアメリカの大統領に対して「尖閣が攻められたとき、日本を守ってください」とお願いし、「守ってやる」と言われて喜ぶというやり取りを繰り返しています。日本はウクライナと違ってアメリカの同盟国ですから、中国が日本に攻めてきた場合、アメリカがそう簡単に見捨てることはないと思います。しかし、日本が自ら戦う意思を見せないかぎり、アメリカが日本のために戦うことはないでしょう。

他方、台湾有事に関しては、アメリカが軍隊を送ることは難しいと思います。ウクライナと同様、武器の供与や後方支援が中心になるのではないでしょうか。

古川　一般論というか、そもそも常識の問題として、一国の国民が、まずは「自分の国は自分で守る」という気概を示さないかぎり、いくら同盟関係にあるからといって、その国を守るために他国の国民が進んで犠牲になるなんてことはありえないでしょう。仮に軍隊を送ったとしても、「自分たちは死にたくないから、代わりにアメリカ人が死んでください」なんて平気で言う国民を守るために、アメリカ軍の士気が上がるとはとうてい思えません。早々に撤退するのがオチじゃないでしょうか。

佐藤　日本の場合、軍隊を送るまでもなく、すでに在日米軍がいる。ついでに安保条約は軍事同盟です。その点で、ＮＡＴＯに加盟していなかったウクライナとは違うものの、じつはウクライナもアメリカやＮＡＴＯとの軍事的な結びつきを強めていた。

２０２０年６月、ウクライナはＮＡＴＯの高次機会パートナー（Enhanced Opportunities Partner、ＥＯＰ）になっています。これにより、ＮＡＴＯの作戦立案への参加や、全訓練へのアクセス、ＮＡＴＯ本部や指揮機構でのポスト就任などが可能になった。つまり「準会員」にはなっていたのです。

さらに２０２１年11月には、アメリカとの「戦略的パートナーシップ憲章」がアップデートされています。ここではクリミア併合や、ウクライナ東部の内戦に対するロシアの関与が批判され、ウクライナの主権と独立、および領土の一体性を維持するために断固として取り組むことが謳われました。ＮＡＴＯとの連携能力の強化についても、支援すると明記されている。

ところが、そのウクライナにロシアが武力侵攻し、核兵器の使用までちらつかせているのに、アメリカは軍隊を送ろうとしない。ＮＡＴＯも同様です。ウクライナ上空を飛行禁止区域に設定し、ロシア空軍の侵入を阻止するようにゼレンスキーが求めてもＮＡＴＯは応じていません。こうした状況を踏まえれば、日米安保条約があるからと言って、アメリカが日本のためにどこまで戦ってくれるかは疑問でしょう。

むろん在日米軍が攻撃を受けたら、反撃しないわけにはゆきません。そうでなくとも、日本が攻撃されているのに在日米軍は傍観を決め込むとなったら、アメリカの国際的信頼は丸つぶれ。しかし日本本土ならともかく、尖閣諸島となると微妙と言わざるをえない。戦後日本の保守は「アングロサクソン至上主義」を決め込み、アメリカと組んでさえいれば大丈夫と構えてきましたが、もはやその考えは通用しないと思います。

中野　アメリカが日本のために何かやるとすれば、ウクライナと同様、せいぜい武器の供与や経済制裁くらいでしょう。しかし、武器供与とは要するにドローンなどを日本に送って、「自分たちは戦わないが、お前らはこれを使って自分たちで戦って国を守れ」ということですからね。経済制裁にしても、ロシアと中国では経済規模が全然違うから、中国に厳しい経済制裁を科せば自分たちも大変なダメージを受けることになります。だから、より穏当な制裁になる可能性がある。

それから、中国は別に東京を陥落させようとしているのではなく、尖閣や台湾をはじめとするいわゆる「第一列島線」を押さえ、いざとなったらシーレーンを押さえることで、日本をいつでも干上がらせることができる状態に置こうとしているのです。彼らは最初から米軍基地のあるところを攻めようなんて思っていないのです。

尖閣にしても台湾にしても、ウクライナのように面積が大きくないから、中国が占領しようと思えばあっという間でしょう。違いがあるとすれば、ウクライナはロシアと陸続きですが、尖閣や台湾は海に囲まれているという点くらいでしょう。しかも、台湾はまだしも尖閣は人が住んでいないから、尖閣を占領したって人道上の危機は生じません。だから中国が尖閣に攻め込んでも、どれだけ国際的な非難があるかわかりません。それほど日本は不利な状況に置かれているということです。

▼核は大した抑止力にならない

施　こうした国際情勢を受けて、日本では核兵器をめぐる議論が行われるようになりつつあります。安倍元総理がアメリカとの核シェアリングについて議論すべきだという問題提起を行ったことが話題になりました。

しかし、ただでさえアメリカに依存しているのに、核兵器まで共有するようになれば、さらにアメリカ依存が強まってしまう恐れがあります。核兵器について議論するなら、核共有にとどまらず、核武装にまで踏み込むべきです。現に、フランスのエマニュエル・トッドは、日本は核武装すべきだと提言しています。日本が国際情勢の荒波に引きずられず、自律性を保つためにも、核武装の是非について大いに議論すべきだと思います。

ただ、ウクライナ戦争を見ればわかるように、いま起きていることは核兵器の通常兵器化です。核兵器を使用することのハードルが低くなっており、事と次第によっては使っても構わないという雰囲気が広がりつつある。こちらが核兵器を持ったからといって、相手が（核を含めた）攻撃を仕掛けてこないとは言い切れません。核兵器は大した抑止力にならない恐れがあるのです。エネルギーや食料の自給体制を強化したり、ハイブリッド戦に備えて、防衛省の「サイバー防衛隊」を拡充したりするほうが、すぐできるし、安全保障への貢献も大きいのではないでしょうか。

中野　私も核兵器は抑止力にならないと思っています。特に相手が中国の場合、核武装をしたところで日本を守れるとは思えません。

これには三つの理由があります。第一に、日本と中国では国土面積が全然違うということです。核武装さえしていれば外国からの核攻撃を抑止できると言われていますが、それでも中国が核の使用を決断した場合、どうするのか。お互いに核兵器を撃ち合うことになれば、先にギブアップするのは面積の狭い日本です。しかも、日本は今からどんなに急いだって中国ほど多くの核兵器を持つことはできないので、その点でも中国に劣ります。

第二に、核兵器では尖閣諸島を守れないということです。先ほど言ったように、中国に尖閣諸島を占領され、シーレーンを押さえられることになると、日本は干上がってしまいます。もし中国が尖閣に攻め込んでくるとしたら、武装漁民などによるハイブリッド戦か、あるいは通常兵器を使用するでしょう。それでは、それを防ぐために日本は核兵器を中国に撃ち込むのか。ありえません。そんなことをすれば国際社会から非難されて孤立するのはわが国です。だから核兵器を持ったところで、尖閣防衛にはつながらないのです。

第三に、日本が核武装すること自体が、中国が日本を攻撃する口実になるということです。今回ロシアがウクライナに軍事侵攻した理由の一つとしてあげていたのが、ウクライナが核開発を秘密裏に進めているということでした。また、２００３年にアメリカがイラク侵攻に踏み切ったときも、イラクが大量破壊兵器を持っていることを口実にしていました。二つとも、単なる「口実」で、本当に核兵器が準備されていたわけではないのでしょうが、ともあれ、核兵器が攻撃を正当化する口実にされたのは間違いない。

ここで仮に日本が核武装を決断し、核開発の準備を始めたとしましょう。中国がそれを黙って見ていると思いますか？　中国は間違いなく、「日本が大量破壊兵器を持つことは中国の安全保障に対する直接的な脅威だから、それを取り除くために日本を攻撃する」と言ってくるでしょう。日本の核開発が終わる前に、一気に攻撃を仕掛けてくるはずです。

それから、日本の核開発によって日中が一触即発になり、東アジア情勢が緊張すれば、アメリカだって黙っているわけにはいかなくなります。きっとアメリカは日本に対して「核開発なんかしないで、おとなしくしていろ」と言ってくるはずです。国際社会も日本に核開発を断念するよう迫るでしょう。そのアメリカや国際社会の要求を撥ねつけ、日米関係を著しく悪化させ、国際的に孤立してまで、日本は核開発をやるのか。やったとして、何のメリットがあるのか。というわけで、核開発は何の解決にもならないと思います。

▼国防を本気で考える時が来た

中野　いま日本で一部の保守派が核保有の議論をしようとしているのは、むしろ本質的な問題について議論することを避けているからではないでしょうか。常識的に考えれば、核武装について議論するよりも通常兵器の増強について議論するほうが、ずっとハードルが低いはずです。核開発はヒステリックに反対する人も多いですが、通常兵器の増強ならばこれまでも行われてきたことですし、自衛権の範囲内として受け入れる人が多いと思います。

しかし、通常兵器について議論する際には、財政の問題が出てきます。もちろん日本が財政破綻することはありませんが、日本ではとにかく財政均衡が重視されていますから、どうやって軍事費を確保するかという議論をしなければなりません。それが面倒だから、核武装という高いボールを投げてごまかしているのではないかと思います。つまり、核武装という防衛論のタブーに切り込んで、いかにも国防を考えているといった感じを出していながら、実のところ、本気で考えてはいないというわけです。

施　核兵器は安上がりですからね。

中野　それから、核抑止力とは侵略を防ぐために核武装するということですから、戦争になることは想定されていません。実際の戦争について考えなくていいから、議論しやすいという面もあると思います。他方、通常兵器を用いた戦争の場合、間違いなく人が死にます。そのことを直視したくないから、あえて、一足飛びに核シェアリングや核武装まで議論が飛躍しているのではないかと思います。

古川　なるほど。「核兵器さえあれば戦争しなくていい」というのは、「憲法九条さえあれば戦争しなくていい」というのと、実はメンタリティが同じだということですね。

佐藤　何か一つ、お守りを持ってさえいれば大丈夫という発想です。それが憲法九条か、核兵器なのかが違うだけ。世界初の核実験は「トリニティ（三位一体）」と呼ばれたので、崇拝したくなるのもわかりますが、魔術的思考の域を出ていない。

中野　まさにそのとおりです。こんなことを言うと九条論者たちは怒り狂うかもしれませんが、核武装論者と九条論者は非常に似ています。

施　中野さんのおっしゃることはよくわかります。通常戦力で戦争するとなれば、「日本の国土や文化を守るために死んでくれ」と国民を説得しなければなりません。徴兵も必要になるでしょう。日本のために死ぬぞという国民をかなり集めなければならない。

中野　ウクライナは18～60歳の男性の出国を禁じましたが、戦争になると、われわれは出国させてもらえず、戦うしかない。

施　それぐらいの覚悟を国民に求めなければならない。それが大変だという意識はあると思います。

中野　戦争になれば、ウクライナと同じように目を背けたくなるような現実に直面する可能性があります。しかし、国を守るとはそういうことです。安全保障について考えるなら、この問題から目を背けるべきではないと思います。

（2022年6月14日「東洋経済オンライン」記事を基に改稿）

新自由主義と脱成長をもうやめる

2024年3月26日発行

著　者——中野剛志／佐藤健志／施　光恒／柴山桂太
発行者——田北浩章
発行所——東洋経済新報社
〒103-8345　東京都中央区日本橋本石町1-2-1
電話＝東洋経済コールセンター　03(6386)1040
https://toyokeizai.net/

装丁・DTP……米谷　豪
編集協力………久保田正志／中村友哉
印　刷…………港北メディアサービス
製　本…………積信堂
編集担当………渡辺智顕

　ISBN 978-4-492-44480-1